Pedagogia e governamentalidade

ou Da Modernidade como
uma sociedade educativa

Carlos Ernesto Noguera-Ramírez
Professor da Universidade Pedagógica
Nacional, Bogotá, D.C., Colômbia

Pedagogia e governamentalidade

ou Da Modernidade como uma sociedade educativa

Estudos Foucaultianos   autêntica

Copyright © 2011 Carlos Ernesto Noguera-Ramírez
Copyright © 2011 Autêntica Editora

COORDENADOR DA COLEÇÃO ESTUDOS FOUCAULTIANOS
Alfredo Veiga-Neto

CONSELHO EDITORIAL DA COLEÇÃO ESTUDOS FOUCAULTIANOS
Alfredo Veiga-Neto (UFRGS); *Walter Omar Kohan* (UERJ); *Durval Albuquerque Jr.* (UFRN); *Guilherme Castelo Branco* (UFRJ); *Sylvio Gadelha* (UFC); *Jorge Larrosa* (Univ. Barcelona); *Margareth Rago* (Unicamp); *Vera Portocarrero* (UERJ)

PROJETO GRÁFICO DE CAPA E MIOLO
Diogo Droschi

CAPA
Alberto Bittencourt

EDITORAÇÃO ELETRÔNICA
Christiane Costa

REVISÃO
Dila Bragança

EDITORA RESPONSÁVEL
Rejane Dias

Revisado conforme o Novo Acordo Ortográfico.

Todos os direitos reservados pela Autêntica Editora. Nenhuma parte desta publicação poderá ser reproduzida, seja por meios mecânicos, eletrônicos, seja via cópia xerográfica, sem a autorização prévia da Editora.

AUTÊNTICA EDITORA LTDA.

Belo Horizonte
Rua Aimorés, 981, 8° andar . Funcionários
30140-071 . Belo Horizonte . MG
Tel.: (55 31) 3222 6819

Televendas: 0800 283 13 22
www.autenticaeditora.com.br

São Paulo
Av. Paulista, 2073 . Conjunto Nacional
Horsa I . 11° andar . Conj. 1101
Cerqueira César . 01311-940 . São Paulo . SP
Tel.: (55 11) 3034 4468

Dados Internacionais de Catalogação na Publicação (CIP)
(Câmara Brasileira do Livro, SP, Brasil)

Noguera-Ramírez, Carlos Ernesto
   Pedagogia e governamentalidade ou Da Modernidade como uma sociedade educativa / Carlos Ernesto Noguera-Ramírez. – Belo Horizonte : Autêntica Editora, 2011. (Coleção Estudos Foucaultianos)

   Bibliografia
   ISBN 978-85-7526-566-6

   1. Educação - Filosofia 2. Educação - História 3. Ensino 4. Foucault, Michel, 1926-1984 5. Governamentalidade 6. Modernidade 7. Pedagogia 8. Sociedade I. Título. II. Série.

11-10437   CDD-370.1

Índice para catálogo sistemático:
1. Educação : Filosofia 370.1

A Alfredo Veiga-Neto, por suas
orientações, "sacações", sugestões,
dicas, ditos e conversas...

A Dorita, parceira, cúmplice e
interlocutora audaciosa.

Agradecimentos

Este livro não teria sido possível sem o apoio da Universidad Pedagógica Nacional de Bogotá, Colômbia, que me permitiu permanecer durante mais de três anos no Brasil, dedicado exclusivamente ao trabalho de pesquisa e formação. Também não teria sido possível sem a política do Estado brasileiro de acolher, e de maneira completamente gratuita, os estrangeiros, que, cumprindo requisitos básicos, escolhem este país para desenvolver seus estudos universitários.

Muitas pessoas contribuíram para que este trabalho pudesse ser concluído. Em primeiro lugar, agradeço de maneira muito especial ao professor Alfredo Veiga-Neto, da UFRGS, por sua amizade e seu apoio permanente na minha estada no Brasil. A Maura Corcini Lopes, por sua amizade e carinhosa acolhida, que me permitiu estar no Brasil como em casa.

À professora Clarice Traversini, agradeço a atenção, compreensão e cumplicidade para com o meu "entusiasmo didático" e minha paixão pela pedagogia. Agradeço igualmente às colegas da "turma do Alfredo" (Viviane, Roberta, Iolanda, Karla, Renata, Karyne) por seu amável acolhimento e por suas sugestões.

Fico também muito grato à professora Maria do Carmo Martins (da Unicamp) e ao professor Kazumi Munakata (da PUC de São Paulo), que disponibilizaram para mim sua biblioteca pessoal, onde encontrei documentos importantes para meu trabalho, mas também por sua disponibilidade para me enviar de São Paulo e Campinas alguns documentos que precisei com urgência.

Finalmente, sem a publicação das teses dos professores Jorge Ramos do Ó e Marcelo Caruso este trabalho não teria conseguido tomar voo. Eles percorreram, pela primeira vez de maneira bem aprofundada e detalhada – como bons historiadores que são –, a história da pedagogia moderna desde a perspectiva da biopolítica e da governamentalidade e estabeleceram os alicerces para minhas análises. Graças às suas teses consegui definir a minha.

> *Entre as descobertas humanas há duas dificílimas, e são: a arte de governar os homens e a arte de educá-los.*
> KANT, 2002, p. 20.

> *Não se pode tampouco considerar que pedagogia, governo de si e salvação constituíam três domínios perfeitamente distintos e que operavam com noções e métodos diferentes; de fato, entre um e outro havia muitas trocas e uma continuidade certa.*
> FOUCAULT, 1997, p. 112.

Sumário

13 Introdução: A sociedade da aprendizagem e o *Homo discentis*

   20 A Modernidade como sociedade educativa

Primeira parte
OS DOIS MODOS DAS ARTES DE EDUCAR

25 A via sofística e a via filosófica: dois modos das artes de educar

   27 A velha arte de ensinar
   30 Filosofia, pedagogia e psicagogia
   34 A *Paidéia* cristã: doutrina e disciplina
       38 O pedagogo e a cura da alma
       41 O mestre e a disciplina: ensinar ou aprender?
       45 A disciplina: *discere* ou *docere*?
       46 A reivindicação do mestre: da disciplina para o ensino

57 A emergência de uma sociedade educativa

   59 O limiar tecnológico das artes de educar
       61 Disciplina: sob a forma da correção
       66 A propagação da disciplina sob a forma do ensino
       72 Os colégios jesuítas: sistematização e difusão do ensino
   76 O "limiar de discursividade" das artes de educar: *Institutio* e *eruditio*
       81 A *institutio* (educação) das crianças
       88 O cultivo do engenho
       92 Da dialética para a didática: *docendi artificium*
       98 Didática e erudição
 106 "Pampédia" e "polícia": uma sociedade de ensino
 118 O *Homo docibilis*: animal disciplinável
      121 Docilidade e disciplina
      127 Ensino e docilidade

Segunda parte
A CONSTITUIÇÃO DAS TRADIÇÕES PEDAGÓGICAS MODERNAS

131 A invenção da educação e o Estado Educador

    131 O desbloqueio da arte de governar
    138 O surgimento da "educação"
    148 Uma nova racionalidade educativa
    168 A *Bildung* como "formação" do Homem
    176 *Bildung* e educação: os alicerces das tradições pedagógicas modernas
    182 A constituição das tradições pedagógicas modernas: o limiar político e epistemológico das artes de educar
        187 A educação através da instrução: o surgimento da *Pädagogik*
        200 Da pedagogia ou ciência da educação para as ciências da educação
            203 Tendência da pedagogia filosófica ou ciência da educação
            210 Tendência da sociologia da educação
        216 A teoria do currículo ou os *Curriculum Studies*

229 Fechando o círculo: do ensino e da instrução para a aprendizagem

    231 Procedência do conceito de aprendizagem
    237 Emergência do conceito de aprendizagem
    242 Aprendizagem e educação: atividade, crescimento, desenvolvimento
    246 Aprendizagem e experiência

251 Referências

Introdução
A sociedade da aprendizagem e o *Homo discentis*

Em 1993, quatro anos após a queda do muro de Berlim, Peter Drucker (filósofo e economista de origem austríaca, e reconhecido como o "pai da gestão moderna") lançava seu livro *A sociedade pós-capitalista* e anunciava o advento da "sociedade do conhecimento". Com esse termo, referia-se a uma nova forma de organização social que estava se constituindo e na qual, diferentemente da anterior sociedade capitalista, "o recurso econômico básico – 'o meio de produção', para usar a expressão dos economistas – já não é o capital nem os recursos naturais (a 'terra' dos economistas) nem o 'trabalho'. *É e será o conhecimento*" (DRUCKER, 2004, p. 10, grifos do autor). Todavia, trata-se não de qualquer conhecimento, do conhecimento em geral, mas do conhecimento altamente especializado.

Antigamente se falava de uma pessoa "de conhecimento" como uma pessoa educada, dona de ampla cultura geral; as pessoas educadas podiam falar e escrever sobre muitas coisas, mas "não sabiam o bastante como para *fazer* alguma coisa em particular" (p. 63, grifo do autor). Esse conhecimento geral da sociedade iluminista foi substituído pelo conhecimento especializado da sociedade pós-capitalista e, assim, "aquilo que *hoje* consideramos conhecimento se prova a si mesmo na ação. Aquilo que entendemos por conhecimento é informação eficaz na ação, informação focada nos resultados" (p. 64, grifo do autor). Drucker fala dessa mudança como a passagem do conhecimento para os conhecimentos, passagem que deu "ao conhecimento o poder de criar uma nova sociedade. Mas essa sociedade tem que se estruturar sobre a base de que o conhecimento seja especializado, e as pessoas instruídas sejam especialistas" (p. 65). Assim, a passagem para a sociedade do conhecimento coloca a "pessoa educada" (*educated person*) no centro: "Se o cavaleiro feudal era a sociedade na alta Idade Média, e se o 'burguês' era a sociedade no capitalismo, a pessoa educada será a sociedade na sociedade pós-capitalista, na qual o conhecimento chegou a ser o recurso central" (p. 288).

Devido a essa ênfase no conhecimento, a sociedade pós-capitalista implica uma transformação na forma de pensar a educação: esta não pode mais ser um monopólio das escolas:

> A educação na sociedade pós-capitalista tem que saturar toda a sociedade e as organizações que fornecem emprego: as empresas, os escritórios do governo, as entidades sem ânimo de lucro, devem transformar-se em instituições de ensino e aprendizagem, e as escolas têm que trabalhar em associação com os empregadores e as organizações que fornecem emprego (DRUCKER, 2004, p. 270).

Nessa sociedade, portanto:

> As pessoas têm que *aprender a aprender*. As matérias podem ser menos importantes que a capacidade dos estudantes para continuar aprendendo e sua motivação para fazê-lo. A sociedade pós-capitalista exige *aprendizagem durante a vida toda*. Para isto necessitamos uma disciplina de aprendizagem. Mas a *aprendizagem vitalícia* requer também que o aprender seja atrativo. Na realidade, que seja uma grande satisfação em si mesmo ou algo que o indivíduo almeja (p. 274, grifos meus).

O relatório apresentado à UNESCO pela Comissão Internacional sobre Educação para o Século XXI e presidida por J. Delors (1996) coincide com os mesmos aspectos sublinhados por Drucker: no seu capítulo 5 assinala que a chave de ingresso para o século XXI é o conceito de "educação ao longo da vida", conceito que supõe a capacidade de "aprender a aprender" para aproveitar as possibilidades oferecidas pela educação permanente. Todavia, antes de Drucker e Delors, outra comissão internacional, várias décadas antes, já havia esboçado esses problemas com clareza e precisão. Trata-se da Comissão Internacional para o Desenvolvimento da Educação, conformada pela UNESCO em 1971 e presidida por Edgar Fauré. No relatório apresentado por essa comissão e publicado em 1973, sob o título de *Aprender a ser*, destacam-se duas noções fundamentais: "cidade educativa" e "educação permanente". A razão de tal ênfase é que as análises feitas sobre a educação mundial levaram a concluir que os estudos já não podiam constituir um todo definitivo, distribuído e recebido antes do ingresso na idade adulta, independentemente do momento que se considere como o ponto-limite para esse ingresso.

Portanto, era preciso reconsiderar os sistemas de ensino: na era científico-tecnológica, a grande mobilidade dos conhecimentos e a permanente aparição de inovações exigem maior atenção à adaptação dos programas de estudo e menor dedicação ao armazenamento e à distribuição do saber adquirido. Por outro lado, a enorme corrente de informações que circula pelos meios massivos de comunicação tem evidenciado a debilidade de certas formas de instrução e a força de outras; também tem deixado evidente a importância do autodidatismo e tem aumentado o valor das atitudes ativas e conscientes de aquisição de conhecimentos. Por tal motivo:

> Se o que é preciso aprender é a reinventar e a renovar constantemente, então o ensino devém a educação e, cada vez mais, a aprendizagem. Se a aprendizagem é assunto da vida toda, na sua duração e na sua diversidade, e de toda uma sociedade, tanto no concernente aos seus recursos educativos quanto sociais e econômicos, então é preciso ir além da necessária revisão dos "sistemas educativos" e pensar no plano de uma cidade educativa (FAURÉ, 1973, p. 40).

A comissão assinala aqui uma passagem histórica: a passagem do privilégio da instrução ou do ensino para a aprendizagem. O ensino devém educação e cada vez mais aprendizagem. Em outras palavras, na sociedade contemporânea aconteceria "uma mutação do processo de aprendizagem (*learning*), que tende a predominar sobre o processo de ensino (*teaching*)" (FAURÉ, 1973, p. 205). Essa preeminência marca, por sua vez, uma transformação na concepção de educação:

> Eis-nos aqui levados além de uma simples mudança de sistema, por mais radical que este seja. Aquilo que muda são os próprios termos da relação entre sociedade e educação. Uma configuração social que situasse a educação nesse lugar, que lhe oferecesse essa categoria, mereceria um nome próprio: "Cidade Educativa". Seu advento só será concebível ao termo de um processo de compenetração íntima da educação e do tecido social, político e econômico, nas células familiares, na vida cívica. Implica que os meios de se instruir, de se formar, de se cultivar a sua própria conveniência podem ser colocados em todas as circunstâncias à livre disposição de cada cidadão, de tal modo que o sujeito se encontre com relação a sua própria educação numa posição fundamentalmente diferente: a responsabilidade substituindo a obrigação (p. 243).

Pode-se dizer que, até então (meados do século XX), tinha predominado aquela figura exprimida pelos filósofos alemães do século XIX (como Hegel e Dilthey) de um "Estado Educador" ou de uma forma de organização social na qual a educação, ou melhor, a "instrução pública", era uma responsabilidade do Estado, era uma função estatal executada através da escola pública. Pelo contrário, os estudiosos daquela Comissão da UNESCO percebiam uma grande transformação segundo a qual a educação não era mais uma função estatal. Ela se confundia com a própria sociedade. Era a própria sociedade que se tornava educativa, quer dizer, a própria sociedade educava, oferecia múltiplas e permanentes oportunidades educativas para os seus cidadãos, mas também demandava e consumia educação. Da obrigatoriedade imposta, a educação passava a ser uma demanda da população, uma necessidade, "um direito" e até uma exigência: passagem da obrigação estatal para a responsabilidade pessoal. E, por isso, a necessidade de um nome próprio para essa nova forma de organização social: a "cidade educativa".

Essa "cidade educativa" é chamada pelos autores anglo-saxões de *learning society* – "sociedade da aprendizagem" – e o indivíduo habitante dessa sociedade é um *lifelong learner* – um "aprendiz permanente" ou "vitalício". Ranson (1998) assinala dois momentos de desenvolvimento da ideia de uma sociedade da aprendizagem (o primeiro no fim da década de 1960 e inícios de 1970; o segundo a partir de 1990) e salienta quatro formas diferentes de entendê-la, como uma sociedade: (1) que aprende sobre si mesma e como está se transformando; (2) que precisa mudar a forma como aprende; (3) na qual todos os seus membros são aprendizes; (4) que aprende para mudar democraticamente as condições da aprendizagem (RANSON, 1998). Em geral, a ideia de sociedade da aprendizagem implica um domínio ou espaço público, que funciona como "a arena para a aprendizagem pública em diversos cenários" (RANSON, 1998, p. 10), que são diferentes da escola, cenários considerados como "organizações de aprendizagem", que levam a constituir verdadeiras "cidades de aprendizagem", caracterizadas porque seus componentes (tanto indivíduos quanto organizações) aprendem a aprender.

O novo cidadão habitante dessas cidades de aprendizagem é o "aprendiz permanente" ou, em termos de Popkewitz (2008), o "cosmopolita inacabado" – *unfinished Cosmopolitan* –, isto é, aquele indivíduo cujas características são a responsabilidade pessoal e a autogestão dos próprios riscos e do destino, mediante permanente maximização e correta aplicação da razão e da racionalidade. O cosmopolita inacabado é um "solucionador de problemas" capaz de elaborar cálculos e juízos sobre determinados princípios, desenhar conclusões e propor retificações; é um sujeito adaptado a um mundo em constante mudança e transformação. Prefiro chamar esse novo sujeito (essa nova forma de subjetivação) de *Homo discentis*, um *Homo* aprendiz permanente, definido por sua condição de ser um aprendiz ao longo da sua vida, ou melhor, um *Homo* que, para ser tal, deve aprender permanentemente, um *Homo* "plástico" (Dewey fazia referência à capacidade de aprendizagem como *plasticity*), capaz de ser moldado ou modelado, capaz de mudar ou alterar sua forma. Não um indivíduo flexível ou elástico, pois não tem uma forma prévia definida, senão que adquire uma segundo suas relações com um mundo também móvel, em constante mudança.

Do ensino e da instrução para a aprendizagem: essa parece ser a passagem ou a virada do século XIX para o século XX; pelo menos é isso o que parece ter acontecido com a grande ênfase colocada pelos discursos pedagógicos no conceito de "aprendizagem". Porém, falar de uma mudança de ênfase significa a existência prévia do conceito de aprendizagem e, claro, dos conceitos de ensino e instrução, de tal forma que destes últimos, a atenção se voltou para o primeiro conceito. Neste trabalho, contudo, a situação é considerada de um jeito diferente: não se trata de uma simples mudança de ênfase nos termos de uma relação já existente entre dois componentes claramente delimitados: o ensino (ou instrução) e a aprendizagem. Trata-se da construção, no campo do saber pedagógico moderno, de um novo conceito, inexistente até então: o próprio conceito de "aprendizagem".

Isso não significa que antes não se pensasse que os indivíduos pudessem aprender. Evidentemente, desde Comênio, por exemplo, buscava-se ensinar (*docere*) tudo a todos para que todos pudessem aprender (*discere*). Mas uma coisa é aprender e que todos aprendam. Outra coisa é a aprendizagem. Uma coisa são os aprendizados que resultam do ensino ou da instrução. Outra coisa é a aprendizagem enquanto conceito relativo à capacidade dos organismos vivos de se adaptar ao seu meio ambiente, transformando-se e transformando-o ao mesmo tempo. O próprio termo *learning* (traduzido hoje por aprendizagem), nos séculos XVII e XVIII, não era visto como o oposto do termo *teaching* (traduzido hoje por ensino ou instrução); ambos eram utilizados de forma indistinta, como os termos *doctrina* e *disciplina* funcionaram na *Paidéia* cristã da Idade Média.

Caberia aqui, então, a pergunta pela novidade no campo do saber pedagógico: o que é novo e o que é antigo? A ideia mesma de uma sociedade da aprendizagem – ou, em termos de Delors (1996), de uma "sociedade educativa" – é tão recente? Lembremos aqui o projeto *pampédico* de Comênio, lá no século XVII, que era definido como uma educação universal de todo o gênero humano: "que todos os homens sejam educados em todas as coisas e totalmente" (COMENIO, 1992 [1657], p. 41). Essa utopia implicava um permanente ensinar e aprender além da escola e da infância; seria essa uma sociedade educativa? Comênio pensava o mundo inteiro como uma escola e cunhou a palavra latina *panscolia* para nomear esse novo mundo com que sonhava:

> Do mesmo modo que o mundo inteiro é uma escola para o gênero humano todo, desde o começo até o fim dos tempos, para todo o gênero humano, cada idade da sua vida é uma escola, desde o berço até o túmulo. Já não basta, portanto, repetir com Sêneca: *não há nenhuma idade que seja demasiado tardia para aprender*, senão que o que tem que dizer é: todas as idades estão destinadas a aprender e, os mesmos limites são colocados ao homem para viver que para estudar (COMENIO, 1992 [1657], p. 105, grifos do autor)

Nessas palavras de Comênio parece desenhar-se, já, essa sociedade educativa que menciona Delors e esse aprendiz permanente que Fauré anunciava. As nossas ideias e conceitos pedagógicos, as nossas problematizações parecem não ser tão novas, mas também não são as mesmas de Comênio. Contudo, não poderíamos negar a proximidade da *panscolia* às ideias atuais de sociedades de aprendizagem ou cidades educativas. Nesse ponto, sem dúvida, estamos mais próximos de Comênio que dos escolásticos da Idade Média. Digo mais próximos porque, em termos do pensamento pedagógico, não somos completamente distintos dos pedagogos cristãos medievais. Os conceitos de *doctrina e disciplina*, por exemplo, desconsideravam a possibilidade de o indivíduo ser ensinado no sentido de ser um passivo receptor de ensinamentos: só Deus ensinava, só Deus era "o" mestre, e só aprendíamos graças ao nosso entendimento agente (graça de Deus), que fazia inteligível em ato aquilo que só estava em potência no nosso entendimento. Como agora, a ênfase era colocada no indivíduo aprendiz; o mestre só incitava a aprender e agia como o médico que não cura, mas contribui para que a própria natureza aja e cure o paciente.

Ainda nas discussões contemporâneas sobre a "abordagem por competências", observa-se como fundo o antigo dilema entre cabeças bem cheias e cabeças bem feitas, entre a ênfase nos conteúdos e a ênfase nos desempenhos, entre erudição e virtude, nos termos dos renascentistas ou, ainda, nos termos do confronto – na *Paidéia* grega clássica – entre o modo socrático ou filosófico e o modo sofístico ou da arte do ensino. Não pretendo aqui construir uma linha temporal contínua entre um longínquo passado, uma época da origem e um progressivo desenvolvimento de ideias que chegaram a ser o que são hoje. A emergência de novas práticas, objetos de discurso, instituições ou formas de subjetivação não significa nem o abandono nem o desaparecimento de práticas, objetos e instituições preexistentes nem sua completa desvinculação com aquilo que as precedeu. O aparecimento (a invenção) da escola moderna, por exemplo, constituiu um acontecimento nos séculos XVI e XVII na Europa (HAMILTON, 2001; HUNTER, 1998; MELTON, 2002; VARELA, 1991), embora tal acontecimento tenha sido possível no marco da expansão de práticas e técnicas próprias do mundo medieval, como o ensino da doutrina e a reclusão em espaços fechados (mosteiros ou colégios). Saberes novos como a Didática Magna comeniana são diferentes das artes liberais medievais, mas sua constituição no século XVII não pode ser desligada das transformações do ensino nas universidades medievais, nas quais a antiga dialética se foi constituindo na arte de todas as artes na medida em que permitia o ensino de outras artes liberais (ONG, 1958; HAMILTON, 2001). A educação liberal ou moderna é um acontecimento discursivo do século XVIII, mas seu aparecimento não pode ser separado dos desenvolvimentos da *institutio* (instituição, constituição, conformação), que os humanistas da Renascença opuseram ao pedantismo e à erudição escolástica. Enfim, como diria Foucault (2001), não esqueçamos que as luzes e a liberdade do Iluminismo são filhas das disciplinas.

Alguns poderiam considerar que na *República* de Platão estava já desenhada a cidade educativa de hoje, que só pelo efeito de um longo e lento processo evolutivo da história conseguiu materializar-se até hoje. Eu preferiria pensar que o sonho de Platão tem sido sonhado por muitos outros em diversos momentos; mas também foi esquecido durante séculos e retomado novamente, ainda que cada vez de maneira diferente, por seres humanos diferentes, em sociedades diferentes. Os renascentistas eram cientes de sua aposta na retomada dos clássicos; daí, por exemplo, a preocupação pela *institutio*. Os neo-humanistas alemães da *Bildung* se consideraram os continuadores da Grécia clássica. Hoje, diante do "inovacionismo" contemporâneo, na excitação pela invenção, pela novidade, pelo inédito, no abandono ou esquecimento do passado em função de um "presentismo" exacerbado, estamos atualizando velhos problemas, retomando antigas problematizações, e como parte desse processo, inventamos novas perguntas, construímos novos sentidos.

Eu diria, então, que os discursos contemporâneos sobre a sociedade da aprendizagem e sobre o aprendiz permanente não são tão recentes como acreditariam os seus promotores, mas certamente não remontam diretamente ao sonho de Platão. Foram possíveis devido à construção do conceito de aprendizagem entre o fim do século XIX e os primórdios do século XX. Lá está a novidade. Todavia, como mostrarei neste trabalho, não foi uma ideia completamente inédita. Sem a "educação liberal" de Rousseau, não teria sido possível, assim como sem a *education* de Locke e sem a *institutio* dos renascentistas. Enfim, compreender nosso presente educacional, compreender a pedagogia e a educação hoje, implica um olhar de perspectiva histórica ou, em termos mais precisos, exige de nós empreender uma arqueogenealogia, isto é, uma análise dos discursos (ou das práticas discursivas, suas condições de possibilidade, sua regras de formação, seus objetos, seus conceitos) e uma análise das práticas pedagógicas e suas articulações, formas de funcionamento, direção e deslocamentos nos distintos dispositivos. O primeiro tipo de análise está focado para a determinação dos cortes, das rupturas, dos limites das formações discursivas, pois a permanência dos discursos, dos objetos de saber, dos conceitos é mais limitada se comparada com a duração das práticas e das técnicas. Daí que o segundo tipo de análise, pelo contrário, seja uma análise de longa duração já que algumas das práticas pedagógicas conseguem atravessar distintos dispositivos (blocos históricos de relações saber-poder), conseguem se manter e permanecer (não sem transformações), apesar do desaparecimento ou da transformação de algumas formações discursivas. A dialética, por exemplo, como conjunto de técnicas para o acesso à verdade, emergiu na Grécia clássica da *Paidéia*, se manteve na Roma imperial e reapareceu na universidade e nos colégios medievais até a constituição da didática no século XVII.

A Modernidade como sociedade educativa

Este livro é, então, o resultado de uma pesquisa que se poderia considerar como o desenho de uma arqueogenealogia daquilo que tenho denominado a "sociedade educativa". Segundo essa linha de análise, a tese mais geral que se encontra na base dessa pesquisa pode ser formulada assim: a Modernidade, entendida como aquele conjunto de transformações culturais, econômicas, sociais e políticas que tiveram início nos séculos XVI e XVII na Europa, tem uma profunda marca educativa.

Não que tenha tido uma causa educativa ou que a educação tenha sido sua causa: a expansão das disciplinas (no seu duplo sentido de saber e de poder)[1] e do governamento[2] – da governamentalidade segundo analisou Foucault (2008a, 2008b) – entre os séculos XVII e XX, foram problemas profundamente pedagógicos e educacionais. Não apenas tiveram implicações pedagógicas ou educacionais; além disso, constituíram problematizações pedagógicas e educacionais que trouxeram implicações políticas, econômicas e sociais.

Nesse sentido, ler a Modernidade na perspectiva da educação é ler o processo de constituição de uma "sociedade educativa" na qual é possível distinguir pelo menos três momentos ou formas de ser dos discursos e das práticas pedagógicas: o primeiro, localizado entre os séculos XVII e XVIII, poderia ser denominado "o momento da instrução" ou "momento do ensino", generalizado pela estrita relação estabelecida entre práticas de ensino, práticas de "polícia" e processo de constituição da "razão do Estado" (FOUCAULT, 2008a); o segundo momento, iniciado no fim do século XVIII, seria denominado o momento da "educação liberal", devido ao aparecimento do novo conceito de educação e sua estreita ligação com a problemática da liberdade e da natureza humana, tal como foi formulada nos discursos do Iluminismo. Por último, desde o fim do século XIX, a emergência do conceito de "aprendizagem" marcaria a passagem da educação liberal para aquilo que se chamaria posteriormente a "sociedade da aprendizagem", "sociedade aprendente" ou "cidade educativa", graças, de uma parte, à extensão da função educativa além da escola e, de outra, à consequente exigência, para o indivíduo habitante desse novo espaço social, de um aprendizado constante e ao longo da vida, exigência que leva a sua consideração como aprendiz permanente, vitalício ou, como diria Popkewitz (2009), um cosmopolita inacabado.

---

[1] Como diz Veiga-Neto (1996, p. 16): "Assim sendo, a disciplinaridade – enquanto 'modo de ser' ou 'estado daquilo que é' disciplinar – compreende dois eixos: o cognitivo (da disciplina-saber) e o corporal (da disciplina-corpo)".

[2] Seguindo a proposta de Veiga-Neto (2002, p. 19), no decorrer do texto uso a palavra "governamento" para referir-me à ação ou ato de governar e a palavra "governo" para aquilo que se costuma chamar de Governo, geralmente grafado com G maiúsculo e referente à "instituição do Estado que centraliza ou toma para si a caução da ação de governar".

PRIMEIRA PARTE
Os dois modos das artes de educar

A via sofística e a via filosófica: dois modos das artes de educar

Talvez não exista outra sociedade em que a arte de ensinar tenha atingido o nível de desenvolvimento como aquele conseguido no Ocidente moderno, particularmente durante os séculos XVI e XIX. E talvez também não exista outra sociedade que tenha se ocupado de forma tão insistente em ensinar a toda sua população os fundamentos dos saberes. Ainda que na Grécia clássica da *Paidéia*, na Roma imperial da retórica e da dialética e no cristianismo medieval da escolástica e das universidades se reconhecera e desenvolvera uma arte do ensino, esta nunca foi pensada em função de alcançar a totalidade da população. A arte de ensinar na democracia grega, na República romana e na Igreja católica esteve dirigida para comunidades restritas que precisaram de conhecimentos, técnicas e habilidades muito especializadas, longe do alcance das maiorias. Só a partir do século XVII aquela arte do ensino atingiria seu limiar tecnológico e epistemológico e sob a forma da Didática seria utilizada na perspectiva de ensinar "tudo a todos".

David Hamilton (2000) utilizou a expressão "virada instrucional" para se referir ao conjunto de transformações que, no campo da educação, aconteceram no século XVI na Europa e que significaram a passagem do privilégio do estudo (ou da aprendizagem), atividade própria do estudante, do aprendiz, para uma ênfase na instrução (no ensino), atividade própria do mestre, do professor. Utilizando McClintock, Hamilton assinala como esse autor contrasta, por exemplo, as ideias clássicas de Sócrates com as noções modernas propostas por Comênio: enquanto Sócrates foi um mestre que não ensinava, mas ajudava o outro a dar nascimento a seu espírito, Comênio não se ocupou do estudo, pois seu assunto era ensinar e aprender (HAMILTON, 2000). Na atitude de Sócrates, assim como nas narrativas de formação e autoformação que podem ser encontradas em textos da Renascença (*O Cortesão*, de Castiglione, 1528; *Gargantua e Pantagruel*, 1532, de Rabelais; *O Livro do Preceptor*, 1531, de Roger Ascham; e os *Exercícios Espirituais*, de Santo Inácio de Loyola (1536), é evidente o papel ativo do estudante, do aprendiz; entretanto, na *Didática Magna* de Comênio, observa McClintock, os desenvolvimentos são "antieducacionais": Comênio – acreditava ele – foi um "fútil visionário", com apenas uma "regular" concepção do ensino e da aprendizagem. A metodização, que tinha vinculado ensino e aprendizagem em uma forma causal e tecnocrática foi indesejável: "ensino é a função do mestre. Mas a aprendizagem, como resposta passiva ao mestre, não é o trabalho do estudante. Estudar é seu assunto; e o forte motivo da educação não são o ensino e a aprendizagem, mas o ensino e o estudo" (MCCLINTOCK, 1971, *apud* HAMILTON, 2000, s/p).

Nessa perspectiva de McClintock, há algo que incomoda e algo que instiga: o incômodo tem a ver com sua pretensão de estabelecer um juízo sobre Comênio, em julgá-lo com base no "verdadeiro motivo da educação" e, portanto, em acreditar que seja possível determinar tal motivo ou propósito como um fato trans-histórico e universal. Mas o instigante está no próprio juízo, isto é, no fato de marcar a transição da ênfase no estudo ou aprendizagem para a ênfase no ensino e no método como a diferença fundamental entre uma forma de entender e proceder em educação – forma que poderíamos chamar de "antiga", centrada no sujeito que estuda ou aprende – e a outra forma instaurada por Comênio e que se poderia chamar de "moderna" ou simplesmente comeniana, centrada no sujeito do ensino e nos conteúdos a ensinar e aprender.

Todavia, o assunto não é tão simples. Alguns anos depois da edição da *Didática Magna* de Comênio e no marco do entusiasmo didático do seu século, um mestre de escola inglês (Charles Hoole) publicava outro livro dedicado ao ensino da gramática cujo título, *A nova descoberta da velha arte do ensino escolar*,[3] permite-nos problematizar a própria observação de McClinton. Se acreditarmos naquele mestre de escola inglês, a arte do ensino seria uma "velha arte" e os desenvolvimentos "antieducacionais" de Comênio não seriam mais que uma reelaboração de princípios constituídos séculos atrás. Nesse caso, seria possível falar da existência, no século XVII, de uma virada da aprendizagem para o ensino, tal como

---

[3] Trata-se do livro de Hoole (1660).

afirma Hamilton seguindo McClinton? Segundo minha pesquisa, tanto Hoole quanto McClinton e Hamilton teriam razão, quer dizer: a arte do ensino é uma arte antiga, mas no século XVII é possível reconhecer um reavivamento inusitado das preocupações sobre os problemas dessa velha arte e a produção, como nunca antes, de um conjunto de elaborações sobre o ensinar, de forma tal que se poderia falar de uma "virada instrucional".

A velha arte de ensinar

> Porém, nós não queremos ensinar enciclopedicamente uns poucos, mas a todos. E que sejam instruídos não somente naquelas coisas que são capazes de saber senão também que se lhes ensine a obrar e falar, para que os homens se diferenciem o mais possível dos animais por aquelas dotes que realmente lhes distinguem deles, Isto é, pela razão, pela palavra e pelo obrar livre e variado (COMENIO, 1992 [1657], p. 64).

> É mais difícil desabituar-se de qualquer incorreção do que se habituar a algo bom, sem falar do constrangimento que acompanha. Tortura-se a inteligência quando se quer aprender tudo sozinho, quando o mestre do ensino está aí para ensinar (RATKE, 2008 [1612-1633], p. 56).

A ideia de ensinar tem sido amplamente problematizada no transcurso da história do Ocidente. Na própria civilização grega da *Paidéia*, o ensino, a atividade, o fato de ensinar foi objeto de amplas reflexões e discussões. Talvez a mais célebre seja aquela em que Platão descreve no seu *Protágoras*, diálogo no qual Sócrates questiona o mestre sofista sobre a possibilidade de ensinar a virtude, registrando, dessa forma, uns dos problemas centrais que ocuparam o saber pedagógico durante séculos: as possibilidades e os limites do ensino, e o próprio sentido da atividade educativa. Sobre esse aspecto é preciso mencionar que a origem da *Paidéia* e da *sofística* (séculos V e IV a.C.) tem a ver com um fato importante que imprimiu nelas seu caráter e suas possibilidades: a passagem do Estado patriarcal, aristocrático para a Cidade-Estado composta de cidadãos livres. Nesse sentido, sua finalidade foi "a superação dos privilégios da antiga educação para a qual a *arete* só era acessível aos que tinham sangue divino" (JAEGER, 1986, p. 234). A sofística foi, então, a arte através da qual seria possível adquirir a *arete* política de que a participação na vida democrática do Estado precisava.

A virtude não foi mais um privilégio de alguns aristocratas, deixou de estar ligada ao sangue e, desde então, foi possível de alcançar através da atividade educativa, mais particularmente, mediante o ensino especializado.

Segundo Jaeger, a elaboração do conceito de "natureza humana" por parte da medicina grega foi central no desenvolvimento da arte sofística, pois permitiu deslocar aquela ideia tradicional da *arete* como assunto do sangue aristocrático. Assim, para os sofistas "a natureza (φὺσις) é o fundamento de toda educação possível. A obra educadora realiza-se por meio do ensino (μᾰθησις), da doutrinação (διδασκαλια) e do exercício (ᾳσκησις), que faz do que foi ensinado uma segunda natureza" (JAEGER, 1995, p. 356).

Ainda que existam grandes diferenças entre os sofistas, e eles sejam identificados pelo exercício da retórica, o elemento comum foi o fato de se declararem mestres da *arete* política e, portanto, acreditarem na possibilidade do seu ensino e da formação do espírito por essa via. Como mestres, os sofistas ensinavam não só a retórica,[4] mas também a gramática, a dialética[5] e as *mathemata*;[6] tratava-se de uma formação ampla que envolvia variados e diversos saberes e não só o ensino de um mero saber prático ou especializado, daí que considerassem sua própria arte – a arte do ensino das artes – como "o coroamento de todas as artes" (JAEGER, 1995, p. 349) ou a "arte das artes".

Embora a "filosofia"[7] de Sócrates esteja ancorada nas mesmas condições que possibilitaram a criação e a expansão da sofística, sua ideia de educação foi bem distinta dos sofistas. Sócrates representa outra via da *Paidéia*: ele não acreditava na possibilidade do ensino da virtude, o que

---

[4] "Em todo caso, é uma afirmação superficial dizer que aquilo que de novo e único liga todos os sofistas é o ideal educativo da retórica: isso é comum a todos os representantes da sofística, ao passo que diferem na apreciação do resto das coisas, a ponto de ter havido sofistas, como Górgias, que só foram retóricos, e não ensinaram outra coisa. Comum a todos, é antes o fato de serem mestres da *arete* política e aspirarem a alcançá-la mediante o fomento da formação espiritual, qualquer que fosse a sua opinião sobre a maneira de realizá-la" (JAEGER, 1995, p. 343).

[5] "Antes dos sofistas não se fala de gramática de retórica ou de dialética. Devem ter sido eles os seus criadores" (JAEGER, 1995, p. 366).

[6] O termo grego *Mathemata* faz referência àquilo que pode ser aprendido e ensinado. Em particular, refere-se à Aritmética, geometria, música e astronomia. Segundo Jaeger, "As *Mathemata* representam o elemento real da educação sofística; a gramática a retórica e a dialética, o elemento formal" (JAEGER, 1995, p. 369).

[7] "É certo que o próprio Sócrates designa a sua 'ação' – que palavra significativa! – pelos nomes de 'filosofia' e 'filosofar'; e na *Apologia* platônica afiança aos seus juízes que não se afastará dela enquanto viver e respirar. Mas não devemos dar a essas palavras o significado que vieram a ganhar em séculos posteriores, ao cabo de uma longa evolução: o de um método do pensar conceptual ou de um corpo de doutrina formado por teses teóricas, suscetível de ser separado da pessoa que o construiu" (JAEGER, 1995, p. 524).

não significa não acreditar na transformação da alma (*psykhê*) nem na possibilidade de atingir a virtude, só que esse não seria o resultado de nenhum ensino, mas de uma atividade que o sujeito deve alcançar através do próprio cuidado da alma. Também não se trata de uma negação de todo ensino: "Sócrates não negava o valor que havia em ocupar-se de todas as coisas que eles [os sofistas] ensinavam, mas seu apelo ao cuidado da alma continha já potencialmente um critério de limitação dos conhecimentos recomendados por aqueles educadores" (JAEGER, 1995, p. 538).[8]

Pode-se dizer que enquanto os sofistas enfatizavam a vida intelectual, a valorização da inteligência humana, Sócrates olhava para a cultura espiritual, para a cultura moral. Porém, Sócrates não se considerava um mestre nem concebia sua prática como uma educação dos homens.[9] Por isso, o diálogo socrático não era uma técnica de ensino, mas um método, isto é, um caminho para chegar à virtude: "O diálogo socrático não pretende exercitar nenhuma arte lógica da definição sobre os problemas éticos, mas é simplesmente o caminho, o 'método' do *logos* para chegar a uma conduta reta" (JAEGER, 1995, p. 563). Sócrates diz não saber nada, por isso não pode ensinar nada, mas o diálogo, a conversa com outros sobre as coisas humanas levará ao encontro da sabedoria. Não há conteúdos a ensinar, como sucede no caso dos sofistas. O diálogo não é para ensinar um conteúdo, é um meio para atingir a sabedoria.

Mas é importante levar em conta a particular concepção que Sócrates tem da sabedoria. Ele dizia não saber nada, o que não queria dizer que não fosse sábio, pois até o próprio Oráculo de Delfos tinha dito que não existia alguém mais sábio que Sócrates. Mas em que consistia a sabedoria de quem diz não saber nada? Justamente em saber que nada sabe: "Esta era precisamente a definição platônica do filósofo no diálogo intitulado o *Banquete*: o filósofo não sabe nada, mas é consciente do seu não saber" (HADOT, 1998, p. 38). E a tarefa encomendada pelo oráculo de Delfos a Sócrates foi fazer com que os homens fossem conscientes do seu próprio não saber. Por isso, Sócrates não pode ensinar nada, pois o saber não é

---

[8] "Sócrates não põe em dúvida, evidentemente, os êxitos manifestos alcançados pelos sofistas no campo da cultura intelectual, mas sim, as possibilidades de transmitir a outros, por idênticos meios, as virtudes próprias do cidadão e do estadista" (JAEGER, 1995, p. 630).

[9] "Sócrates nunca fala em 'discípulos' e rejeita também a pretensão de ser 'mestre' de quem quer seja [...] Limita-se a manter a 'convivência' com os homens, seja qual for sua idade, e 'conversa' com eles. Por isso, ao contrário dos sofistas, não recebe nenhum dinheiro" (JAEGER, 1995, p. 556).

algo fabricado, não é um conteúdo transmissível por meio da escrita ou de qualquer discurso. Diz Sócrates: "Que felicidade seria se o saber fosse algo de uma espécie tal que, do que está mais cheio, pudesse fluir para o que está mais vazio" (PLATÃO apud HADOT, 1998, p. 39). Assim, as perguntas de Sócrates não conduzem a um saber algo sobre um objeto ou uma coisa ou questão determinada; "no diálogo socrático a verdadeira pergunta que está no jogo não é *aquilo sobre o que se fala*, mas *aquele quem fala*" (HADOT, 1998, p. 39). Nesse sentido, a sabedoria, antes de ser um conhecimento das coisas ou a aquisição de um saber pelo ensino é uma preocupação consigo mesmo, um questionar-se a si mesmo.

Teríamos, então, entre os séculos V e IV, a conformação de duas formas ou modos de atingir e realizar a *Paidéia*: uma via "sofística ou da arte do ensino" na qual primam o ensino, os ensinamentos e o mestre, e outra "socrática ou filosófica", cuja ênfase está colocada na relação dialética e na atividade através da qual o indivíduo consegue ocupar-se de si, cuidar da sua alma, alcançar a virtude.[10] Essas duas formas ou vias de conceber e proceder na educação não desapareceram com a Grécia Clássica; ao contrário, foram desenvolvidas, transformadas, apropriadas, modificadas, enfim, retomadas de diversas formas nos séculos seguintes. Mas nesse transcurso histórico, adquirem destaque pelo menos três modalidades ou formas: o modo cristão da doutrina e da disciplina, o modo da Época Clássica ou da Didática, e o modo "científico" ou da ciência da educação alemã, das ciências da educação francófonas e dos *Curriculum Studies* anglo-saxônicos, como discuto mais adiante.

Filosofia, pedagogia e psicagogia

Tanto nos textos de Hadot (1998; 2006) quanto nos de Foucault (2002) resulta evidente a proximidade entre os conceitos de "pedagogia", "*Paidéia*", "filosofia" e "psicagogia". Segundo Hadot, é possível "falar de filosofia antes da filosofia", referindo-se às "práticas e às teorias que aludem

---

[10] Sobre este ponto, diz Marrou (1975, p. 103): "O primeiro fato a registrar é que esse ideal da cultura antiga se nos apresenta sob dupla forma: a civilização clássica não adotou um tipo único de cultura, nem, por conseguinte, de educação; ela esteve dividida entre duas formas antagônicas, diante das quais jamais pôde resolver-se a fazer uma escolha definitiva: uma de tipo filosófico, outra de tipo oratório, das quais Platão e Isócrates foram, respectivamente, os patrocinadores". Uma análise mais recente dessas duas formas pode encontrar-se em Fendler (2000).

a uma exigência fundamental da mentalidade grega, o desejo de formar e educar, o afã daquilo que os gregos chamavam de *paidéia*" (1998, p. 23). Assim, a *Paidéia* seria uma primeira forma da filosofia. A própria definição de *sophía* confirma essa relação, pois, segundo Hadot, ainda que *sophía* se traduza geralmente pela noção de saber ou sabedoria, na cultura grega antiga, essa palavra designa preferentemente aquelas atividades, práticas que estão submetidas a medidas e regras e que supõem um ensino e um aprendizado, mas que também exigem a ajuda de um deus, uma graça divina que revela ao artesão ou ao artista os segredos da fabricação e os ajuda no exercício da sua arte. Todavia, na forma como Hadot concebe a filosofia propriamente dita, é igualmente evidente sua ligação com a *Paidéia*, isto é, com aqueles saberes e práticas que poderíamos qualificar como "pedagógicos". O autor considera a filosofia não como um tipo particular de discurso, senão como um "modo de vida". Não é que o modo de vida esteja separado do discurso filosófico; ao contrário, trata-se, diz Hadot, de mostrar que o discurso filosófico faz parte do modo de vida. Assim, para dar conta da filosofia antiga, esse autor utiliza o conceito de "exercícios espirituais", com o qual designa "as práticas que podiam ser de ordem física, como o regime alimentar, ou discursiva, como o diálogo e a meditação, ou intuitiva, como a contemplação, mas que estão todas destinadas a operar uma modificação e uma transformação no sujeito que pratica" (HADOT, 1998, p. 15).

A finalidade desses exercícios, e em geral de todas as escolas filosóficas, consiste na melhora de si mesmo. As diversas escolas coincidem em considerar que o homem, antes da conversão filosófica, se encontra submerso em um estado de confusão, vítima de preocupações e desgarrado pelas paixões. Porém,

> As diversas escolas coincidem também em considerar que o homem pode se liberar de semelhante estado e aceder a uma verdadeira existência, melhorar, se transformar, atingir o estado de perfeição. Os exercícios espirituais estão destinados, justamente, a tal educação de si mesmo, a tal *Paidéia*, que nos ensinará a viver não conforme aos pré-juízos humanos e às convenções sociais [...] mas conforme a essa natureza humana que não é outra senão a da razão (HADOT, 2006a, p. 49).

Por sua parte, e ainda que Foucault seja um pouco mais explícito na diferenciação entre pedagogia e filosofia, fica clara em suas análises a proximidade e, às vezes, a não diferenciação entre seus campos, saberes e práticas. Segundo as pesquisas apresentadas no seu Curso de 1981-1982 – *A hermenêutica do sujeito* –, a filosofia grega aparece como resultado da crise da pedagogia ou como um efeito do déficit da pedagogia ateniense:

> A crítica da pedagogia ateniense como incapaz de assegurar a passagem da adolescência à idade adulta, de assegurar e codificar este ingresso na vida, parece-me constituir um dos traços constantes da filosofia grega. Podemos até dizer que foi aí – a propósito deste problema, neste vazio institucional, neste *déficit* da pedagogia, neste momento política e eroticamente conturbado do fim da adolescência e de ingresso na vida – que se formou o discurso filosófico, ou pelo menos a forma socrático-platônica do discurso filosófico (FOUCAULT, 2006b, p. 107).

Retomando o *Alcibíades* como referência histórica e chave para compreender esse problema do cuidado de si e da pedagogia, Foucault assinala que, antes de Platão, a ocupação consigo mesmo correspondia a um momento (*kairós*), hora particular que era justamente aquela em que o rapaz deixa de estar nas mãos dos pedagogos e de ser objeto erótico para entrar na vida adulta e exercer seu poder ativo (FOUCAULT, 2006b). Nesse momento crucial da vida, nessa hora de passo, de mudança significativa, o jovem deveria começar a se ocupar de si mesmo. Mas depois de Platão o cuidado de si apareceu como um imperativo que se afastava do problema da crise pedagógica representada pelo passo da adolescência para a vida adulta e se constituiu em uma obrigação permanente que devia espalhar-se ao longo de toda a vida. E essa obrigação de si para consigo mesmo, esse cuidado de si, da própria alma e durante toda a vida, é o que se chama filosofia (FOUCAULT, 2006b).

A filosofia, então, aparece como resultado da crise, do déficit aberto pela pedagogia ateniense; emerge, assim, como uma forma de resolver o problema traçado pela passagem do jovem (submetido ao mestre) para a vida adulta ativa. Na superação dessa "antinomia do rapaz", como chamou Foucault (1986), ou seja, na resolução do problema evidenciado no fato de querer formar um caráter valente e viril num jovem que é objeto erótico do mestre, sujeito passivo do qual se espera, no final da adolescência, sua transformação em dono de si, sujeito ativo e poderoso, no âmago desse problema, aparece a filosofia socrático-platônica, entendida como o exercício do domínio de si. Todavia, essa filosofia é, por sua vez, uma pedagogia, pois requer um mestre, sábio, dono de si mesmo e, portanto, capaz de dominar seu desejo pelo discípulo, que ensine a um jovem como triunfar sobre seus desejos e voltar-se "mais forte que ele mesmo" (FOUCAULT, 1986, p. 221). Dessa forma, o "amor pedagógico" pelos rapazes converte-se em "amor pedagógico" do jovem por seu mestre: "Sócrates não é amado por eles [os rapazes] mais que na medida mesma em que é capaz de resistir a sua sedução" (FOUCAULT, 1986, p. 221).

Além de sua proximidade com a filosofia, a pedagogia aparece vinculada estreitamente com a *psicagogia*. Inicialmente, Foucault estabelece as diferenças:

> Se chamamos "pedagógica", portanto, esta relação que consiste em dotar um sujeito qualquer de uma série de aptidões previamente definidas, podemos, creio, chamar "psicagógica" a transmissão de uma verdade que não tem por função dotar um sujeito qualquer de aptidões, etc., mas modificar o modo de ser do sujeito a quem nos endereçamos (FOUCAULT, 2006b, p. 493).

Mas, enquanto na relação psicagógica da Antiguidade greco-romana a ênfase na verdade, na necessidade de dizer verdade estava colocada no mestre, na relação psicagógica cristã, os papéis vão se inverter, e o custo essencial da verdade, do "dizer veraz", estará sobre a alma daquele que é guiado, isto é, sobre o discípulo. Sob essas características, resulta que:

> A [psicagogia] greco-romana estava ainda muito próxima da pedagogia. Ela obedecia a mesma estrutura geral segundo a qual é o mestre que mantém o discurso de verdade. O cristianismo, por sua vez, irá desvincular a psicagogia da pedagogia, solicitando à alma – à alma que é psicagogizada, que é conduzida – que diga uma verdade; verdade que somente ela pode dizer, que somente ela detém e que não constitui o único, mas é um dos elementos fundamentais da operação pela qual seu modo de ser será modificado. É nisto que consistirá a confissão cristã (FOUCAULT, 2006b, p. 494).

Assim, a passagem da Antiguidade greco-romana para o cristianismo teria marcado a passagem da pedagogia para a psicagogia, ou seja, aconteceu um deslocamento na relação pedagógica que levou da ênfase na atividade do mestre à ênfase na atividade do discípulo. Mas essa observação de Foucault pode ser entendida também como uma mudança na forma das práticas pedagógicas, antes que como a constituição de dois tipos de práticas de diferente natureza. Ao contrário, a verdadeira oposição, a verdadeira diferença de natureza estaria entre a psicagogia e a retórica. Foucault mostra essa oposição citando a ironia de Epicteto, na qual retrata o pequeno aluno que assiste à aula de retórica bem penteado, muito arrumado, muito ajeitado, imagem com a qual manifesta que o ensino retórico é um ensino de ornamento, de aparência, de sedução. Nele não se trata de ocupar-se de si mesmo, mas de agradar aos outros (FOUCAULT, 2006b). Portanto, a retórica se opõe à filosofia (à psicagogia e à pedagogia), assim como o saber espiritual se opõe ao saber de conhecimento ou o modo antigo da filosofia se opõe ao "modo cartesiano".

Essa oposição da Antiguidade greco-romana vai se transformar com a nova "*Paidéia* cristã"[11] que, antes que separar ou excluir, ligou intimamente essas duas vias ou modos das "artes da educação" através da criação dos conceitos de doutrina e disciplina estabelecendo, assim, os alicerces sobre os quais seria possível a constituição, a partir do século XVII, de outra disciplina conhecida como Didática. Mas trata-se de um longo processo cujas linhas gerais desenharei, na perspectiva de estabelecer um marco prévio que sirva de introdução à analise da constituição, a partir do século XVII, do que tenho aqui denominado de "sociedade educativa".

A *Paidéia* cristã: doutrina e disciplina

A palavra *doctrina*[12] é um termo derivado do latim *doceō (-es,-uī, doctum, -ēre)*, que significa fazer aprender, ensinar. Por sua vez, a palavra *disciplina* deriva da latina *discō (-es, didicī, discere)*, que significa aprender (ERNOUT; MEILLET, 1951). Esses termos predominaram na linguagem pedagógica da Idade Média e só foram substituídos a partir dos séculos XVI e XVII por outras vozes como "ensino", "ensinar", "aprender",[13] "instruir" "instrução", "educar" e "educação" e seus correspondentes vocábulos nas demais línguas românicas e germânicas. Tal diversidade de termos exprime a complexidade que, por aqueles séculos, adquiriram as reflexões e as práticas pedagógicas e educativas, e contrasta com a austeridade do vocabulário pedagógico medieval.

No seu estudo sobre os termos doutrina e disciplina na patrística, Marrou (1934, p. 5) assinala que ambos os termos possuem a mesma raiz,

---

[11] Talvez tenha sido Clemente de Alexandria quem utilizou essa expressão para se referir à educação dos cristãos. *Vide*: Marrou (1975).

[12] As palavras "doctrina" e "disciplina" aparecem em itálico quando referem seu uso em latim.

[13] Como se verá no último capítulo, o conceito de "aprendizagem" só aparecerá no fim do século XIX como resultado das elaborações psicopedagógicas das correntes francófonas e anglo-saxônicas.

e "seus sentidos estão igualmente aparentados, a tal ponto que, num certo número de casos, eles são perfeitamente sinônimos".[14] A partir de nossa perspectiva contemporânea, essa ambiguidade pode parecer muito estranha, pois na linguagem pedagógica atual os conceitos de ensino e aprendizagem significam operações claramente diferenciáveis e até opostas, mas na *Paidéia* cristã *doctrina* e *disciplina* significavam igualmente ensino, ora um ensino (ensinamento) determinado ou geral, ora um ensino (ensinamento) dado ou recebido. Como assinala Marrou (1934, p. 6) a oposição dos verbos *docere/discere* (ensinar/aprender) não é transmitida aos nomes derivados: "um e outro se empregam igualmente para falar de mestre e aluno. Nesse sentido, as duas palavras são perfeitamente sinônimas". Por exemplo: *doctrina* refere-se tanto àquilo que é preciso ensinar quanto ao ensinamento recebido; e *disciplina* aplica-se tanto à regra, ao método e aos preceitos que é preciso aprender quanto àquilo que é aprendido ou recebido pelo discípulo.

Esse uso particular das palavras latinas por parte dos Padres da Igreja tem a ver com o papel central do ensino na religião cristã, que foi fundada para o ensino da doutrina de Cristo: ela se difundiu e se transmitiu pelo ensino dos apóstolos e seus sucessores. Para exprimir essa noção, diz Marrou (1934), os redatores do Novo Testamento serviram-se das palavras διδαχὴ e (menos frequentemente) διδασχαλα. Os primeiros tradutores latinos traduziram um e outro por *doctina*. Esse sentido de "ensino da religião" (ensinamento) foi passado do latim bíblico ao latim eclesiástico, do qual se transmitiu ao latim medieval.

Assim, "do mesmo modo que na língua clássica uma expressão como *doctrina Stoicorum* pode significar 'ensino dos estoicos' e 'sua doutrina', na língua cristã *doctrina* passou do seu sentido de ensino religioso ao de 'conteúdo dogmático deste ensino', DOCTRINA" (MARROU, 1934, p. 13). Levando em conta que na língua clássica *doctrina* é um termo relativo à vida intelectual, ao ensino, ao estudo, à ciência, seu emprego na língua eclesiástica para designar os elementos da vida religiosa ressalta a importância que a Antiguidade cristã outorgou ao elemento intelectual,

---

[14] Já Marco Terêncio Varrão (116 a.C.-27 a.C.) assinalava a mesma procedência destas duas palavras: "De ducere (conducir) derivan docere (enseñar), disciplina (instrucción) y discere (aprender), con la simple alteración de algunas letras. De igual principio derivan los documenta (testimonios) que se aducen (dicuntur) como ejemplos para enseñar (docendi)" (VARRÓN, 1990, p. 185). O sentido para disciplina que utiliza aqui o tradutor espanhol deve se referir ao resultado da ação de instruir – "instrução" –, e não à própria ação de instruir.

filosófico, doutrinal da religião, fato que ratifica as afirmações de Hadot (2006) sobre a submissão da filosofia à teologia.

Todavia, apesar da sua sinonímia, é possível encontrar usos mais ou menos diferenciados dos termos. É o caso de Santo Agostinho, que utilizava "disciplina" para referir-se ao ensino através do qual se transmite a ciência e à "doutrina" que ensina um mestre; mas, enquanto o termo "doutrina" tem um caráter estritamente intelectual, a "disciplina" é não só instrução, como também educação, ou seja, implica, além do elemento intelectual, o aspecto moral. Nesse sentido, a disciplina retoma, da noção de ensino, menos o elemento do conhecimento que o método, os preceitos, a regra que o mestre impõe ao aluno. Como afirma Marrou (1934, p. 10): a *disciplina*, pelo contrário da *doctrina*, "não tem sempre esse caráter unicamente intelectual. Ela chega a ter um sentido muito mais rico que *doctrina*. *Disciplina* significa, por sua vez, não somente ensino, mas educação, traduzindo toda a riqueza do grego *Paidéia*, que implica não somente o elemento intelectual da educação, mas também seu aspecto moral".

Sobre este assunto, vale a pena ressaltar o matiz que separa as duas palavras dentro de certos casos, apesar de seu valor similar, à primeira vista: "aplicadas, por exemplo, a um filósofo, *doctrina* designará suas opiniões, suas teorias, seu ensinamento desde o ponto de vista especulativo; sua *disciplina* é, pelo contrário, aquilo que, dentro desse ensinamento, orienta-se para a ação, a prática: regras morais, atitude prescrita para ser considerada na vida" (MARROU, 1934, p. 10).

Aprofundando essa diferenciação, em alguns casos se utilizava a palavra "disciplina" como oposta a "doctrina": "conforme a tradição clássica, enquanto que *doctrina* se apoia sobre o elemento teórico, especulativo, *disciplina* se orienta para a prática" (MARROU, 1934, p. 17). Para exemplificar esses sentidos, Marrou retoma um texto no qual Tertuliano reprova nos heréticos suas relações suspeitosas com as gentes corruptas, índice certo da sua própria decadência: "é verdade que a qualidade da Fé pode ser julgada segundo o gênero de vida: o critério da *doctrina* é a *disciplina*". Nessa passagem, "É claro que *doctrina* designa [...] a doutrina, a teologia, o aspecto teórico da posição assumida pelos heréticos. *Disciplina*, pelo contrário, é ou outro aspecto da sua atitude, o aspecto prático, o tipo de vida, a moral que os caracteriza" (MARROU, 1934, p. 18). De outro modo, quando tais palavras eram utilizadas no plural, os matizes se perdiam, e a sinonímia era total: "Os plurais *doctrinae, disciplinae* designam o conjunto de conhecimentos científicos e, mais geralmente, a cultura intelectual" (MARROU, 1934, p. 6). Nesse sentido são equivalentes às artes. Assim, as artes liberais são também mencionadas ou nomeadas como disciplinas liberais (*disciplinae liberales*).

O vocábulo *disciplina*, não obstante e além da sua relação com o termo *doctrina*, oferece uma maior riqueza de sentidos. Ele era utilizado para designar também a ordem, a subordinação que a Igreja impunha aos membros do clero; a autoridade que exerce o superior sobre seus subordinados. No século VI se desenvolve com São Benito a organização sistemática da vida monástica: na Regra se percebe o uso da palavra *disciplina* para exprimir a boa ordem, autoridade e disciplina que a observação da regra deve fazer reinar no interior da comunidade. Na pena de São Benito, *disciplina* toma um sentido muito formal: conduta a ter, método, maneira de agir (MARROU, 1934).

Um último sentido da palavra *disciplina* faz referência a castigo, correção, punição, pena infligida por uma falta. Mas nesse caso, é importante salientar o distanciamento com o sentido clássico. Esse outro sentido, segundo Marrou, pode ter sido introduzido na língua latina pelos tradutores da Bíblia sob influência do sentido análogo que ocupou *Paidéia* na tradução grega do Antigo Testamento (conhecida como Septuaginta[15] ou LXX). Todavia, o sentido de castigo é estranho ao uso clássico de παιδεια. Talvez por causa da severidade da pedagogia antiga, pelo fato de ser comum no pensamento de um grego ou romano a vinculação de uma nuance de austeridade, de rigor na educação intelectual e moral, o sentido se estendeu para castigo ou punição (MARROU, 1934).

Desenham-se no estudo de Marrou as íntimas relações entre a antiga cultura greco-romana e nova cultura cristã, embora percebessem melhor tais vínculos na análise do sentido atribuído aos vocábulos *docere* e *discere*

---

[15] "Os líderes do judaísmo em Alexandria foram responsáveis por uma tradução do Antigo Testamento hebraico para o grego, que integraria a Biblioteca de Alexandria, e foi chamada de Septuaginta (LXX), que significa setenta. Essa tradução já estava concluída em 150 a.C. e foi feita por eruditos judeus e gregos, provavelmente para o uso dos judeus alexandrinos. Assim que a igreja primitiva passou a utilizar a Septuaginta como Antigo Testamento, a comunidade judaica perdeu o interesse em sua preservação. Essa versão teve um papel muito importante para o estudo e a divulgação do Antigo Testamento em outras línguas, já que os textos hebraicos apresentam grande dificuldade de compreensão" (FUNDAÇÃO RENASCER, 2006).

nos textos pedagógicos cristãos. Sob meu ponto de vista, é na delimitação desses termos que se encontra a principal riqueza da *Paidéia* cristã. Para desenvolver esta afirmação, trabalharei a seguir três textos significativos da tradição cristã à maneira de mostras reveladoras da produção medieval e na tentativa de caracterizar os seus elementos fundamentais; trata-se de *O pedagogo*, de Clemente de Alexandria (150?- 215?) e os textos homônimos *De magistro*, de Santo Agostinho (354-430) e Tomás de Aquino (1225-1274). Neles se esclarecem significados-chave para a compreensão da pedagogia cristã, como a diferenciação entre a atividade e a função do pedagogo e do mestre, a relação e os limites entre ensinar e aprender e o conceito "edução", procedente do verbo eduzir – *educere* em latim, diferente do conceito "educação" procedente de educar – *edŭcare*, palavra que voltará a ser corrente só a partir do século XVIII.

O pedagogo e a cura da alma

O texto de Clemente é particularmente significativo para apreciar as profundas relações entre a cultura greco-romana em declínio e a nova cultura cristã em ascensão. O próprio título do livro mostra a apropriação cristã da produção helênica, pois o termo "pedagogo" (παιδαγωγὸς) – alheio à tradição bíblica – foi escolhido pelo autor para exprimir as intenções do seu texto: a formação moral, teórica e prática, do cristão.[16] Porém, resulta mais significativo ainda que "O" pedagogo referido no título seja o próprio Logos divino (Deus, Jesus). Sobre esse aspecto, Marrou (1960) assinala que pode surpreender o fato de Clemente chamar pedagogo ao Verbo divino, pois essa palavra

---

[16] *O pedagogo* é uma obra apologética dirigida aos nobres de Alexandria, florescente cidade egípcia "fundada por Alejandro Magno no ano 331 a. C. e dedicada às ciências e às artes graças à proteção dos Ptolomeus; foi, muito antes do aparecimento do cristianismo, berço do helenismo, crisol intelectual de uma civilização na qual se fundiam as culturas oriental, egípcia e grega e à qual se vinculou desde o primeiro momento a cultura hebraica. Por sua localização estratégica, no cruzamento das rotas de África e Ásia, Alexandria era um centro mercantil e cultural de primeira ordem que rivalizou e tomou o lugar de Atenas" (CASTIÑEIRA, 1988, p. 7). A obra consta de três livros: o primeiro é dedicado a fundamentar e justificar o papel de uma pedagogia cristã e expor os princípios gerais da espiritualidade; os livros II e III são tratados práticos de moral para guiar a conduta dos cristãos. Trata-se neles de uma amplitude de aspectos, como alimentação, bebida, mobília da casa, utensílios, roupa, comportamento nos banquetes, riso, conversas, procriação, beleza e enfeites, depilação, banhos públicos, etc.

era utilizada no mundo grego para se referir àquele humilde escravo encarregado de conduzir a criança. Llamas (2002, p. 250) explica essa escolha de Clemente no fato de Platão ter exaltado, pela primeira vez, "o significado do verbo grego *paidagwgein*, cuja ação era tradicionalmente encomendada aos escravos. Este enaltecimento se manifesta quando Platão chama a Deus: 'Pedagogo do mundo'".[17]

Essa exaltação do pedagogo e da ação pedagógica que Clemente retoma de Platão aparece mais relevante para as análises aqui desenvolvidas, se levarmos em conta sua diferenciação com o "mestre" e a atividade do ensino:

> O pedagogo, em efeito, ocupa-se da educação e não da instrução; seu propósito é a melhora da alma, mas não pelo ensino; ele introduz à vida virtuosa, não à vida da ciência. Sem dúvida, o próprio Logos é também o mestre encarregado de ensinar, mas não primeiramente. O Logos que ensina tem a cargo expor e desvelar as verdades doutrinais. O pedagogo, que se ocupa da vida prática, primeiro exorta-nos a estabelecer uma boa vida moral; e depois, ele nos convida a cumprir os nossos deveres: ele promulga os preceitos inquebrantáveis e mostra aos homens os exemplos de aqueles que antes hão errado seu caminho[18] (CLEMENTE, 1960 [200], p. 111).

O *logos*, então, exorta, educa moralmente e ensina o dogma, mas quando educa, chama-se "pedagogo" (παιδαγωγὸς) e "mestre" ou *didáskalos* (διδἀσκαλος) quando ensina.[19] Assim, o próprio do pedagogo seria a *Paidéia*, a cultura, e o próprio do mestre a doutrina, o "ensino sistemático, científico, de conteúdo dogmático, para atingir os cumes mais elevados da Gnose" (MARROU, 1960, p. 10). Mas seguindo a tradição

---

[17] Sobre este ponto, Nunes (1978, p. 76) diz: "Clemente recorreu a uma acepção de *pedagoguein* já consagrada por Platão, uma vez que o Filósofo da Academia observa nas *Leis* não só a acepção tradicional do termo [...] como introduz na mesma obra um novo matiz semântico relativo à palavra pedagogia, ao dizer que Deus guia todas as coisas – *paidagôguei panta* – à sua própria retidão e à sua felicidade".

[18] As referências ao texto de Clemente são tomadas aqui de duas fontes: a edição bilíngue (grego-francês) de Marrou (1960) – referências traduzidas para a língua portuguesa por mim –, e a edição na língua castelhana da Editorial Gredos (1988), apresentada por Angel Castiñeira Fernández e traduzida por Joan Sariol Diaz.

[19] Depois do *Pedagogo* Clemente tinha pensado escrever o *Didáscalos*, que deveria explicar os passos da Sagrada Escritura e aprofundar o conhecimento da teologia cristã. Era o terceiro livro de uma trilogia projetada em que apresentaria o compêndio das supremas verdades da fé, após a exortação à conversão – seu *Proptéptico* – e a formação moral do catecúmeno – o *Pedagogo* (NUNES, 1978).

da *Paidéia* socrática, Clemente concebe a atividade do pedagogo como uma cura para as doenças da alma. A *Paidéia* é medicina espiritual, e o pedagogo age como um médico para curar as paixões da alma. Uma vez curada a alma, e só então, será possível a aquisição do conhecimento através do ensino:

> Um enfermo não poderá assimilar nada dos ensinamentos até que não estivera completamente restabelecido; a prescrição que se dita aos que aprendem não tem o mesmo caráter que a que se da aos que estão enfermos: aos primeiros, se lhes administra para seu conhecimento; aos segundos, para a sua cura.
>
> Assim como os enfermos do corpo necessitam um médico, do mesmo modo os enfermos da alma precisam de um pedagogo, para que sare nossas paixões. Logo [depois] acudiremos ao mestre, que nos guiará na tarefa de purificar nossa alma para a aquisição do conhecimento e para que seja capaz de receber a revelação do Logos (CLEMENTE, 1988 [200], p. 43).

Ainda que complementares, trata-se de duas atividades claramente diferenciadas. Uma, a primeira, leva à saúde da alma; a outra, ao conhecimento, e "Saúde e conhecimento não são duas coisas idênticas; este se adquire pela força do estudo, aquela pela cura" (CLEMENTE, 1960 [200], p. 113). O bom cristão precisa ser saudável de espírito, mas também precisa conhecer a doutrina para sua salvação: a primeira condição se adquire com ajuda do pedagogo e se exprime nos costumes (é a disciplina); a segunda requer do mestre, se atinge através do estudo e se exprime na contemplação, na benevolência (é a doutrina).

Essa diferença marcada claramente por Clemente entre *Paidéia* e "didática" ou ensino, entre pedagogo (παιδαγωγὸς) e mestre (*didáskalos* ou διδάσκαλος) permanece ainda muito próxima da tradição grega e, portanto, pode-se assimilar a diferença existente entre as duas vias ou formas clássicas de entender a arte de educar: o modo filosófico (ou socrático) e o modo sofístico (ou da arte do ensino). Mas essa tradição será quebrada alguns séculos mais tarde com o trabalho de Santo Agostinho que, por sua vez, inaugurará outra tradição que perdurará até a Modernidade: trata-se do aprimoramento, no vocabulário da arte de educar, dos termos "doctrina" e "disciplina" e dos verbos latinos *docere* e *discere* que adiante ocuparão o lugar central nas preocupações educacionais dos intelectuais cristãos. Com o aparecimento desses outros termos, a arte do ensino conhecerá um grande desenvolvimento, entretanto as atividades e reflexões ligadas à *Paidéia* como a formação moral, a cultura, o cuidado de si, a cura da alma, entrarão a fazer parte das práticas do ascetismo cristão ou das atividades próprias da vida cristã.

O mestre e a disciplina: ensinar ou aprender?

O vosso Mestre é um só, Cristo.
MATEUS 23,10

Enquanto Clemente se ocupou do pedagogo e da cura das almas, Santo Agostinho[20] e, depois, Tomás de Aquino dedicaram parte das suas reflexões ao problema do mestre e do ensino da doutrina. Mas ensino é uma palavra enganosa. Agostinho e Tomás de Aquino utilizavam o verbo *docere* e suas derivações para se referir à atividade do *magistro* e, ainda que traduzamos essa palavra pelo termo "ensinar", o significado deste é bem diferente daquela. Ensinar é uma palavra mais ou menos recente – registrada na língua portuguesa só a partir do século XIII (CUNHA, 1986) – e procede de *insignare*, termo do baixo latim (alteração de *insignire*), que significa indicar, designar ou marcar com um sinal. Desse termo procedem também as vozes portuguesas *ensinamento* (século XIII), *ensinança* (século XIV), *ensino* (século XIV) e *ensinador* (século XV) (CUNHA, 1986). No sentido moderno (adquirido pela vulgarização da didática entre os séculos XVII e XIX), ensinar significa "transmitir conhecimentos", particularmente através das palavras (sinais) do mestre ou do texto didático. Pelo contrário, desde a perspectiva de Santo Agostinho e, depois, de Tomás de Aquino, a atividade significada com a palavra *docere* não pode ser entendida ao modo de uma transmissão de conhecimento, pois para ambos o conhecimento não é transmissível, por isso mesmo não pode ser "ensinado", quer dizer, transmitido através de sinais. Aliás, Agostinho não utiliza o termo *insignire* no seu texto, ainda que ele fale das palavras como sinais que ensinam, pois esse ensinar dos sinais não é considerado no sentido de colocar em sinais, mas no sentido de *doceum*.

---

[20] Sobre Santo Agostinho, diz Nunes: "foi inegavelmente o mentor espiritual da Idade Média, máxime até o século XIII, e sua concepção educacional influenciou e modelou a educação medieval, só vindo a surgir algo de equivalente durante o século XIII, com o aparecimento das grandes obras da Escolástica, principalmente Santo Tomás de Aquino" (NUNES, 1978, p. 204).

O texto *De Magistro*[21] é um diálogo de corte socrático que Agostinho (o Bispo de Hipona) estabelece com seu filho Adeodato na perspectiva de esclarecer a finalidade do ato de falar e da linguagem. O diálogo inicia justamente com a pergunta: "Que te parece que pretendemos fazer quando falamos?" (AGOSTINHO, 1956 [389], p. 13). A tese a partir da qual se desenvolve a conversa é que "com o falar não nos propomos senão ensinar"[22] (AGOSTINHO, 1956 [389], p. 13). Mas pareceria que nem sempre que falamos ensinamos, pois quando cantamos sozinhos, por exemplo, não ensinamos nada a ninguém e, não obstante, falamos, contrapõe Adeodato a seu pai. Agostinho esclarece que cantar não é falar, pois se pode cantar sem palavras, como cantam os pássaros; então, o canto não é senão uma modulação do som que se pode subtrair às palavras e aproveita o comentário para indicar a seu filho que existe outro fim no uso da palavra – a recordação – de tal forma que teríamos, então, dois motivos por que falamos: "ou para ensinar ou para suscitar recordações nos outros ou em nós mesmos" (AGOSTINHO, 1956 [389], p. 13).

Se sempre que falamos ensinamos, isso significa que falar e ensinar são a mesma coisa? Não, "pois se fossem a mesma coisa não se poderia ensinar senão falando" (p. 95). Agora, é verdade que só se pode ensinar através de sinais, mas além das palavras, existem outros sinais através dos quais é possível ensinar. Embora utilizemos sinais sempre que ensinamos, ensinar não é o mesmo que significar: "Portanto, se significamos para ensinar, e não ensinamos para significar, uma coisa é ensinar e outra significar" (AGOSTINHO, 2006 [389], p. 93). Ensinamos para mostrar, para apresentar, para dar a conhecer as coisas, e não os sinais das coisas: "Logo, é melhor ensinar que falar, e, assim, é melhor o discurso que a palavra. Muito melhor que as palavras é, portanto, a doutrina" (AGOSTINHO, 1956 [389], p. 89). Sobre esse aspecto, Agostinho e Adeodato tinham concluído que o conhecimento das coisas é superior ao dos sinais, por isso o ensino – no sentido de ensinamento, de *doctrina*, segundo Monroe

---

[21] Levando em conta o propósito de esclarecer o sentido do "ensino" no texto de Agostinho, utilizarei aqui duas traduções que citarei segundo me pareça uma mais apropriada que outra, tendo como referência o texto em latim e o sentido da argumentação. O uso de cada versão é marcado na citação pelo ano de publicação: a primeira, *De Magistro*, edição bilíngue latim/português de 1956, e a segunda *O mestre*, de 2006.

[22] Sempre que aqui falamos de ensinar é preciso lembrar que no texto original em latim, Agostinho utiliza o verbo *docere* e nunca o termo *insignare*.

(1934) – é melhor que as palavras, pois quando ensinamos, ainda que usemos palavras, não é o propósito ensinar palavras, mas ensinar as coisas das quais as palavras são só sinais. Assim, pois:

> Até este ponto chegou o valor das palavras: para lhes conceder o mais possível, incitam-nos apenas a buscar as coisas, não no-las apresentam para as conhecermos. Ora quem me ensina alguma coisa é quem me manifesta, quer aos olhos quer a outro sentido do corpo, ou ainda à própria mente, as coisas que eu quero conhecer. Portanto, com as palavras não aprendemos senão palavras, ou melhor, o som e o ruído das palavras (AGOSTINHO, 2006 [389], p. 101).

O verdadeiro ensino é a apresentação das coisas: "ensina-me algo quem apresentar, diante dos meus olhos ou para um dos sentidos do corpo ou também à própria mente, as coisas que quero conhecer" (AGOSTINHO, 1956 [389], p. 109). Por isso, não é possível ensinar (no sentido de *docere*) com palavras, pois elas são somente sinais das coisas, e não as coisas nem o conhecimento (ensinamento, doutrina) das coisas; além disso, se desconhecemos as coisas, desconhecemos também as palavras que servem de sinal para essas coisas:

> Por conseguinte, conhecidas as coisas alcança-se também o conhecimento das palavras; mas ouvidas as palavras, nem as palavras se aprendem. De fato, não aprendemos as palavras que conhecemos, nem podemos declarar ter aprendido as que não conhecemos, senão depois de percebida sua significação. Ora esta não provém da audição dos sons emitidos, mas do conhecimento das coisas significadas. É um raciocínio muitíssimo verdadeiro, e com toda verdade se diz que, proferidas as palavras, ou sabemos o que significam, ou não sabemos; se sabemos, mais o rememoramos que do que aprendemos; se não sabemos, nem sequer o rememoramos, mas somos talvez incitados a inquirir (AGOSTINHO, 2006 [389], p. 102).

Para esclarecer este ponto, o Bispo de Hipona refere o exemplo da palavra "sarabalas" que ele encontrou num texto bíblico e que, por não conhecer, nada mostrava, pois a palavra não mostra a coisa que significa. Por esse termo se denominam certas coberturas da cabeça, mas ouvindo isso não aprendeu o que é cabeça ou coberturas, pois já conhecia antes essas coisas e o conhecimento delas adveio-lhe não quando foram denominadas por outros, mas quando vistas por ele. Assim,

> [...] antes de o ter descoberto, esta palavra era apenas um som para mim; aprendi que era uma sinal, quando descobri de que realidade era sinal. Essa realidade, como já disse, tinha-a eu aprendido não por meio do sinal,

mas pela visão. E assim, mais se aprende o sinal por meio da realidade conhecida, do que a própria realidade por um sinal dado (AGOSTINHO, 2006 [389], p. 98).

Conhecer a realidade é, então, vê-la com os próprios olhos, e ensinar a realidade é mostrá-la para que seja vista pelos olhos. Mas Agostinho, já no final do diálogo, acrescenta uma última reflexão: percebemos não só pelos sentidos corporais, mas também pela mente. As coisas percebidas pelos primeiros chamam-se "sensoriais" e as segundas, "inteligíveis". Sobre as coisas sensoriais ou as vemos diretamente, ou, pelo contrário, acreditamos nas palavras de outros ou não acreditamos nelas, mas de maneira alguma aprendemos somente com o que outro afirma. As coisas inteligíveis não são objetos que percebemos pelos sentidos no presente, senão aqueles que outrora percebemos e, portanto, já não falamos das próprias coisas, mas das imagens impressas em nós por elas e guardadas na memória. E essas imagens não as percebemos com os olhos do corpo, senão por meio do intelecto e da razão que são como olhos do espírito.

Aqui é preciso lembrar que, para Santo Agostinho, o espírito de Deus habita em nós, e nós somos templo de Deus (1 Coríntios 3,16); portanto, devemos procurá-lo no próprio íntimo da alma racional "que se denomina o homem interior" (AGOSTINHO, 2006 [389], p. 22): essa é a luz interior da Verdade que todos possuímos e com a qual, se enxergamos bem, podemos conhecer ainda aquelas coisas que não são apresentadas diretamente aos nossos sentidos corporais. Assim, quando alguém diz para nós coisas verdadeiras, não está nos ensinando nada, pois se são verdadeiras Deus as descobre em nós interiormente; portanto, não aprendemos pelas suas palavras, mas pelo mestre interior, embora nem sempre escutemos bem o nosso mestre interior: é o que acontece, por exemplo, no processo do diálogo entre um mestre e um discípulo quando este nega o que antes tinha afirmado como certo. Isso é possível devido à fraqueza de quem enxerga, pois não pode consultar sobre todas as coisas a luz interior, mas com as interrogações do mestre vai conseguindo. E nem por isso pode-se dizer que aprendeu pelas palavras daquele; elas só proporcionaram a maneira de tornar-se idôneo para enxergar no seu interior. Assim diz Agostinho ao seu filho sobre este ponto:

> Daqui compreenderias claramente que nada aprendeste pelas minhas palavras: nem aquilo que ignoravas enquanto eu o afirmava, nem aquilo que já sabias otimamente; pois jurarias, ao ser interrogado parte por parte sobre as duas

coisas, que a primeira te era desconhecida e a segunda conhecida. E então chegarias a admitir tudo o que antes negavas ao conhecer que são claras e certas as partes de que a questão se compõe; isto é, que a respeito de todas as coisas de que falamos, quem nos está ouvindo ou ignora que são verdadeiras, ou não ignora que são falsas, ou sabe que são verdadeiras. No primeiro destes três casos ou crê ou opina ou duvida; no segundo nega; no terceiro afirma: em nenhuma das três aprende (AGOSTINHO, 1956 [389], p. 119).

Por outro lado, as palavras podem ser enganosas; elas nem sempre exprimem aquilo que se pensa ou se sente verdadeiramente; caso contrário, não existiriam mentirosos no mundo: "pelas palavras o íntimo não só não se abre, mas até se oculta" (AGOSTINHO, 2006 [389], p. 112). Não obstante, precisamos de palavras e de professores, só que não podemos esquecer que o verdadeiro mestre é um: "não chamemos mestre a ninguém na terra, pois que o único Mestre de todos nós está nos Céus" (Mateus 23, 8-10).

> Erram, pois, os homens ao chamarem de mestres os que não o são, porque a maioria das vezes entre o tempo da audição e o tempo da cognição nenhum intervalo se interpõe; e porque como depois da admoestação do professor, logo aprendem interiormente, julgam que aprenderam pelo mestre exterior, que nada mais faz do que admoestar (AGOSTINHO, 1956 [389], p. 128).

No fim das contas, parece que ninguém pode ensinar ninguém, mas todos podemos aprender; ou, como conclui Adeodato: "aprendi que o homem, pelas palavras, não é mais que incitado a aprender" (AGOSTINHO, 2006 [389], p. 119). Essa conclusão de Adeodato não deixa de ressoar nos nossos ouvidos contemporâneos, pois quase mil e quinhentos anos, muito antes da derrota da "doutrina do ensino" e do "verbalismo" da educação tradicional por parte da "nova pedagogia" do século XX, Agostinho já afirmava que ensinar – *docere* – é só fazer aprender. Qual é, então, no fim de contas, o "ensino tradicional"? Quando apareceu essa doutrina segundo a qual podemos ensinar (no sentido de colocar em sinais, *insignare*) através das palavras e da ação do mestre? Quem formulou tal afirmação (anti)pedagógica?

A disciplina: *discere* ou *docere*?

Para a nossa mentalidade contemporânea, filha da didática moderna, é bem clara a diferença entre ensinar e aprender: trata-se de duas atividades de ordem distinta e até opostas, na medida em que uma privilegia o sujeito mestre e seu exercício profissional, enquanto a outra coloca a ênfase no sujeito da aprendizagem e seus processos cognitivos e comportamentais. Até poderíamos dizer que o ensino, como conceito e como prática, sofre ainda as consequências do desprestígio e subordinação impostos pelas elaborações do chamado movimento da "Educação Nova" ou "Escola Ativa", particularmente com a entronização do conceito de aprendizagem no centro do campo do saber e das práticas pedagógicas contemporâneas. Talvez por isso seja tão difícil para nós compreender o conceito de disciplina utilizado na "*Paidéia* cristã" (expressão que utilizo por comodidade para me referir a um conjunto diverso de posições e elaborações desenvolvidas durante a Idade Média), pois nela podia significar tanto ensinar (*docere*) quanto aprender (*discere*).[23] Sem dúvida, nessa "confusão" o fato de considerar Cristo o único mestre verdadeiro e de aquele ser o próprio "homem interior" impediu estabelecer clara diferença entre uma ação externa (correspondente ao ensino) e uma interior (a aprendizagem).

Um exemplo dessa confusão pode ser encontrado no texto agostiniano sobre o livre arbítrio. Enquanto a versão original em latim utiliza o termo disciplina, uma tradução para o italiano prefere empregar palavras relacionadas com aprender e uma das versões para a língua portuguesa escolheu o termo ensinar como base da sua tradução. Alguém estará errado? Com certeza não, mas se lermos alguns dos trechos do texto, nos parecerá que se trata de afirmações diferentes.

A reivindicação do mestre: da disciplina para o ensino

Oitocentos anos depois do texto de Santo Agostinho, Santo Tomás de Aquino revisa as elaborações do Bispo de Hipona nas suas *Quaestiones Disputae de Veritate*, particularmente na número 11 (intitulada *De Magistro*[24]), correspondente ao seu curso dos anos 1257-1258, como professor da Universidade de Paris. Chama a atenção que justamente um professor coloque em questão a possibilidade do ensino. Mas, antes que uma rejeição, a pergunta tenta justificar o ato de ensinar e, nesse sentido, trata-se

---

[23] Lembremos a afirmação de Marrou: ambos os termos possuem a mesma raiz e "seus sentidos estão igualmente aparentados, a tal ponto que, num certo número de casos, eles são perfeitamente sinônimos" (MARROU, 1934, p. 5).

[24] Para a análise do texto foram utilizadas duas publicações: uma em português Tomás de Aquino (2004) e outra, uma versão bilíngue latim/português Tomás de Aquino (2000).

de uma reatualização do texto de Agostinho, que tinha deixado claro que era Cristo o verdadeiro e único mestre, portanto só ele podia ensinar e ser chamado de (o) Mestre.

Na perspectiva de compreender melhor o sentido da pergunta de Tomás de Aquino, é preciso ter presentes dois dados: (1) o lugar e a condição de onde fala, isto é, a Universidade de Paris e sua condição de professor da Faculdade de Teologia; (2) a polêmica que por aquela época se mantinha sobre o estabelecimento dos limites e relações entre Fé e razão, entre Teologia e Filosofia. O primeiro aspecto é particularmente significativo, pois diferentemente da época de Agostinho, no século XIII a atividade de ensino adquiriu uma amplitude e uma organização até então desconhecida na Europa. Trata-se da constituição de colégios e universidades, que agrupam um número significativo de estudantes e mestres procedentes de diversas cidades da Europa. A primeira e mais importante na época foi a Universidade de Paris, constituída nos primórdios do século XIII, organização reconhecida no ano 1200 por Felipe Augusto[25] sob o nome de *Studium Generale Parisiense* e depois, em 1208, pelo papa Inocêncio III; posteriormente, nos anos de 1215 e de 1231, foram sancionados seus estatutos (FRAILE, 1960).

Como assinala Durkheim (2002a [1938]), a universidade foi primeiramente um agrupamento de indivíduos antes que de ensinamentos. Tratou-se de uma organização de mestres e/ou estudantes, reunidos como grêmio ou corporação (*universitas*[26]), na perspectiva de velar pelos seus interesses particulares. A Universidade de Paris contava com quatro Faculdades: Artes, Direito, Medicina e Teologia, mas durante o século XIII, Artes e Teologia foram as mais importantes, pois foi entre elas que se desenvolveram os conflitos doutrinares que agitaram o século XIII (FRAILE, 1960; CAMBI, 1999). E é essa a polêmica sobre as relações entre

---

[25] Filho de Luís VII, que chegou ao trono da França em 1180. Conseguiu expandir o poder de seu reino anexando novos territórios, o que lhe significou estar em permanentes guerras. Participou na Terceira Cruzada ao lado de Ricardo Coração de Leão. Ele sancionou a criação da Universidade de Paris e favoreceu a Igreja, sendo a sua figura uma das mais relevantes da dinastia Capeto.

[26] "Assim como é preciso excluir da noção de *Universitas* qualquer ideia de estabelecimento escolar coletivo, é preciso evitar entender esse nome como se significasse que o ensino dado pelos mestres associados era necessariamente enciclopédico, como se abraçasse a totalidade das disciplinas humanas. Esse termo vem, com efeito, da língua jurídica e tem somente um sentido de associação dotada de certa unidade, de corporação. É sinônimo de *societas*, de *consortium*, e essas diferentes expressões são frequente e indiferentemente confundidas umas com as outras" (DURKHEIM, 2002, p. 91).

Filosofia e Teologia, na qual estiveram intimamente vinculadas as duas grandes ordens mendicantes: franciscanos e dominicanos.[27] Embora tivesse sido um franciscano (Alexandre de Hales) o primeiro escolástico a pôr Aristóteles a serviço da teologia, foram os dominicanos que se apropriaram de maneira mais sistemática da filosofia aristotélica, particularmente seguindo as versões do muçulmano Averroes (FREIRE, 1960; MONROE, 1970). O ponto culminante dessa polêmica esteve protagonizado pelo franciscano São Boaventura, baseado principalmente em Santo Agostinho e no platonismo, e o dominicano Santo Tomás de Aquino, mais fundamentado em Aristóteles.

A intensidade e a extensão dessa polêmica ultrapassam os limites deste trabalho e só considerei necessário fazer uma referência muito geral dela para destacar como o "jeito aristotélico" de Aquino abre e retoma o problema que Agostinho tinha fechado sobre a concepção do ensino e do mestre, vários séculos atrás. Mas, como assinalei anteriormente, deve-se ter presente outro fato nessa releitura: a condição de professor de Aquino dentro da Universidade de Paris, instituição vista pela hierarquia eclesiástica como chave para a cristianização da filosofia e para a formação intelectual do clero (FRAILE, 1960). Esse fato resulta significativo em razão das próprias diferenças que separam a atividade de Agostinho e de Aquino: o primeiro, mais que professor, foi um pastor de almas, um predicador, e sua atividade de ensino não exigiu uma sistematização como aconteceu no caso de Aquino:

> Porém desde que se estabeleceram cadeiras para a formação intelectual dos clérigos, com mestres docentes, com ouvintes fixos e com matérias determinadas para sua exposição em cursos regulares, foi preciso estabelecer uma ordem e um método no ensino e utilizar outros procedimentos muito distintos dos que reclama a predicação desde o púlpito. Os ouvintes não se davam por satisfeitos com o *modus oratorius*, ou o *assertorius*, ou o *exhortatorius*, senão que exigiam métodos, não só expositivos, mas também demonstrativos, com argumentos racionais (FRAILE, 1960, p. 560).

---

[27] "Serão as duas grandes ordens mendicantes que delinearão os diversos modelos de teorização: o primeiro – típico dos dominicanos –, ligado à valorização da razão, em si e como instrumento para penetrar e desenvolver o significado da fé; o segundo – ligado aos franciscanos –, destinado a sublinhar a superioridade da fé em relação à razão, a sua 'superabundância' também cognoscitiva e, portanto, o privilégio da via mística para conhecer a realidade e para formar o homem" (CAMBI, 1999, p. 187).

As próprias condições do ensino – sua expansão social, a relevância que começa a ter com a fundação da universidade e a recomposição dos colégios – foram, então, aquilo que levou Santo Tomás a desenvolver a concepção do ensino herdada de Agostinho. Mas isso só foi possível graças à apropriação da filosofia de Aristóteles, que lhe permitiu matizar as conclusões do Bispo de Hipona e reivindicar um lugar para o mestre humano e para a sua atividade, dando um passo a mais na sistematização do conceito de ensino.

Seguindo a tradição escolástica, Tomás elabora seu *De Magistro* sob a forma de uma *quaestio disputata*. As *quaestiones* ou perguntas surgiam na leitura (*lectio*) ou comentário (*glossa*) dos textos escolhidos para o ensino devido a sua dificuldade, às discordâncias encontradas entre as diversas passagens do texto, às divergências na interpretação entre as "autoridades" ou às discrepâncias entre estas e os textos (FRAILE, 1960). A *disputatio* – exercício dialético central no ensino escolástico e complemento do ensino ordinário (*lectio, explicatio, commentarium*) – partia de uma questão (*utrum*) sobre a qual seguidamente se exprimiam argumentos em prol e contra, fossem reais, fossem simulados, com o propósito de salientar o seu valor. O texto de Tomás de Aquino está composto por quatro artigos, cada um dos quais inicia com uma das seguintes questões: (1) Se o homem – ou somente Deus – pode ensinar e ser chamado de mestre; (2) Se se pode dizer que alguém é mestre de si mesmo; (3) Se o homem pode ser ensinado por um anjo; (4) Se ensinar é um ato da vida ativa ou da vida contemplativa. Tais questões são seguidas de várias objeções, após as quais:

> [...] levantam-se contraobjeções (*sed contra*, rápidas e pontuais sentenças colhidas em favor da tese do artigo; ou algumas vezes *in contrarium*, que defendem uma terceira posição que não é da tese nem a das *objectiones*). Após ouvir estas vozes, o mestre expõe tematicamente sua tese no corpo do artigo, a *responsio* (solução). Em seguida, a *responsio ad objecta*, a resposta a cada uma das objeções do início (LAUAND, 2004, p. 5).

O primeiro artigo "Se o homem – ou somente Deus – pode ensinar e ser chamado de mestre" – que está mais diretamente ligado ao problema que estou tentando desenvolver – inicia com dezoito objeções, em que prevalecem as argumentações de Agostinho: a Escritura diz que um só é vosso mestre; o homem ensina somente por meio de sinais, mas por sinais não se pode atingir o conhecimento da realidade, porque conhecer as coisas é superior a conhecer os sinais; se a verdade é a luz da mente, um homem não pode ensinar a verdade porque estaria iluminando a mente, e só Deus pode iluminar a mente do homem; o saber requer certeza do conhecimento, sem o qual não teríamos saber, mas opinião ou credulidade; ora, um homem não pode produzir certeza em outro por meio dos sinais, etc.

Na solução, Tomás começa assinalando duas possíveis alternativas para responder afirmativamente a sua questão e, continuando, desenvolve uma terceira via intermediária. À primeira segue esta argumentação: "todas as formas sensíveis derivam de um agente extrínseco, que é uma substância ou forma separada, a que chamam 'doador de formas' ou 'inteligência agente', em relação à qual os agentes naturais inferiores agem meramente preparando a matéria para a recepção da forma" (TOMÁS DE AQUINO, 2004 [1254-59], p. 28).

Nessa perspectiva fundamentada em Avicena,[28] o conhecimento se dá por um agente separado, externo, que oferece as formas inteligíveis a nossa mente, que é como a matéria preparada para receber a forma. Uma segunda alternativa, contrária à anterior, assinala que todas as formas são imanentes às coisas e não têm causa exterior, mas se manifestam por ação provinda do exterior:

> E assim também o conhecimento de todas as coisas acompanharia a alma desde sua criação e o papel da ajuda exterior e do ensino seria simplesmente o de conduzir a alma à recordação ou à consideração do que ela já antes sabia. Assim, eles afirmam que ensinar é simplesmente fazer lembrar (TOMÁS DE AQUINO, 2004 [1254-59], p. 29).

Aqui aparece um argumento de origem platônica: ensinar é incitar a memória, e aprender, simplesmente recordar. Frente a essas duas

---

[28] Conhecido como Avicena (980-1037), Abu 'Ali al-Husayn bn 'Abd Allah bn al-Hasan bn 'Ali Ibn Sïna foi seguidor da tradição aristotélico-platônica de Alkindi e de Alfarabi; "siguió a este último en su explicación del origen y jerarquía de las inteligencias. Avicena establece, en efecto, que el conocimiento depende de la realidad de los objetos conocidos, desde el saber de los principios primeros hasta el conocimiento obtenido por revelación, pasando por el de los universales o ideas. A cada una destas formas corresponde, a su entender, una forma y modo de intelecto. Sólo mediante un proceso de abstracción progresiva es posible conocer las formas generales, sobre todo cuando, desvinculada el alma de lo material, recibe directamente la influencia del entendimiento agente" (FERRATER MORA, 1965, p. 165). Três noções foram desenvolvidas por Avicena: (1) A existência *(esse)*, entendida como um acidente que se soma à essência *(quidditas)*; (2) A noção referida ao conceito de unidade do intelecto agente, possível pela ascensão da potência no entendimento ao ato; com ela a noção metafísica do *ser* torna-se acessível, ao se constituir no objeto formal do próprio entendimento; (3) A distinção entre essência e existência dos seres criados, que corresponde à sua união em Deus (FERRATER MORA, 1965).

alternativas, Tomás de Aquino opõe argumentos baseados na sua perspectiva aristotélica do problema: em relação ao primeiro, assinala que exclui as causas próximas, pois deixa todos os efeitos nas realidades inferiores, ignorando a dinâmica que rege o universo pela articulação de causas concatenadas, isto é, que "a Primeira Causa (Deus) pela excelência da sua bondade confere às outras realidades não só o ser, mas também que possam ser causas" (TOMÁS DE AQUINO, 2004 [1254-59], p. 30). Contra a segunda alternativa, Tomás argumenta que em tal caso os agentes inferiores só agiriam *per accidens*, quer dizer, que só seriam como passivos e, portanto, se incide no mesmo erro como no caso anterior. Daí sua terceira via, que é intermediária entre as duas. Mas, antes de passar para ela, é preciso esclarecer alguns conceitos centrais do pensamento tomista, derivados da filosofia aristotélica.

O conhecimento, tanto para Aristóteles quanto para Santo Tomás, deve ser um, fixo, necessário e universal sobre as coisas. Porém, como as coisas no seu ser real, singular e concreto não são uma, fixa, estável nem necessária, mas sim múltiplas, móveis, sujeitas a mudanças e mutações, é preciso elaborar conceitos universais, submetendo a depuração às representações sensíveis das coisas para chegar às suas essências abstratas. Todavia, a base desse processo é o conhecimento sensível, a partir do qual o *entendimento agente* elabora tais abstrações, isto é, faz inteligível em ato aquilo que só é inteligível em potência. Por sua vez, "O entendimento agente é uma potência espiritual ativa, que está sempre em ato respeito de os inteligíveis em potência. Sua ação termina com a produção da espécie (impressa), habilitada para dar forma por sua vez ao entendimento passivo" (FRAILE, 1960, p. 1028).

Essa concepção do entendimento agente – oposta às interpretações de Avicena e Averroes[29] – não é concebida como uma substância separada, distinta do possível e única para todos os homens. Seguindo as ideias

---

[29] Nas suas análises, Averroes (1126-1198) (Abu-l-Walid Muhammad ibn Ahmad ibn Muhammad ibn Rusd) "argumenta que as dificuldades que suscita a identificação da inteligência em ato com o inteligível pensado por ela podem se resolver mediante a suposição de que toda inteleção humana é mera participação num só e único entendimento agente. Só a ideia deste entendimento e sua radical unidade permite compreender que o entendimento passivo possa superar sua condição temporal e limitada elevando-se até aquele. Não há, portanto, imortalidade pessoal na qual cada entendimento chegue individualmente à contemplação do entendimento agente, mas fusão de cada entendimento individual com o entendimento ativo único (FERRATER MORA, 1965, p. 162).

cristãs, o entendimento consiste em uma iluminação e se aquele for único e separado, então se trata de Deus, que é a fonte primeira e remota de toda luz intelectual, da qual derivam o ser, a verdade e a inteligência para todos os homens e as coisas. Mas, além dessa primeira fonte de luz, cada indivíduo humano tem seu próprio entendimento agente junto com o entendimento possível, que são duas potências da alma, próprias e distintas em cada indivíduo (Fraile, 1960). Temos, então, em cada homem, um entendimento agente e um entendimento possível ou passivo, que funcionam da seguinte maneira:

> O entendimento agente exerce sua ação diretamente sobre os fantasmas que lhe subministra a imaginação [...] Os sentidos externos realizam a primeira captação do objeto do entendimento. Deles passam as representações sensíveis aos sentidos internos, entre os quais o mais importante é a imaginação. As espécies ou "fantasmas" da imaginação são ainda particulares, mas têm já um certo grau de generalidade, que os faz aptos como para servir de ponte entre o conhecimento puramente sensitivo e o intelectivo. Mas, para atingir o grau de imaterialidade e universalidade próprio do conhecimento intelectivo, é preciso submeter ainda essas representações à ação abstrativa de outra potência de ordem intelectual, a qual deve atuar sobre o material que lhe fornecem os fantasmas imaginativos, depurando-os por completo dos seus restos de materialidade e abstraindo-os de todas as suas condições individuais e da sua particularidade concreta (p. 1027).

Tal faculdade de abstração, através da qual percebemos o universal, é fruto do entendimento agente, cuja ação é comparada, tanto por Aristóteles quanto por Tomás de Aquino, à ação da luz: é uma iluminação que, assim como no caso da luz que coloca em ato no objeto as cores que antes estavam em potência, o entendimento agente faz aparecerem nos fantasmas da imaginação as essências inteligíveis que estavam neles em potência. E essa luz interior, que é a razão, foi colocada em nós por Deus, e por meio dela Deus fala em nós (Tomás de Aquino [1256-59], 2004). Porém, mediante o entendimento agente não se conhece diretamente, seu labor não é cognoscitivo: "Se reduz a preparar o fantasma para fazer aparecer nele a espécie inteligível que deve informar ao entendimento possível, que é o que conhece" (Fraile, 1960, p. 1030). O entendimento possível – potência intelectiva da alma que é propriamente cognoscitiva – está em potência em relação aos inteligíveis e não pode passar ao ato por si mesmo sem a intervenção do entendimento agente. Nesse sentido, trata-se de uma potência passiva. Mas, uma vez em posse das espécies universais (impressas), o entendimento possível realiza a sua atividade cognoscitiva, que se desenvolve em duas fases: apreensão e juízo, do qual o raciocínio é um prolongamento.

Com base nesses esclarecimentos, podemos agora chegar à terceira via anunciada por Tomás:

> E assim, segundo a doutrina de Aristóteles [*Física* I, com. 78], deve-se preferir o caminho médio entre as duas, no que acima foi dito (10).
>
> Com efeito, as formas naturais preexistem na matéria, não em ato, como diziam alguns, mas só em potência, da qual se passa ao ato pelo agente extrínseco próximo, não apenas pelo agente primeiro, como sustentava a outra opinião.
>
> Igualmente, de acordo também com a sentença do mesmo em *Ética* VII [II], os hábitos das virtudes antes da consumação delas, preexistem em nós em algumas inclinações naturais, que são como que começos das virtudes, mas depois, pelo exercício das obras, são levadas à devida consumação.
>
> Do mesmo modo se dirá também da aquisição da ciência, que preexistem em nós algumas sementes das ciências, ou seja, as primeiras concepções do intelecto, que, imediatamente, sob a luz do intelecto agente são conhecidas pelas espécies abstraídas dos sensíveis, quer sejam complexas, como dignidades, quer incomplexas, como a razão do ente e do uno, e desta maneira, imediatamente, o intelecto as apreende. Destes princípios universais seguem-se todos os princípios, como de algumas razões seminais. Quando, pois, desses conhecimentos universais a mente é eduzida para que conheça os particulares, que antes em potência e como que em universal eram conhecidos, então se diz que alguém adquiriu a ciência (TOMÁS DE AQUINO, 2000 [1256-59], p. 56).

Dessa forma, ensinar não é transmitir o conhecimento do mestre para o discípulo nem a ação exterior do intelecto agente em cada um de nós; também não é a excitação da memória para que lembremos aquilo que já sabemos e que está latente em nós. Ensinar é "eduzir": tirar para fora, extrair, voltar ato àquilo que está em potência no indivíduo. Mas as coisas estão em potência de dois modos:

> Primeiro, na potência ativa completa, ou seja, quando o princípio intrínseco pode suficientemente levar ao ato perfeito, como se evidencia na cura: pela virtude natural que está no doente é esse levado à saúde.
>
> Segundo, na potência passiva, ou seja, quando o princípio intrínseco não é suficiente para eduzir ao ato, como se evidencia quando do ar se faz fogo; esse não pode ser feito por alguma virtude que exista no ar.
>
> Quando, pois, preexiste algo na potência ativa completa, então o agente extrínseco não age senão ajudando o agente intrínseco, e ministrando-lhe aquelas coisas pelas quais possa passar ao ato, como o médico na cura

é ministro da natureza, a qual principalmente opera, fortalecendo ele a natureza e aplicando remédios dos quais como de instrumentos a natureza se utiliza para a cura.

Quando, porém, algo preexiste apenas em potência passiva, então o agente extrínseco é o que eduz principalmente da potência ao ato, como o fogo faz do ar, que é potência do fogo, fogo em ato.

A ciência, pois, preexiste no que aprende em potência não apenas passiva, mas ativa; do contrário, o homem não poderia por si mesmo adquirir a ciência (TOMÁS DE AQUINO, 2000 [1256-59], p. 57).

O mestre, então, atua como o médico: este não cura, mas ajuda a natureza, que age para curar. E,

Assim como alguém se cura destes dois modos: ou apenas pela operação da natureza ou pela natureza com a ajuda da medicina, assim também há dois modos de adquirir a ciência: um, quando a razão natural por si mesma chega ao conhecimento das coisas desconhecidas - e tal modo chama-se *invenção*; outro, quando à razão natural algo é ministrado externamente como ajuda, e esse modo chama-se *disciplina* (TOMÁS DE AQUINO, 2000 [1256-59], p. 57, grifos nossos).

Isso quer dizer que o indivíduo, por si mesmo e sem ajuda de mestre exterior, pode atingir o conhecimento, graças à ação do seu intelecto agente, que age como um mestre interior, que por sua vez é a luz colocada em cada um de nós por Deus. Daí, pode-se falar de invenção (*inventio*). Mas, quando não é suficiente a atividade do indivíduo, é preciso um mestre exterior para passar ao ato aquilo que está em potência e, nesse caso, chama-se *disciplina*.[30] Essa palavra, utilizada nesse sentido, soa estranha aos nossos ouvidos modernos e talvez por isso, o tradutor da Martins Fontes tenha utilizado o termo *ensino*: "quando recebe ajuda de fora, a este modo se chama *ensino*" (TOMÁS DE AQUINO, 2004 [1254-59], p. 32. Grifo do tradutor). Dessa forma, o texto parece mais compreensível, pois na linguagem moderna o ensino é isso, uma ação exterior, do mestre sobre o aluno em função da sua aprendizagem. Mas Tomás utiliza a própria palavra *disciplina*, e ainda que exista em latim a expressão *insignare* e *docere* (que ele utiliza em outros trechos do seu texto

---

[30] A versão latina do texto diz: "Sicut ergo aliquis dupliciter sanatur: uno modo per operationem nature tantum, alio modo a natura cum adminiculo medicinae; ita etiam est duplex modus acquirendi scientiam: unus, quando naturalis ratio per seipsam devenit in cognitionem ignotorum; et hic modus dicitur inventio; alius, quando rationi naturali aliquis exterius adminiculatur, et hic modus dicitur disciplina" (TOMÁS DE AQUINO, 2000 [1256-59], p. 31).

e que poderia substituir a palavra "ensino"), escolhe usar disciplina para se referir à forma de adquirir conhecimento através da ajuda de outro. Devemos aqui lembrar que o termo *disciplina*, como mostrou Marrou (1934), aplicava-se tanto à regra, ao método e aos preceitos que é preciso aprender quanto àquilo que é aprendido ou recebido pelo discípulo. E é nesse último sentido que é empregado por Tomás: a disciplina como o ato de aprender (de passar da potência ao ato) o conhecimento, mas com ajuda de um mestre exterior.

Também nesse sentido e quatro séculos depois, outro cristão, Comênio, utilizou esse termo quando falou do homem como animal "disciplinável"?[31] A esse tema retomarei mais adiante. Neste momento, considero esse esclarecimento central na compreensão da *Paidéia* cristã: a disciplina, ainda que implique uma ação exterior que funciona como catalisador, é sobretudo uma ação interior, própria do indivíduo que age para aprender, para passar ao ato aquilo que só está em potência. Por isso, o ensino (*doceo*) do mestre não é transmissão de conhecimento nem educação, mas sim, *edução*. Ensinar é eduzir. Embora o mestre use sinais, não são eles que levam ao conhecimento; é a ação do intelecto que produz o conhecimento:

> 4. Dos sinais sensíveis recebidos pelos sentidos, o intelecto recebe os conteúdos [*intentio*] inteligíveis de que se vale para produzir em si mesmo o conhecimento: daí que a causa próxima da produção do conhecimento não sejam os signos mas a razão que discorre dos princípios para a conclusão, como já dissemos.
>
> 5. No aluno, o conhecimento já existia mas não em ato prefeito, e sim como em "razões seminais", no sentido que as concepções universais, inscritas em nós, são como que sementes de todos os conhecimentos posteriores. Ora, se bem que essas razões seminais não se transformem em ato por uma virtude criada como se fossem infusas por uma virtude criada, no entanto essa sua potencialidade pode ser conduzida ao ato pela ação de uma virtude criada.
>
> 6. O professor infunde conhecimento no aluno não no sentido –numérico– de que o mesmo conhecimento que está no mestre passe para o aluno, mas porque neste, pelo ensino, se produz passando de potência para ato um conhecimento semelhante ao que há no mestre (TOMÁS DE AQUINO, 2004 [1254-59], p. 34).

---

[31] "Daqui se deduz que não definiu mal ao homem quem disse que era um *Animal disciplinável*, pois verdadeiramente não pode, em modo algum, formar-se o homem sem submeter-lhe a disciplina" (COMENIUS, 1994a [1631], p. 20).

Dessa forma, Tomás de Aquino reinterpreta Santo Agostinho, cuja autoridade nessa matéria estava incontestada. Segundo ele o homem não pode chamar-se de mestre, pois só Deus ensina. A nuança introduzida por Tomás vai justificar e reivindicar a atividade de ensino para o homem, mas no fundo, continua reconhecendo na iluminação de Deus, a única via para o conhecimento: "Agostinho, quando prova que só Deus ensina, não pretende excluir que o homem ensine exteriormente, mas só quer afirmar que unicamente Deus ensina interiormente" (TOMÁS DE AQUINO, 2004 [1254-59], p. 35).

A atividade de ensino resulta, então, em um complexo processo que funciona da seguinte maneira: o mestre exterior oferece, através dos sinais (palavras ou outros sinais), as coisas inteligíveis para o intelecto agente do aluno, que capta os conteúdos e os apresenta (e não os "representa") para o intelecto passivo ou paciente, encarregado de depurar os restos de materialidade, abstraindo-os das suas condições individuais e particulares e atingindo, assim, o conceito ou conhecimento da universalidade.

> E é por isto que se diz que o professor ensina o aluno: porque este processo da razão – que a razão natural faz em si – é proposto de fora pelo professor por meio de sinais, e assim a razão do aluno – por meio do que lhe é proposto como certos instrumentos de ajuda – atinge o conhecimento do que ignorava (TOMÁS DE AQUINO, 2004 [1254-59], p. 32).

Segundo as análises anteriores, podemos afirmar que não foram os pedagogos cristãos, não foi a pedagogia cristã ou, pelo menos, não até a Idade Média e na sua dimensão doutrinal, a responsável por aquilo que tanto criticaram os pedagogos modernos, ao dizer das histórias da educação: o verbalismo do ensino; o ensino como transmissão do conhecimento; o ensino como o privilégio da palavra e da ação do mestre. Também fica evidente o papel ativo do sujeito que aprende frente à ação do mestre. O aluno não é aqui, como alguns assinalam, o 'sem lúmen', pois ele tem uma faculdade, a razão, o intelecto agente, que é a luz que permite o conhecimento. Nem verbalismo, nem atitude passiva do sujeito que aprende: pelo contrário, ênfase no indivíduo e sua capacidade de *disciplina*, de atividade para atingir o conhecimento.

A emergência de uma sociedade educativa

> *Do mesmo modo que o mundo inteiro é uma escola para o gênero humano todo, desde o começo até o fim dos tempos, para todo o gênero humano, cada idade da sua vida é uma escola, desde o berço até o túmulo. Já não basta, portanto, repetir com Sêneca: não há nenhuma idade que seja demasiado tardia para aprender, senão que o que tem que dizer é: todas as idades estão destinadas a aprenderem e, os mesmos limites são colocados ao homem para viver que para estudar*
> COMENIO, 1992 (1657), p. 105.

> *Não convém de modo nenhum circunscrever o educativo ao sistema escolar: é educativo tudo o que concorre, consciente ou inconscientemente, através de todas as circunstâncias da vida, em todos os planos, afetivo, intelectual, físico, para enriquecer e modificar os comportamentos de uma pessoa (ou de um grupo) e suas representações do mundo. A Educação Permanente é também educação totalizante*
> WIEL, 1978, p. 49.

Na era da "sociedade da aprendizagem", neste momento da história em que a educação é considerada um dos direitos fundamentais, parece óbvio que toda a população, sem exceção, passe pela escola. Mas essa ideia, a necessidade de que tal coisa aconteça, é um fato relativamente recente e até curioso na história da Humanidade. Como e por que apareceu, na história do Ocidente, a necessidade de ensinar "tudo" a "todos" através de um método único e num espaço fechado e isolado sob a direção de um mestre? Afastando-nos das perspectivas centradas no "progresso" da Humanidade e na evolução linear e teleológica da história, seria preciso reconhecer que múltiplos fatores, entre o acaso e a necessidade, levaram a tal estado de coisas. Alguns historiadores contemporâneos da educação assinalam que esse movimento massivo de escolarização da população, que recebeu seu impulso a partir do século XVIII sob o ímpeto do pietismo e do puritanismo teve, porém, início nos séculos XVI e XVII (MERTON, 1988; HUNTER, 1998). Segundo o último autor, o surgimento desse movimento esteve intimamente relacionado com a expansão do que Foucault chamou de "disciplinas":

> O surgimento de uma educação popular nos Estados como Prússia e Áustria não coincidiu nem com o capitalismo nem com a industrialização e, de fato, com nenhum outro agente historicista que tratara de converter a educação num dos polos de sua grande dialética. E ainda que o surgimento dos sistemas escolares cristãos pudesse ter coincidido aproximadamente com o aparecimento do Estado administrativo, tais sistemas foram o produto de uma história autônoma, ao menos pelo que se refere a sua inspiração inicial e a sua organização. Foram a expressão e o instrumento de um esforço especificamente religioso por cristianizar os camponeses europeus. Formaram parte de um movimento muito mais amplo através do qual as Igrejas reformadas trataram de transferir a disciplina espiritual à vida cotidiana, utilizando os mecanismos administrativos da paróquia para organizar as escolas dominicais, primeiro, e as escolas diurnas paroquiais depois (HUNTER, 1998, p. 82).

No seu curso *O poder psiquiátrico* (1973-1974), o professor Foucault tinha assinalado a procedência religiosa do "poder disciplinar" e sua extensão, além dos mosteiros e durante os séculos prévios à Reforma, para distintas comunidades laicas como parte do processo de cristianização iniciado no século XIV, particularmente com o movimento dos Irmãos da Vida Comum. Levando em conta que tal processo de disciplinarização de amplos setores da população implicou uma transformação dos costumes, uma intensa e extensa moralização da população e sua alfabetização, tal processo pode ser lido também como um processo de pedagogização social. No fim das contas, e como é analisada nos primeiros capítulos deste trabalho, a disciplina, no marco da *Paidéia* cristã, onde nasceu e se aperfeiçoou, era uma técnica fundamentalmente educativa que requeria certa severidade e certas condições particulares de exercício. Seguindo essa ideia, e servindo-me do trabalho de Senellart (2006) sobre as artes de governo, assinalarei a seguir as linhas mais gerais do desenvolvimento do processo de pedagogização (disciplinarização) da população europeia entre os séculos XIV e XVII, processo que levou à constituição do que tenho denominado de "sociedade do ensino".

O limiar tecnológico das artes de educar

Na passagem do limiar tecnológico do poder disciplinar,[32] é possível o encontro e a articulação de dois processos: a expansão do pastorado cristão entre os séculos XIV e XVII, e o aparecimento da "razão de Estado"[33] no século XVII. Um processo de ordem religiosa e outro de ordem política. Através das técnicas disciplinares (isoladas nas instituições monásticas durante a Idade Média), o poder pastoral (*regimen*) conseguiu, entre a Renascença e o século XVIII, expandir-se na população sob a forma geral do doutrinamento, da escolarização e da moralização; a partir do século XVII e graças às técnicas disciplinares constitutivas da "polícia",[34] o poder político (*regnum*) deu forma à *res publica*.

A nomenclatura empregada por Senellart no seu livro *As artes de governar* (2006) é bastante útil para esclarecer essa passagem, ao assinalar os vínculos estreitos entre poder pastoral e governo (governamento), e suas diferenças com o conceito de dominação. O governamento "relaciona-se a um fim, ou a uma pluralidade de fins, exterior a ele mesmo, ao contrário da dominação, que não tem outro objetivo senão reforçar-se indefinidamente. Prática tautológica do poder que se opõe à necessária teleologia governamental" (SENELLART, 2006, p. 19). Dessa forma, o governamento é a *Regula patoralis*, o *regimen* eclesiástico que designa "um governo não violento dos homens que, pelo controle de sua vida afetiva e moral,

---

[32] No seu curso *Em defesa da sociedade*, o professor Foucault dizia: "Ora, nos séculos XVII e XVIII ocorreu um fenômeno importante: o aparecimento – deveríamos dizer a invenção – de uma nova mecânica do poder, que tem procedimentos bem particulares, instrumentos totalmente novos, uma aparelhagem muito diferente e que, acho eu, é absolutamente incompatível com as relações de soberania. Essa nova mecânica de poder incide primeiro sobre os corpos e sobre o que eles fazem, mais do que sobre a terra e sobre o seu produto. É um mecanismo de poder que permite extrair dos corpos tempo e trabalho, mais do que bens e riqueza. É um tipo de poder que se exerce continuamente por vigilância e não de forma descontínua por sistemas de tributos e de obrigações crônicas. É um tipo de poder que pressupõe muito mais uma trama cerrada de coerções materiais do que a existência física de um soberano, e define uma nova economia de poder cujo princípio é o de que se deve ao mesmo tempo fazer que cresçam as forças sujeitadas e a força e a eficácia daquilo que as sujeita (FOUCAULT, 2002, p. 42).

[33] "Em resumo: a razão de Estado não é uma arte de governar segundo as leis divinas, naturais o humanas. Não necessita respeitar a ordem geral do mundo. Trata-se de um governo cuja meta consiste em aumentar esta potência num marco extensivo e competitivo" (FOUCAULT, 1990, p. 127).

[34] "Por 'polícia' eles [os autores dos séculos XVI e XVII] entendem não uma instituição ou um mecanismo funcionando no seio do Estado, mas uma técnica de governo própria dos Estados; domínios, técnicas, objetivos que requerem a intervenção do Estado" (FOUCAULT, 1990, p. 127).

pelo conhecimento dos segredos de seu coração e pelo emprego de uma pedagogia finamente individualizada, procura conduzi-los à perfeição" (SENELLART, 2006, p. 29). O *regimen* é o "poder pastoral", esse que Gregório de Nazianza chamou a *arts artium* a *tekhné tekhnon*, a ciência das ciências (FOUCAULT, 2008a; SENELLART, 2006); uma forma de poder que, a partir do século XIII, quando o *regimen* se confunde com o *regnum* – e principalmente no século XVII, quando o *regimen* se submete ao *regnum*[35] –, adquire sentido político.

Nesse sentido, o conceito de "governo" atravessou uma longa evolução que Senellart divide em três grandes momentos: (1) o *regimen* precede o *regnum*: entre os séculos IV e XII "a realeza, então, é um ofício que decorre de um dever a cumprir subordinado à perspectiva religiosa da salvação" (SENELLART, 2006, p. 41); aqui o rei governa mais do que reina: finalização da força; (2) entre os séculos XIII e XVI, o *regimen* se confunde com o *regnum*: reinar é governar. Há uma relativa autonomização do político em relação ao espiritual. Crescimento indefinido da força; a força se entrega a si mesma; (3) a partir do século XVII haveria a instrumentalização do governo, que passa a ser uma função do poder público: o *regimen* se submete ao *regnum*. O *regimen* se separa da ordem dos fins; seu único fim é o aumento do poder do Estado: "do direito da força à física das forças" (SENELLART, 2006. p. 44). Em outras palavras, essa longa evolução poderia se resumir em três tipos diferentes de ações sob as quais se entendeu a atividade de governar:

> Durante um período em que o *regnum* secular, progressivamente, emerge do *regimen* religioso (séculos V-XII), prevalece o fim de *corrigir* os homens. No século XIII, que vê o *regimen* incorporar-se no *regnum*, cabe ao rei *dirigir* uma multidão – unificá-la através da sua força diretiva e conduzi-la para o bem. Com o desmembramento do universalismo medieval, opera-se, nos séculos XVI e XVII, a inversão das relações entre o *regnum* e o "governo": este último, ainda confundido, em Maquiavel, com o *stato* do príncipe, não é mais que uma modalidade local (Bodin) ou instrumental (Hobbes) do poder soberano: é então que, subordinado à lógica do Estado, ele se vê investido do papel de *proteger* a sociedade (SENELLART, 2006, p. 299).

Dessa forma, no seu sentido político, o governamento é um assunto muito recente, que ao longo da Idade Média e até o século XVII o *regnum*,

---

[35] O *regnum* é a "realeza", além do reino o "reino" e é, neste segundo sentido, que implica o domínio de um território e o exercício da soberania.

o poder real, o poder dos príncipes, deve estender-se ao modo do *regimen*, portanto, do poder pastoral. O rei, o príncipe era uma espécie de pastor, um reitor dos homens no caminho da sua salvação. Enquanto guia supremo, sua vida devia ser modelo, exemplo de virtude; por isso, seu "governo" era primeiramente um governamento de si como condição do governamento dos outros e do reino: moralização do *regnum* influenciada pela figura helenística do governante como lei viva, isto é, como aquele que "apresenta sua vida a seus concidadãos como uma lei" (SENELLART, 2006, p. 50). Nesse sentido, o governamento apresenta três dimensões: uma ética (governamento de si), uma econômica (governamento da casa) e uma política (governamento dos outros). Com o advento da Modernidade, acontecerão não só a transição da visão moral para uma visão política das coisas, mas principalmente o apagamento progressivo do príncipe em proveito do Estado ou, em outras palavras, a substituição do catálogo de virtudes (do príncipe) pela contabilidade das forças (do Estado) (SENELLART, 2006).

De outro modo, fica claro que, para corrigir, dirigir e proteger, é preciso disciplina. Todavia, a disciplina necessária para "corrigir" não é como aquela requerida para "dirigir", e esta por sua vez não basta para "proteger". As formas que a disciplina tomou no deslocamento da Idade Média para a Modernidade articularam-se aos modos de "governo", que se desenharam na mudança de ênfase de uma forma de *regime* religioso (orientada a corrigir homens) para uma forma de *regime* secular (destinada a dirigir multidões) e, finalmente, para aquela que privilegia o *regimen* e incorpora o *regnum* (desenhada para proteger sociedades). Assim, a disciplina como forma de governo produziu um conjunto de práticas que foram se ajustando aos dispositivos de poder predominantes em cada momento e se apropriou delas. Portanto, falaríamos mais de práticas disciplinares segundo o alvo de poder – os homens, as multidões, as sociedades – que da "disciplina" como uma única unidade. É nesse ajuste das práticas disciplinares nos dispositivos de poder que as "artes de educar" alcançaram seu limiar tecnológico.[36]

Disciplina: sob a forma da correção

Em Santo Agostinho encontra-se uma expressão dessa forma corretiva disciplinar das artes de educar. Vale lembrar que, na pedagogia (no ensino

---

[36] Devo este esclarecimento a Dora Lilia Marín-Díaz.

e na doutrina) cristã, o problema da disciplina foi crucial, e sua elaboração discursiva ou, pelo menos, sua justificação doutrinal encontra-se precisamente em Santo Agostinho, cuja obra marcaria o afastamento definitivo entre o ascetismo cristão e o cuidado de si (SENELLART, 2006). Até antes de Agostinho, a doutrina cristã, particularmente com Pelágio,[37] tinha transposto para o cristianismo o ideal ético estoico, que exaltava a aptidão natural do homem para a autonomia. Segundo Senellart, "a remissão dos pecados pelo batismo significava para o cristão, se o quisesse, a possibilidade de recuperar sua plena liberdade de ação, convencido de que ela lhe permitia, portanto, sempre escolher entre o bem e o mal e realizar sem coerção a lei divina" (SENELLART, 2006, p. 79). Esse *liberum arbitrium*, essa capacidade de escolha, essa autonomia do sujeito foi interpretada como arrogante e desafiadora de Deus por Agostinho, o qual considerava que "o mistério da regeneração pelo batismo só será cumprido após a morte, pela graça do perdão concedido aos eleitos" (SENELLART, 2006, p. 80). Assim, Adão não haveria perdido sua capacidade de autonomia; pelo contrário, "é por ter pretendido ser autônomo que ele foi punido. Sua verdadeira glória, com efeito, consistia na obediência, não na liberdade" (SENELLART, 2006, p. 87). Por essa incapacidade de obedecer a si mesmo, resultante do pecado original, condição da sua decaída, justifica-se o uso da coerção no homem. A salvação do homem, sua recuperação passa, então, pela submissão a um poder, e esse poder será a *disciplina* que, segundo Brown (2005), era considerada por Agostinho como "um processo essencialmente ativo de punição corretiva, um 'processo de abrandamento', uma 'instrução pelas inconveniências' – *per molestias eruditio*" (p. 294).

Essa postura frente à coação foi questionada pelos donatistas[38] como contrária aos ensinamentos cristãos e até o próprio Agostinho tinha

---

[37] "Nascido na Irlanda e estabelecido em Roma, onde levava como leigo uma vida de asceta, ele foge da cidade em 410 após a invasão de Alarico e refugia-se na África e depois na Palestina. A perfeição, a seu ver, era uma obrigação para todo cristão, e ele considerava absurda a ideia de um pecado original que impedisse os homens de progredir por si mesmos. Várias vezes condenada, de 411 a 418, sob pressão de Santo Agostinho, sua doutrina constituiu a primeira heresia do Ocidente cristão" (SENELLART, 2006, p. 79).

[38] Os donatistas seguiam a doutrina religiosa cristã iniciada por Donato, pastor na cidade de Cartago (Tunísia), cerca de 310 d.C. Nessa doutrina os sacramentos só eram considerados válidos se quem os ministrava era reconhecido como digno de oferecê-lo, e sob esse argumento seus seguidores praticavam o "rebatismo". Tal ideia e prática eram e são inaceitáveis para a Igreja católica, que atribui aos sacramentos um valor por si, independente de quem os ministre. Santo Agostinho foi um forte

considerado o regime coercitivo como um "estágio da evolução moral" (BROWN, 2005, p. 295) já superado pelo cristianismo como religião puramente espiritual. Mas como bispo acossado pelos seus adversários doutrinários, optou por retomar a ideia da necessidade da coerção para conter os homens decaídos. Seria, então, a luta contra os hereges, particularmente contra os donatistas, – essa é a hipótese de Brown – que levaria a Agostinho a retomar uma concepção mais severa da disciplina, pois:

> Não se confrontava com pequenas setas, temidas e odiadas pela comunidade inteira, mas com um corpo de cristão tão grande quanto sua própria congregação e, em muitos aspectos, parecidíssimo com ela. Para Agostinho, portanto, a coação religiosa continuava a ser um tratamento autenticamente corretivo: era uma forma brusca de conquistar rivais "empedernidos", e não uma tentativa de esmagar uma pequena minoria (2005, p. 297).

Esse deslocamento no pensamento de Agostinho, que Brown[39] assinala, coincide com as apreciações de Mújica (2005) sobre a existência de pelo menos dois momentos claramente diferenciados na produção intelectual de Agostinho, isto é, um período mais filosófico, anterior à sua ordenação sacerdotal, e outro período caracterizado por seu trabalho de predicador e bispo da Igreja Cristã em expansão. No último período, sua concepção da disciplina esteve marcada por significados vinculados à educação moral, à ordem, à lei, ao castigo e à correção. Por exemplo, conforme cita Mújica (2005), nas *Enarrationes in Psalmo*, Agostinho assinala que as Escrituras costumam denominar "disciplina" o que os gregos chamavam *Paidéia*, mas por ela deve-se entender o ensino adquirido mediante trabalhos, assim: "Toda disciplina o ensinamento [disciplina], ao presente não parece ser prazerosa, mas triste; depois, todavia, entrega fruto pacífico de justiça aos que combateram por ela" (AGOSTINHO apud MÚJICA, 2005, p. 319).

---

contraditor dos donatistas, e principalmente os seus esforços é que levaram à igreja católica a vencer na controvérsia dos sacramentos e a considerar a doutrina donatista como herética (FALBEL, 1999).

[39] Sobre esse aspecto Brown afirma: "[...] na época em que se tornara padre, Agostinho havia preservado um certo otimismo em relação à capacidade humana de livre-arbítrio: o ato de fé continuava a ser um ato de escolha consciente e, por conseguinte, dependia de atos humanos, assim como a instrução correta e sensata. Ele havia tentado reformar a devoção popular nessa ocasião, por acreditar que com persuasão e a eliminação de hábitos que davam origem a opiniões falsas, poderia transformar uma congregação de cristãos irrefletidos em bom católicos 'espirituais'. Agora já não tinha tanta certeza" (BROWN, 2005, p. 293).

Não é minha pretensão realizar aqui uma análise exaustiva do conceito de disciplina na obra de Agostinho, pois seria uma tarefa muito além das possibilidades e dos interesses deste trabalho. No entanto, minha intenção é explorar alguns dos estudos sobre o pensador e retomar algumas de suas elaborações na perspectiva de pensar o problema do ensino na *Paidéia* cristã. De qualquer forma, mesmo os estudos mais detalhados e minuciosos não conseguirão dar conta dos sentidos de um conceito na obra de um autor. O próprio Brown – cuja biografia é reconhecida como umas das mais completas, na segunda edição do seu trabalho no ano 2000 (a primeira data de 1967) – viu-se obrigado a escrever um extenso epílogo em que revisa – graças ao descobrimento de fontes inéditas do bispo de Hipona[40] – algumas das suas interpretações iniciais, em particular, aquelas relacionadas com a severidade de Agostinho. A leitura de tais materiais permitiu uma aproximação à vida do dia a dia de Agostinho, tanto nos aspectos mais íntimos da sua vida pessoal quanto nas suas atividades como hierarca da Igreja católica:

> Foi precisamente essa combinação incomum de intimidade e rotina que veio como uma surpresa para mim. Levou-me a repensar a imagem do bispo Agostinho que minha biografia havia transmitido em diversos pontos. Para dizê-lo em termos sucintos, constatei que o Agostinho dos sermões de Dolbeau e das cartas de Divjak era consideravelmente menos autoritário e severo do que a figura da qual me levara a suspeitar a minha leitura do material disponível nos anos 60 (BROWN, 2005, p. 550).

Contudo, os "exageros" que Brown reconhece não invalidam completamente a tese sobre a rigorosidade na concepção agostiniana da disciplina. Sua revisão do problema do livre-arbítrio e a "internalização" da luta do cristão parecem ratificar, em linhas gerais, essa ideia. Se, até então, os cristãos se viam engajados em uma luta, num *agón* cujo ringue era o mundo, e o inimigo era externo, o diabo, seus anjos e seus agentes humanos, a partir de Agostinho a luta se internalizou:

> [...] seu anfiteatro tornou-se o *coração*; tratava-se de uma luta interna contra as forças da alma; o "Senhor deste mundo" foi transformado no "Senhor

---

[40] Em 1975, o vienense Jahannes Divjak encontrou na Biblioteca Municipal de Marselha uma coleção de cartas escritas por Agostinho nas últimas décadas da sua vida, 27 das quais eram desconhecidas. Por sua parte, o francês François Dolbeau encontrou em 1990 uns manuscritos na Biblioteca Municipal de Mainz, entre os quais se encontravam vários sermões totalmente desconhecidos ou dos quais, até aquele momento, eram conhecidos somente alguns excertos (BROWN, 2005).

dos desejos" – dos desejos dos que amam este mundo e, com isso, passam a se assemelhar a demônios comprometidos com as mesmas emoções que eles (BROWN, 2005, p. 305).

Essa subjetivação comprometia o sujeito em uma luta consigo mesmo, contra as suas paixões, e não contra um inimigo externo, exigindo-lhe árduo trabalho interior – a disciplina – para conseguir a vitória final.

Séculos mais tarde, essa primeira forma da disciplina no *regimen* eclesiástico, cuja função era *corrigir*, vai se transformar com a leitura aristotélica de Tomás de Aquino no século XIII:

> Com o *De regno* de Tomás de Aquino – e, posteriormente a esse opúsculo, a construção magistral da *Suma teológica* (1267-1274) –, passa-se do plano da carne corrupta que precisa ser reprimida, ao de uma natureza perfectível cujo ser-em-potência compete ao homem atualizar. O discurso da disciplina cede então o lugar ao discurso da arte: nascimento propriamente dito da arte de governar, os príncipes sendo investidos, nessa nova economia natural, da plenitude do *regimen* (SENELLART, 2006, p. 171).

Mas essa virada de Tomás de Aquino não deve ser interpretada como abandono ou apagamento da disciplina em favor de outra arte de governar. Segundo meu ponto de vista, pode-se entender essa virada como o deslocamento de ênfase de uma forma disciplinar "corretiva" para uma forma disciplinar "diretiva" ou, em outros termos, como um desbloqueio epistemológico da disciplina que possibilitou a emergência de uma outra arte de governar: a arte do ensino.

Assim, pode-se dizer que nessa perspectiva, a disciplina estará cada vez mais do lado da *docilitas*, isto é, do lado da capacidade de receber instrução[41] (o ensino) ou da capacidade de aprender.[42] Sua ênfase na natureza perfectível e suas elaborações sobre o ensino como *edução*, como atualização do que estava em potência no interior do sujeito, permitiram uma justificação racional da possibilidade do ensino por parte do homem (pois segundo tinha estabelecido Agostinho, só Deus pode ensinar e ser chamado de mestre) e, com isso, a possibilidade da constituição, séculos mais tarde, de uma disciplina de saber que será a Didática.

---

[41] "Docile, propre à recevoir l'instruction doux et obéissant; qui se laisse gouverner. Docilis, formé de doceo. Docilité, qualité qui rend docile soumis, propre à être instruit disposition à l'obéissance. Docilitas" (ROQUEFORT, 1829, p. 246).

[42] "Docility. The capacity for learning, in its widest sense" (MONROE, 1919, p. 352).

A propagação da disciplina sob a forma do ensino

Segundo essas apreciações, a disciplina tem não só uma procedência religiosa mas fundamentalmente pedagógica: na medida em que a arte de governar se propôs a "corrigir" ou "dirigir" implicou de alguma forma uma ação pedagógica em que a disciplina ocupou um lugar de destaque. Como diz o professor Foucault, o poder disciplinar:

> Formou-se no interior das comunidades religiosas; dessas comunidades religiosas ele se transportou, transformando-se, para comunidades laicas que se desenvolveram e se multiplicaram nesse período da pré-Reforma, digamos, nos séculos XIV-XV. E podemos apreender perfeitamente essa translação em certos tipos de comunidades laicas não exatamente conventuais, como os célebres "Irmãos da Vida Comum", que, a partir de certo número de técnicas tomadas da vida conventual, e a partir igualmente de certo número de exercícios ascéticos que tomavam emprestado de toda uma tradição do exercício religioso, definiram métodos disciplinares concernentes à vida cotidiana, à pedagogia (Foucault, 2006a, p. 51).

Assim, a expansão disciplinar que Foucault observa a partir do século XIV parece obedecer a razões fundamentalmente educativas. A criação de comunidades religiosas não conventuais dedicadas ao ensino da doutrina não só mostra o declínio da vida monástica, mas também é uma evidência da crise da Igreja medieval. Essa crise, porém, que não pode ser lida como uma descristianização; pelo contrário, deve ser lida como um renovado processo de cristianização gerado pela própria crise eclesiástica. Segundo Delumeau (1984, I, p. 124):

> O declínio da vida monástica era indiscutível. Pico de Mirandola e Erasmo estigmatizam a vida monacal, cujo modo de recrutamento é muito deplorável [...] Por outro lado, dominicanos e franciscanos esgotam-se em querelas mesquinhas. Os franciscano dividem-se dois grupos rivais: observantes e conventuais. Finalmente, mendicantes e seculares opõem-se em muitas ocasiões; aqueles pretendem substituir estes na vida paroquial. É verdade que o baixo clero, por sua vez, também deixa muito a desejar [...] Aí encontramos frequentemente padres cheios de brutalidade, envolvidos em querelas e dados ao concubinato. E mais ainda: são pouco instruídos e muito pobres, especialmente no campo, pois os beneficiários são absentistas e fazem-se substituir por servidores a quem pagam o mínimo possível.

Essa ausência de disciplina e de preparação religiosa, particularmente do baixo clero, é interpretada como um fato que coloca em dúvida o efeito e a extensão da atividade eclesiástica nas camadas inferiores da população e tem levado historiadores da religião a formular a tese segundo a qual a cristianização da Europa, em grande escala, é um fenômeno relativamente recente. Desde então, durante a Idade Média os alcances da Igreja foram moderados, e seus ensinamentos, além de limitados, passaram pela grelha do sincretismo popular:

> O modelo de cristianismo que normalmente utilizamos como parâmetro, não é tanto o sincretismo da Idade Média como a religião unanimista e austera do século XVII, muito mais preocupada que a Igreja medieval por transformar a prescrição e a regulação em realidade a nível popular, e converter o ideal de uns poucos na vida cotidiana de todos... Temos que chegar à conclusão de que a cristianização a grande escala de Europa é um fenômeno relativamente recente. As duas Reformas, a protestante e a católica, adotaram a classe de religião e de práticas religiosas pelas que valoramos a situação atual no campo, onde vivia a grande maioria da população (DELUMEAU apud HUNTER, 1998, p. 81).

Foucault concorda com esse ponto de vista, quando afirma que o pastorado só teve uma força inusitada a partir do século XVI:

> Tanto a reforma quanto a Contrarreforma deram ao pastorado religioso um controle, uma influência sobre a vida espiritual dos indivíduos muito maior que no passado: aumento das condutas de devoção, aumento dos controles espirituais, intensificação da relação entre os indivíduos e seus guias. Nunca o pastorado havia sido tão intervencionista, nunca havia tido tamanha influência sobre a vida material, sobre a vida cotidiana, sobre a vida temporal dos indivíduos: é a assunção, pelo pastorado, de toda uma série de questões, de problemas referentes à vida material, à higiene, à educação das crianças. Portanto, intensificação do pastorado religioso em suas dimensões espirituais e em suas extensões temporais. (FOUCAULT, 2008a, p. 308).

Esse aumento das condutas de devoção que Foucault assinala tem sido estudado também por historiadores como Delumeau, que analisa o movimento da *Devotio moderna*[43] como uma resposta de comunidades laicas diante da crise da instituição eclesiástica. A *Devotio Moderna* promoveu um sentimento renovado de espiritualidade, que privilegiou a relação pessoal e íntima com os ensinamentos cristãos, salientando a vida e a pessoa de Cristo antes da instituição eclesiástica. Como parte desse movimento de renovação constituíram-se comunidades não conventuais, como os Irmãos

---

[43] "Forma nova de espiritualidade, privilegiava a meditação pessoal em relação à liturgia. Traduziu, no plano religioso, a subida do individualismo" (DELAMEAU, 1984, II, p. 261).

da Vida Comum ou de São Jerônimo[44] (daí o nome de "hieronimitas" ou "jeronimitas", que também lhes era dado frequentemente) e com eles, o movimento cuja doutrina encontra-se no livro *Imitação de Cristo*, de Thomas de Kempis, escrito entre 1420 e 1430 e, segundo Delumeau (1984), a obra mais lida do século XV.[45]

Todavia, isso não quer dizer que o poder pastoral tenha estado ausente durante o curso dos dez séculos da Europa cristã, católica e romana, mas que, contrariamente àquilo que era de esperar, esse longo período não foi o do pastorado triunfante (FOUCAULT, 1990). Os argumentos exprimidos por Foucault para assinalar as fragilidades do pastorado medieval têm a ver com três fatos: (1) o pastorado das almas é uma experiência tipicamente urbana e dificilmente conciliável com a pobreza e a economia rural extensiva dos primórdios da Idade Media; (2) o pastorado é uma técnica complexa que requer um certo nível de cultura, tanto do pastor quanto do rebanho; (3) o feudalismo desenvolveu entre os indivíduos laços pessoais muito diferentes do pastorado (FOUCAULT, 1990). Só em uma sociedade como aquela, que começa a se criar no século XVI, estão as condições para o desenvolvimento do pastorado com a explosão do "problema do governamento":

> Movimento, de um lado, de concentração estatal; movimento, de outro lado, de dispersão e de dissidência religiosa: é aí, creio, no cruzamento desses dois movimentos, que se coloca, com aquela intensidade particular do século XVI evidentemente, o problema do "como ser governado, por quem, até que ponto, com que fim, por que métodos". É uma problemática geral do governo em geral, que é, creio, a característica dominante dessa questão do governo no século XVI (FOUCAULT, 2008a, p. 119).

---

[44] Alguns historiadores da educação consideram central a atividade educativa empreendida por essa comunidade fundada em 1384, em Deventer, na Holanda, por Gerhard Groot (1340-1384): "Durante muito tempo os hieronimitas foram considerados a grande congregação ensinante do século XV, os educadores da Europa cultivada da época, equivalentes do que foram, doutra maneira, porém, os jesuítas nos séculos seguintes. A eles foram atribuídas a difusão de um ensino de qualidade, longe da escolástica universitária, a introdução do espírito humanista, a organização dos estudos em oito classes progressivas e o emprego de métodos novos de ensino. No século XVI, parte de seus estabelecimentos desapareceram no momento da Reforma. Alhures, foram suplantados pelos colégios católicos da Contrarreforma" (DEBESSE; MIALARET, 1977, p. 224).

[45] Os dados de Chaunu (II, 1993) – que assinala a existência atual de setecentas cópias deste livro, produzidas entre 1424 e 1480 nos Países Baixos (com cerca de 500.000 habitantes na época) –, permitem observar a prodigiosa difusão desse livro.

A essa explosão do problema do governamento esteve vinculada a disciplina de uma forma muito particular que Foucault, no seu curso *O poder psiquiátrico* (1973-1974), chama de "parasitagem"; quer dizer, para sua extensão social, a disciplina se introduziu e conseguiu desenvolver-se no interior de outras práticas e instituições e, assim, colonizou outros espaços cada vez mais amplos na população. Pelo menos três seriam esses alvos de parasitagem: a juventude estudantil (e com elas os antigos colégios), os povos conquistados, principalmente na América e, finalmente, os novos exércitos e a classe operária. Ainda que em todos os casos estivessem implicadas atividades de ensino, as ações educativas comprometidas no seu disciplinamento foram muito mais evidentes no caso da juventude e dos povos conquistados.

Para os propósitos deste trabalho, é de particular interesse a colonização da juventude estudantil,[46] que até o fim do século XV e o início do século XVI tinha mantido sua autonomia e independência, mas foi pouco a pouco colonizada nos colégios, onde se iniciou seu processo de "infantilização", através do disciplinamento e da moralização dos costumes. Sobre esse assunto, Foucault esclarece:

> Creio que se poderia dizer, também de forma muito esquemática, que, do século XVI ao século XVIII, a extensão histórica e a parasitagem global efetuada pelos dispositivos disciplinares têm um certo número de pontos de apoio.
>
> Em primeiro lugar, parasitagem da juventude escolar que, até o fim do século XV - início do século XVI, havia preservado sua autonomia, suas regras de deslocamento e vagabundagem, sua turbulência própria, seus laços, também, com as agitações populares. E, seja sob a forma do sistema italiano ou do sistema francês, seja sob a forma de uma comunidade de estudantes-professores ou sob a forma de uma comunidade autônoma dos estudantes em relação à dos professores, pouco importa, como quer que

---

[46] Sobre a colonização dos índios, remeto-me ao interessante trabalho de Varela (1983), particularmente a seu capítulo 5, intitulado *De los indios a los pobres*. Nesse capítulo, a pesquisadora não só mostra a atividade pedagógica e disciplinadora realizada no "Novo Mundo" sobre as populações indígenas, senão também e mais importante ainda, assinala, indo contra os tradicionais trabalhos históricos da educação, a necessidade de introduzir umas nuanças na ideia de que escola moderna apareceu nas coordenadas da Reforma e da Contrarreforma. Segundo a autora: "Todavia, e no que concerne aos países católicos, é preciso fazer uma série de matizes, já que a extensão da educação em alguns desses Estados, e mais concreto na Espanha Imperial de Carlos V, por então avançada do catolicismo, não foi simplesmente uma réplica dos modelos protestantes, mas também uma reincorporação dos modelos missioneiros e, mais concretamente, de aqueles ensaiados na América para a cristianização dos índios" (Varela, 1983, p. 224).

seja tinha-se, no sistema geral do funcionamento social, uma espécie de grupo em perambulação, de grupo no estado de emulsão, no estado de agitação. E, no fundo, a disciplinarização dessa juventude estudantil, essa colonização da juventude, foi um dos primeiros pontos de aplicação e de extensão do sistema disciplinar (FOUCAULT, 2006a, p. 83).

Como mostraram diversos autores,[47] os colégios medievais foram muito diferentes daquelas instituições que a Modernidade conheceu: eles emergiram como casas de hospedagem dos estudantes universitários, que por sua vez nada têm a ver com os "escolares" modernos que frequentaram os colégios do século XVII em diante. Tratava-se de jovens de diversas idades que moravam sozinhos nos "colégios" (que funcionavam, menos como lugar de ensino do que como lugar de hospedagem), alguns com seus próprios ajudantes, e assistiam a aulas nas Faculdades de Artes, onde gozavam de plena autonomia. Messer (1927) assinala que, no caso da Universidade de Bolonha, os próprios estudantes elegiam o reitor e, desde o século XIII, excluiu-se a possibilidade de escolha de um professor para exercer o dito cargo, de tal forma que só um estudante poderia ser escolhido como reitor. Já na Universidade de Paris, os professores tinham mais influência, contudo o reitor era eleito também pelos estudantes.

Durkheim (2002a [1938]) referencia os comentários de alguns personagens da época sobre o comportamento típico de um estudante medieval, assinalando que

> O estudante de Artes, diz por sua vez o chanceler Prevostin, corre à noite nas ruas todo armado, quebra as portas das casas, enche os tribunais com o barulho de seus alvoroços. Todo dia *metriculae* vêm testemunhar contra ele, queixando-se de ter sido agredido a socos, de ter tido suas roupas rasgadas ou seu cabelo cortado. Não se limitavam em dissipações brutais, mas cometiam regularmente verdadeiros crimes. Associavam-se como bandidos e malfeitores, andavam armados pelas ruas, à noite, violentavam, assassinavam, roubavam as casas. As festas comemoradas pelas Nações [grupos de estudantes procedentes de um mesmo país] em homenagem a seu patrono, ao invés de ser uma ocasião de homenagem, não eram senão um chamado à bebedeira e ao deboche. Os estudantes percorriam armados as ruas de Paris, perturbavam com seus gritos o sossego do cidadão ordeiro, maltratavam o passante inofensivo. Em 1276, eles chegaram a jogar dados nos altares das igrejas. A impunidade, aliás, aumenta a permissividade (DURKHEIM, 2002a [1938], p. 113).

---

[47] *Vide*, por exemplo, os já clássicos trabalhos de Emile Durkheim (2002a [1938]) e de Philippe Ariès (2006).

Nas cidades, os estudantes eram reconhecidos pelo seu comportamento tumultuoso e relaxado dentro e fora das aulas. As permanentes brigas e os alvoroços que ocasionavam (particularmente no caso de Paris e Bolonha) levaram as autoridades a tomar medidas especiais, como a proibição de porte de armas nas aulas. Esses rapazes nada têm a ver com os disciplinados meninos que habitaram as aulas e os internatos dos séculos posteriores!

Sobre esse aspecto, Durkheim (2002a [1938]) questionava se a forma de "internato integral" não seria um prolongamento da ideia monacal, uma figura que se estendera, quase por contágio natural, do domínio religioso para o domínio escolar e atingira o governamento da população de jovens. Como exemplo, assinala o sociólogo, que no caso francês, os colégios inicialmente denominados de *hospitia*, – dos quais existiram duas modalidades: livres e de caridade onde eram sustentados, por meio de bolsas, certo número de estudantes pobres – pouco a pouco, e graças à sua infraestrutura – alguns deles contavam com boas bibliotecas e repetidores ou tutores particulares – foram atraindo alunos de diversas camadas sociais, que pagavam sua hospedagem. Dessa forma, a população dos colégios aumentou consideravelmente em número e, em consequência,

> [...] aumentou paralelamente o pessoal dos mestres encarregados da disciplina dos alunos e dos estudos. As repetições, as aulas complementares feitas dentro da casa tornaram-se, portanto, mais numerosas. O ensino dado assumiu também uma importância maior; ao invés de esperar por seus alunos na Rua do Fouarre, os mestres vieram aos colégios para ministrar suas aulas. O centro da vida social deslocou-se então progressivamente. Os colégios tornaram-se o quadro único da Universidade. Os alunos encontraram nos colégios, além da cama e da comida, todo o ensino que procuravam, não precisavam mais sair; estava estabelecido o princípio de internato (DURKHEIM, 2002a [1938], p. 109).

Disciplinarização sob a forma de processo de moralização da juventude estudantil submetida nos colégios a regulamentos cada vez mais estritos. Mas também disciplinarização dos saberes,[48] submetidos aos métodos de ensino cujo desenvolvimento levará, no século XVII, à constituição de outra disciplina de saber: a Didática. Disciplina como ensinamento,

---

[48] Sobre a disciplinarização dos saberes entre os séculos XVI e XVII consultar o trabalho de Veiga-Neto (1996).

ensinamento como disciplina: uma e outro funcionam articulados e no cume do seu desenvolvimento, a Didática como saber sistematizado sobre o disciplinamento do homem.[49]

Os colégios jesuítas: sistematização e difusão do ensino

O monopólio da universidade como corporação docente foi quebrado no século XVI com a constituição da Companhia de Jesus, que em curto período, conseguiu uma espécie de hegemonia na vida escolar europeia (DURKHEIM, 2002a [1938]).[50] Os dados assinalados por distintos pesquisadores mostram a rápida expansão e a ampla cobertura atingida pelos colégios jesuítas. Sete anos depois da sua aprovação pelo papado romano (1541), constituiu-se o primeiro de centenas de colégios, que se espalhariam pelo Antigo Mundo e pelo Novo Mundo nas décadas seguintes. Ao Colégio de Messina (1548), na Sicilia, seguiu o de Palermo (1549) e depois o Colégio Romano (1550), instituição-chave na propagação da Companhia, na medida em que esteve destinado à formação de professores para os distintos colégios. Dois anos depois, foi fundado o Colégio Germânico, e já no ano 1585, "contavam-se 15 colégios jesuítas na França e, pela mesma data, havia 20 deles na Alemanha. [...] No total, 144 colégios jesuítas existiam já em 1579, e 245 em 1600" (DEBESSE; MIALARET, 1977, p. 216).

Segundo dados de Delumeau (1984), os jesuítas possuíam um total de 125 colégios em 1574 e passaram a 521 em 1640, com cerca de cento e cinquenta mil alunos. Só o *Collegio romano* tinha 2.000 alunos em 1580 e o de Douai, o mais próspero nos Países Baixos, reunia no início do século XVII 400 alunos de humanidades, 600 de filosofia e 100 de teologia. Por sua parte, e para o caso francês, Durkheim (2002a [1938]) menciona 2.000 estudantes matriculados no Colégio de Clermont no ano 1628 e, para

---

[49] "[...] não definiu mal ao homem aquele que disse que era um *Animal disciplinável*, pois verdadeiramente não pode, em modo algum, formar-se o homem sem submeter-lhe a disciplina" (COMENIO, 1994a [1631], p. 20, grifos do autor).

[50] Delumeau (1984, p. 72) assinala que o Renascimento assistiu globalmente ao declínio das universidades e à ascensão dos colégios: "Os colégios passaram a atrair a massa dos jovens que não necessitavam de uma formação estritamente especializada. A idade clássica europeia foi, portanto, marcada de modo bastante paradoxal, pelo eclipse das universidades, que, apesar de algumas exceções – a de Leiden, por exemplo, fundada em 1575, que foi brilhante nos séculos XVII e XVIII –, só recobraram esplendor e vitalidade na época romântica".

o momento da expulsão da Ordem (1763), 92 instituições, alguns delas com uma população que oscilava entre 1.000 e 1.400, como era o caso do famoso Colégio de *La Fleche*, onde Descartes estudou. França (1952) totaliza 728 casas de ensino da Ordem (578 colégios e 150 seminários) no momento da sua supressão pelo Papa Clemente XIV em 1773.

Mas não só foi um assunto de quantidade: na França, por exemplo, "todos os grandes nomes dos séculos XVII e XVIII foram alunos dos jesuítas" (DURKHEIM, 2002a [1938], p. 223). Sua influência no campo educativo e no meio intelectual entre os séculos XVI e XVIII parece, então, incontestável. Mas qual foi a chave do seu sucesso? Sem dúvida, o método, desenvolvido durante décadas em diversos cenários e sistematizado no conhecido *Ratio studiorum*.[51] Todavia, nesse aspecto, mais que grandes inovadores, os jesuítas foram continuadores da tradição medieval, particularmente do método de ensino próprio da Universidade de Paris, conhecido como o *modus parisiensis*.[52] Segundo Gomes (1994), os dois grandes modelos das universidades medievais foram Bolonha e Paris, daí pode-se falar de um *modus italicus,* mais expositivo, mais catedrático, mais centrado no professor, e um *modus parisiensis,* mais ativo, mais centrado no aluno e na sua atividade.

Gabriel Codina Mir (*apud* GOMES, 1994) caracteriza o *modus parisiensis* pelos quatro tópicos seguintes: "distribuição dos alunos em *classes*; uma atividade constante dos alunos nos seus exercícios escolares; incentivos para o trabalho escolar; união da piedade e dos bons costumes com as letras" (p. 8). Mas o coração do *modus parisiensis*, a sua característica central, era o método que lá se seguia definido, principalmente, por uma "atividade infatigável, um exercício e uma prática constantes, uma espécie de incessante ginástica do espírito, que põe em acção, no processo de aprendizagem, todos os recursos e todas as faculdades da pessoa humana" (p. 10). Esses procedimentos eram já utilizados na Idade Média para o ensino das Artes e

---

[51] Descrever em detalhe o conteúdo do *Ratio* vai além dos propósitos desta análise; porém, faço uma referência geral na perspectiva de salientar o processo de sistematização dos estudos por parte da Companhia de Jesus. Sobre o *Ratio*, remeto-me aos trabalhos de Franca (1952), Gomes (1991; 1994) e Beltrán-Queira *et al.* (1986).

[52] "Os primeiros jesuítas não desceram a campo, em matéria de educação, como revolucionários ou como inovadores. Não pretenderam romper com as tradições escolares vigentes nem mesmo traze-lhes contribuições inéditas. Ajustaram-se às exigências mais sadias da sua época e procuraram satisfazer-lhes com a perfeição que lhes foi possível" (FRANCA, 1952, p. 27).

da Teologia, de tal forma que a escolástica está na origem do *modus parisiensis*. A partir da *lectio* ou *expositio* se suscitavam, por parte do professor e dos alunos, as *quaestiones* e como um desenvolvimento delas, originava-se um diálogo ou discussão – *disputatio*. Tratava-se, então, de diversos exercícios para o ensino e o aprendizado literário: *disputationes, quaestiones, repetitiones, variationes, declamationes, themata, compositiones*, etc., que por sua vez estavam acompanhadas de exercícios de redação, de escrita permanente.

Alguns dos elementos do *modus parisiensis* têm origem nas escolas dos Irmãos da Vida Comum – particularmente no Colégio de Montaigu – cujas casas de estudo se espalharam até o fim do século XV nos Países-Baixos, na Bélgica, na Alemanha, na Polônia, etc. Mas, como mostra Gomes, trata-se de uma influência mútua, pois também é possível dizer que a Universidade de Paris influenciou a pedagogia dos Irmãos da Vida Comum, e isso,

> [...] não apenas porque o fundador da "Fraternidade" estudou em Paris, nem apenas porque se graduaram em Paris muitos professores das Escolas dos Irmãos, mais ainda (e talvez, sobretudo) porque, desde a Idade Média, a influência da Universidade de Paris se estendeu a toda Europa. Por sua vez, e de modo mais visível através do Colégio de Montaigu, reformado pelo antigo aluno dos jeronimitas João Standonck, os Irmãos influenciaram a pedagogia e até a vivência religiosa da Universidade de Paris (GOMES, 1994, p. 18).

Por esse mesmo motivo se explicam as semelhanças que se verificam entre os colégios católicos e protestantes, pois "ambos beberam das mesmas fontes, embora por caminhos diferentes" (p. 18). Ainda que os jesuítas não tivessem sido grandes inovadores, não se pode deixar de desconhecer sua contribuição na sistematização e na aplicação massiva de um plano de estudos e um método de ensino bem-sucedido. Como assinala Gomes, o *Ratio*

> [...] só foi promulgado após mais de meio século de experiência (1548-1599) em dezenas e centenas de colégios disseminados por toda Europa. O trabalho de sua redação prolongou-se por obra de 15 anos (1584-99) e obedeceu ao critério com que se preparam os currículos modernos mais bem elaborados. Primeira redação aproveitando um imenso material pedagógico acumulado em dezenas de anos; críticas dos melhores pedagogos de todas as províncias européias da Ordem; segunda redação; nova remessa às províncias para que a submetessem por um triênio à prova da vida real dos colégios; aproveitamento das últimas sugestões sugeridas à luz dos fatos; promulgação definitiva (GOMES, 1994, p. 41).

Esse trabalho miúdo e detalhado, a coleta dedicada e a organização e análise permanente e aprofundada da informação, bem como a aplicação mais ou menos similar em lugares geográfica e culturalmente tão distantes uns dos outros, só foram possíveis graças ao caráter hierárquico e à estrita disciplina da Ordem. E essa foi a fonte do seu sucesso: uma "estrita" porém "doce" disciplina, que envolvia todos os atos cotidianos e a todos os membros dos colégios, tanto docentes como discentes. O *Ratio* concede um lugar importante, dentro do sistema, à vigilância como garantia do cumprimento das normas, particularmente no caso das atividades dos docentes, pois eram eles os diretos responsáveis do funcionamento cotidiano da maquinaria do ensino cujos alicerces eram: o permanente exercício individual, a emulação e o contato contínuo e pessoal entre professor e aluno.

Segundo Franca (1952), a classe do *Ratio* era, antes de tudo, uma sala de exercícios individuais (nos quais se destacavam o trabalho permanente de escrita) na perspectiva da criação de hábitos: "Ora, a arte é um hábito, e, como todo hábito, adquire-se pela repetição de atos. Para chegar à arte perfeita da expressão, o aluno deve estar em contínua atividade de exprimir-se de viva voz ou por escrito. Não lhe é suficiente atender, entender e memorizar" (p. 85). Ainda que a emulação também não fosse uma originalidade dos colégios jesuítas (esta também era utilizada em outros colégios, pois ao lado dos castigos estavam os prêmios e os louvores ligados às disputas nas quais se enfrentavam dois "exércitos" de alunos em eventos públicos), eles a converteram no aguilhão dos estudos. Lembre-se que a organização dos alunos na aula era em função do confronto permanente entre dois bandos: os romanos de um lado e os cartagineses do outro. Cada campo tinha seus dignatários:

> À frente do campo estava o *imperator*, chamado também de ditador ou cônsul, seguido por um pretor, um tribuno e senadores. Essas dignidades, evidentemente invejadas e disputadas, eram conferidas após um concurso, o qual se repetia mensalmente. Por outro lado, cada campo estava dividido em decúrias, cada uma formada por dez alunos e comandada por um chefe chamado de decurião e escolhido entre os dignatários [...] O recrutamento dessas decúrias não se fazia de maneira indiferente. Existia uma hierarquia entre elas. As primeiras continham os melhores alunos, e as últimas, os escolares mais fracos e menos estudiosos. Assim, da mesma maneira que o campo, em seu conjunto, opunha-se ao campo adverso, em cada campo cada decúria tinha em outra seu rival imediato, de força sensivelmente igual. Finalmente, os próprios indivíduos eram emparelhados e cada soldado de uma decúria tinha um êmulo na decúria correspondente.

> Assim, o trabalho escolar implicava uma espécie de perpétuo corpo-a-corpo (DURKHEIM, 2002a [1938], p. 243).

O último aspecto da disciplina jesuítica talvez seja o mais original, pois, diferentemente das instituições de ensino medievais, o professor jesuíta estabelecia uma relação muito próxima com seu aluno. Não se tratava apenas de vigilância, mas sobretudo de gerar uma proximidade que permitisse conhecer melhor as disposições do aluno e estabelecer um vínculo afetivo: "Era uma grande revolução em relação à disciplina praticada pela Idade Média. O mestre da Idade Média dirigia-se a auditórios extensos e impessoais, dentro dos quais cada indivíduo, isto é, cada estudante, estava perdido, isolado e, consequentemente, entregue a si. Ora, a educação é essencialmente coisa individual" (DURKHEIM, 2002a [1938], p. 243).

Todavia, apesar da sua sistematicidade e eficácia, o *Ratio* é apenas o plano e o método geral dos estudos nos colégios, e não uma teoria didática, quer dizer, um conjunto sistemático dos princípios, conceitos, noções e fins da atividade de ensinar e aprender. Mas a Didática, disciplina que aparecerá pela metade do século XVII, teve suas bases tanto na obra de sistematização do ensino nos colégios jesuítas quanto na universidade, particularmente, a Universidade de Paris, gestora do *modus parisiensis*.

O "limiar de discursividade" das artes de educar: *institutio* e *eruditio*

Na linguagem da *Arqueologia do saber*, Foucault estabelece quatro tipos de limiares que uma formação discursiva pode atravessar: (1) "limiar de positividade", momento caracterizado pela individualização e pela aquisição de autonomia de uma prática discursiva, ou seja, momento em que atua um único sistema de formação de enunciados, mas também momento em que tal sistema se transforma; (2) "limiar de epistemologização" quando, no marco de uma formação discursiva, um conjunto de enunciados se recorta, pretende validar determinadas normas de verificação e de coerência; (3) "limiar de cientificidade" no momento em que uma figura epistemológica obedece a determinados critérios formais, "quando os seus enunciados não respondem somente a regras arqueológicas de formação, mais também, a certas leis de construção de proposições" (FOUCAULT, 1987, p. 314); (4) "limiar de formalização" quando um discurso científico pode definir, ao mesmo tempo, os axiomas de que precisa, os elementos que utiliza, as estruturas proposicionais que são para ele legítimas e as transformações aceitáveis dentro do edifício formal que constitui.

Porém, uma formação discursiva, diz Foucault, não passa de um limiar para outro de maneira sucessiva como se passasse por estádios naturais de uma maturação biológica. Não se trata de uma evolução, pois cada formação discursiva tem sua ordem singular. Por exemplo, enquanto o limiar de positividade da psicopatologia é muito anterior ao seu limiar epistemológico nos primórdios do século XIX, no caso da Biologia o seu limiar de cientificidade implicou a transformação de uma positividade (da História Natural) em outra. Pelo contrário, entre a medicina experimental de Claude Bernard e a microbiologia de Pasteur, houve uma modificação no tipo de cientificidade requerido pela anatomia e a fisiologia patológica, mas a formação discursiva da medicina clínica, tal como tinha sido estabelecida na época, não foi descartada (FOUCAULT, 1987).

Utilizando essas ferramentas para pensar o saber pedagógico, Zuluaga (1999) localizou o seu "limiar de positividade" nos séculos XVI e XVII, particularmente com a emergência do "ensino" como objeto discursivo e prática de saber, primeiro em Vives e depois, de forma mais articulada, na Didática de Comênio. Sobre esse aspecto, em outro texto a autora assinala que:

> [...] a partir de Comênio o conceito de ensino cobra um fortalecimento muito significativo. Se é certo que em Vives, no seu *Tratado do ensino*, encontrarmos um desenvolvimento deste conceito, em Comênio vemos como a discursividade acerca do ensino e a prática do ensino cobram unidade (ZULUAGA, 2003, p. 61).

Na perspectiva de evitar os problemas que o termo "positividade" traz – particularmente suas possíveis relações com perspectivas positivistas ou empiristas – utilizarei aqui a expressão "limiar de discursividade" para marcar a transformação que os historiadores da educação assinalaram no século XVI.

Em *Evolução pedagógica*, Durkheim afirma que a Renascença é o período do aparecimento das grandes doutrinas pedagógicas, pois as elaborações existentes até então "eram o produto de um movimento anônimo, impessoal, inconsciente do rumo seguido e das causas que o determinavam" (DURKHEIM, 2002a [1938], p. 170). A maioria dos historiadores da educação concordaria com essa apreciação, fato evidente no lugar que dedicam a autores como Rabelais, Montaigne, Vives, Erasmo,

Agrícola, Ramus, Bacon, Ratke, Comênio, mas não aconteceria o mesmo se perguntássemos sobre suas possíveis causas. Seguindo a linha de argumentação escolhida neste trabalho, seria necessário reconhecer que tal "revolução pedagógica" teve suas condições de possibilidade naquilo que Foucault (2008a) chamou de a "crise do pastorado e a insurreição das condutas no século XVI", crise que não significou o desaparecimento ou apagamento do pastorado; pelo contrário, sua intensificação, multiplicação e proliferação. O século XVI, segundo analisa Foucault, deu início à era das condutas, das direções, das ações de governo e dentro delas, cobrou uma intensidade maior, um problema que se encontrava no ponto de cruzamento das diferentes formas de condução (condução de si mesmo e da família, condução religiosa, condução pública sob o controle do governo):

> É o problema da instituição das crianças. O problema pedagógico: como conduzir as crianças, como conduzi-las até o ponto em que sejam úteis à cidade, conduzi-las até o ponto em que poderão construir sua salvação, conduzi-las até o ponto em que saberão se conduzir por conta própria – é esse problema que foi provavelmente sobrecarregado e sobredeterminado por toda essa explosão do problema das condutas no século XVI (FOUCAULT, 2008a, p. 310).

Ainda que o problema da instrução das crianças não fosse assunto do seu interesse, o professor Foucault oferece-nos nessa afirmação uma chave para analisar as práticas pedagógicas desde a perspectiva do problema do governamento e das condutas, e é nesse sentido que podemos considerar o problema pedagógico como a porta de entrada da Modernidade. Essa chave foucaultiana foi ensaiada pela primeira vez por Varela (1983) para analisar as transformações educacionais no caso da Espanha da Contrarreforma. A autora identificou o desenvolvimento das múltiplas práticas de doutrinamento, ensino, criação, instrução e educação que apareceram no século XVI, fazendo parte do desdobramento de outra arte de governar e como condição de possibilidade daquilo que chamamos de Modernidade:

> Pode-se afirmar que a passagem do sistema feudal para um sistema *profissionalizado* não haveria sido possível sem a mediação de instâncias educativas: educação, em primeiro lugar, do príncipe, aureolado desde então pelas letras, o saber e as boas maneiras, que formam parte da arte de governar. A educação do príncipe criança é inseparável de outras novas formas de governo que tão afanosamente contribuíram a desenhar os humanistas e reformadores eclesiásticos. O novo príncipe, sábio e santo, exigia uma remodelação da nobreza a qual se lhe confiarão desde agora assuntos fundamentais da política

de Estado. A nascente nobreza cortesã começa a instituir-se no século XVI, entre outras coisas, graças a novos modos de socialização e novas formas de educação. Diplomáticos, conselheiros reais, juristas, "políticos profissionais", não haveriam podido existir sem uma dedicada educação na qual o direito e as letras ocupam um importante lugar. Universidades reformadas, preceptores, instrutores da nobreza e Colégios Maiores, contribuirão a fabricar a nobreza moderna convertendo-a num grupo social de fidelidade acrisolada à Coroa. Porém, as monarquias administrativas precisam por sua vez de outro novo estrato social que amorteça as dissensões produzidas pela hierarquização social, grupo ao qual a educação jesuíta contribuirá a conferir uma identidade própria. Estamos nos referindo ao estado médio que aglutinará um princípio a uma população heterogênea composta por cambistas, comerciantes, tendeiros, funcionários da administração local que assumirão e irradiarão até os confins do principado o reconhecimento da autoridade do Monarca (VARELA, 1983, p. 222).

Por essa explosão de práticas educativas e pedagógicas, por sua difusão e intensificação cada vez maior é que podemos afirmar que estamos diante de outro tipo de organização social; essa que chamo de "sociedade educativa" na medida em que, como nenhuma outra na história, pretendeu educar (ensinar, instruir, formar) de maneira sistemática todos os seres humanos como condição para sua humanização e para o crescimento, enriquecimento e fortalecimento das nações. Utilizando as elaborações de Varela, mas concentrando meu olhar em direção às transformações no plano do saber pedagógico, tentarei a seguir outra exploração do problema "pedagógico" esboçado por Foucault.

Partindo dessa perspectiva, considero que o problema pedagógico, o problema da instrução das crianças que Foucault coloca no ponto de cruzamento das diferentes formas de condução no século XVI, problema que atingiu maior intensidade que outros configurados nesse período, esteve associado a uma importante transformação no saber pedagógico ocidental: a passagem do limiar de discursividade das artes de educar, momento caracterizado pela utilização e delimitação do sentido dos termos *institutio, eruditio,* e pelo aparecimento de outra arte, a *docendi artificium* (como a chamou Comênio), a Didática como arte de ensinar e de aprender. Mais adiante, no século XVIII, como as elaborações de Rousseau e Kant, mais especificamente com a "pedagogia geral" de Herbart, o saber pedagógico atingirá seu limiar epistemológico e, como consequência dos desenvolvimentos desse autor, no fim do século XIX poderemos localizar o limiar de cientificidade da pedagogia com a consolidação das três tradições europeias: a *Pädagogik* e *Didaktik* germânica, as *Sciences de l'Education* francófonas e os *Curriculum Studies* anglo-saxônicos.

Apesar das novidades introduzidas, a passagem do limiar de discursividade não significou uma ruptura radical com a tradição da Idade Média e da Antiguidade, muito menos seu apagamento ou desaparecimento: a arte de educar que agrupamos esquematicamente nos dois modos antigos (o modo filosófico e o modo sofístico) e que se desenvolveram lentamente na *Paidéia* cristã medieval, não só serviram de base para a nova "disciplina" (a Didática), mas também continuaram funcionando e se misturando nas novas práticas pedagógicas. Como diria Hunter (1998): a pedagogia pastoral está no âmago da pedagogia liberal.

De maneira esquemática e com o propósito de compreender os traços principais da passagem do limiar epistemológico das artes de educar entre a Renascença e o século XVII, utilizarei dois termos do vocabulário educativo da época, que me permitiram classificar a diversidade de produção discursiva em duas grandes tendências: refiro-me aos vocábulos *erudutio* e *institutio*. Em geral, a história da educação e da pedagogia tem estabelecido duas grandes tendências educacionais entre os séculos XVI e XVII: uma denominada *concepção disciplinar da educação* de corte racionalista e cuja característica central é sua ênfase não no conteúdo das disciplinas aprendidas, mas no *processo de aprendizagem* (MONROE, 1970; AGAZZI, 1977) porque tal processo implicava o desenvolvimento das capacidades ou faculdades do espírito que servirão posteriormente para qualquer ocupação. Nesse sentido, se opunha a educação à instrução. A outra tendência é a denominada *concepção realista da educação*, que afirmava a necessidade de uma preparação menos estéril e mais voltada para a vida prática, uma instrução rica em conhecimentos concretos sobre a natureza e a sociedade.

Assim, alguns autores como Monroe (1970) dividem as diferentes produções em três tendências: o realismo humanista (Rabelais, Milton), o realismo social (Montaigne) e o realismo sensorial (Mulcaster, Bacon, Ratke e Comênio). Em uma perspectiva similar, Morando (1961) estabelece quatro tipos de realismo pedagógico: o humanista (Erasmo, Vives), o social (Montaigne, Campanella), o empirista ou naturalista (Bacon, Ratke, Comênio), e o disciplinar (Locke). Por sua vez, Durkheim (2002a [1938]) centrado no caso francês, assinala duas tendências representadas por Erasmo (a corrente humanista) e Rabelais (a corrente enciclopédica ou erudita). As diferenças que Durkheim estabelece entre as duas tendências podem servir para marcar as principais diferenças entre os distintos escritores daqueles séculos. Segundo esse autor, enquanto para Rabelais a ciência ocupa o lugar preponderante na educação (pois é através da ciência e só através dela que o homem pode chegar a realizar plenamente sua natureza), para Erasmo são as letras clássicas que devem estar no centro da verdadeira educação: o erudito rabelesiano *versus* o sábio erasmiano; um formado numa cultura enciclopédica e apto para todas as formas possíveis de ação, outro formado numa cultura literária como modelo da vida virtuosa, elegante e polida.

Aqui tentarei uma via distinta de entrada para esse outro período, seguindo alguns conceitos que considero chave tanto para os propósitos de perspectiva genealógica centrada no problema do governamento pelas práticas pedagógicas, quanto para os propósitos mais arqueológicos da constituição e transformação do saber pedagógico na Modernidade. Para isso, agruparei as elaborações em duas grandes tendências abertas para o saber e as práticas pedagógicas entre os séculos XVI e XVII, e que marcam o limiar de discursividade das antigas artes de educar, tendências constituídas ao redor desses dois vocábulos: *eruditio* e *institutio*. Observemos mais de perto essas diferenças.

A *institutio* (educação) das crianças

Eficaz é a natureza, mas a supera em eficácia a educação.

ERASMO DE ROTTERDAM

Erasmo observa que a Natureza distribuiu entre os animais diferentes habilidades: ligeireza, voo, vista apurada, corpulência e robustez física; chifres, escamas, pelos, unhas e veneno com que se defender, procurar seu alimento e sustentar suas crias. Mas o homem, ela o deixou fofo, nu e sem defesas; em compensação, dotou-o de uma mente capaz de aprender todas as disciplinas, assim: "Quanto menos apto é cada animal para as disciplinas, melhor dotado está de congênita destreza" (ERASMO, 1956c [1529], p. 923). Por isso, pensa Erasmo, as hábeis formigas nada têm a aprender, ninguém as ensina a recolher grãos no verão e armazenar para o inverno; a Natureza concedeu aos animais irracionais maior auxílio para suas funções, porém, só a um deles lhe fez racional e deixou a maior parte da sua formação à criação, daí: *"efficaz res est natura, sed hanc uincit efficaci or institutio"* (ERASMO, 1529, p. 8), quer dizer, se a natureza é eficaz, maior eficácia tem a "educação".

E coloco aspas nessa palavra, pois o sentido do vocábulo latim *institutio* que Erasmo utiliza não é totalmente preciso para nós. O tradutor da edição castelhana consultada utiliza a palavra *instrucción*, e o tradutor brasileiro, ainda que use "educação", esclarece em nota de rodapé que aquela frase literalmente diz: "coisa eficaz é a natureza, porém a instrução, por ser mais eficaz ainda vence-a" (ERASMO, s/d [1529], p. 27). Eu, seguindo a definição da primeira edição do *Dictionnaire de l'Académie Française* (1694),[53] prefiro educação, pois o termo "instrução" está mais ligado a ensino, treinamento e erudição, e seu significado só será especificado – como se analisará no capítulo seguinte – nos primórdios do século XIX, com Herbart e sua proposta de uma "educação através da instrução". Porém, também prefiro educação pelo que está em jogo nesse termo: o aparecimento de uma nova noção no campo do saber pedagógico, assunto nada desprezível. Não estou afirmando que o termo *institutio* não existisse antes, mas sugiro que a partir de Erasmo (e de Vives) cobrará uma importância até então desconhecida a ponto de marcar os desenvolvimentos posteriores nos discursos pedagógicos na Modernidade.[54]

Em que consiste essa novidade? Seguindo Varela (1983), poderíamos dizer que consiste em estabelecer e justificar a necessidade, não da educação da juventude, mas da "criação" e da educação das crianças desde os tenros anos nos quais a infância, à semelhança dos metais nobres, é ainda dúctil e maleável. Nesse ponto, é preciso esclarecer que Erasmo, Vives e Montaigne fazem parte de uma tendência mais ampla de atenção e valorização da educação dos filhos, da família e do núcleo conjugal que se desenvolveu durante todo o século XVI, como mostra o trabalho de Fernandes (1995). Essa autora se dedicou a explorar o problema do casamento e a espiritualidade na Península Ibérica, entre 1400 e 1700. Para ela:

---

[53] "*Institution. s. f. v. Action par laquelle on institüe, on establit. L'Institution des jeux Olympiques. l'institution d'un tel Ordre. l'institution des Pairs de France, du Parlement. Les paroles sont de l'institution des hommes. C"est une loüable, une pieuse, une sainte institution. Faire institution d'heritier. Il se prend aussi pour Education. L'Institution de la jeunesse. Il a eu une bonne institution*" (DICTIONNAIRE DE L'ACADÉMIE FRANÇAISE, 1694, p. 504).

[54] A importância que para os humanistas renascentistas o texto de Quintiliano (35-95) *Institutio Oratore* teve é uma mostra da retomada dessa antiga noção. Essa obra não é um manual de retórica, mas um tratado sobre a "formação" do orador considerado não como simples iniciado na arte retórica, mas como um homem dotado de instrumentos suficientes para levar uma vida reta e honrada; para ser um cidadão ideal, apto para assumir a condução dos negócios públicos e particulares, capaz de governar cidades por meio dos seus sábios conselhos e administrar imparcialmente justiça (HAMILTON, 2001).

[...] a multiplicação, nos fins do século XV e nas primeiras décadas do século XVI, das obras que valorizaram a educação do príncipe, a educação das princesas e grandes senhoras, a educação dos pais e, particularmente, da mãe, a educação feminina em geral, permitiu um novo olhar e, logo, uma diferente atenção em relação à educação infantil – uma educação mais literária e política para o príncipe, uma educação mais moral e religiosa para os filhos em geral (FERNANDES, 1995, p. 171).

Dentro daquela proliferação de obras, Fernandes destaca dois tipos de particular importância: os "espelhos do príncipe" e os "nortes" ou "espelhos de casados". Os *specula principis*[55] correspondem a uma longa tradição clássica e medieval de textos de caráter político, moral e educativo, destinados a estabelecer as virtudes necessárias ao ofício do rei e são de especial interesse para os propósitos deste trabalho por dois motivos principais: de uma parte, segundo analisa Varela (1983), pela primeira vez no século XVI aparecem, nesse tipo de livros, escritos dedicados de forma exclusiva e total à formação do príncipe nos seus primeiros anos, tema que só era abordado de maneira parcial nos textos medievais; de outra parte, tais escritos enfatizam a importância das "letras" na instituição (criação, constituição, formação) do príncipe. Este último aspecto permite a Varela identificar uma significativa transformação na "instituição" do príncipe cristão:

> A instrução do príncipe, centrada fundamentalmente no exercício das armas e na preparação militar e na que, portanto, valoram-se aquelas práticas que lhe conferem agilidade, vigor, força, e destreza física (montar a cabalo, jogar às armas, caçar, dançar, exercitar-se na pelota, o anel e outros jogos), vai a dar passo, pouco a pouco, a um novo tipo de educação que, sem descuidar sua preparação guerreira e cortesã, fará ênfase no cultivo do espírito e de seu engenho (VARELA, 1983, p. 58).

---

[55] "A existência de um gênero denominado espelho de príncipe parece não levantar dúvidas nos estudiosos da literatura política medieval. Quase toda a crítica se refere a esses escritos como um corpo unitário, constitutivo de um gênero literário. Aqueles que não utilizam a expressão espelho de príncipe recorrem a outros termos, como tratado ou regimento de príncipe, de modo geral sugeridos pelos títulos das obras que analisam. Os estudos são também unânimes em apontar o século XIII como o momento em que o gênero se consolida, ganhando sua formatação definitiva e alcançando pleno desenvolvimento nos três séculos seguintes. Todavia, os que se dedicam a essa literatura são pouco precisos no que diz respeito à caracterização do gênero espelho de príncipe. Parece que a todos basta, para defini-lo, o fato de as obras se dirigirem a um príncipe ou governante, com intenção pedagógica de sistematizar, segundo uma perspectiva moralizante, a arte de governar" (COELHO, 2001, p.1). Sobre esse gênero literário *vide*: Senellart (2006) e Buescu (1996).

Passagem do príncipe guerreiro para o príncipe sábio, que concorda com o que Elias (1987) denominou o "acortesamento do guerreiro", isto é, o processo mediante o qual se operou, nos primórdios da Modernidade, uma redução progressiva da violência como resultado da contenção dos instintos (possibilidade de o indivíduo não reagir imediatamente segundo os sentimentos, mas controlá-los em função de uma previsão de longo prazo) e da constituição do monopólio da violência por parte do Estado. No seu *Linguae Latinae Exercitatio* (obra conhecida como *Diálogos sobre a educação*), Vives mostra a força que tem a tradição das armas dentro da nobreza, quando no seu *diálogo 24* (A educação), o personagem Flexíbulo, homem culto e de superior educação, interpela o nobre jovem Grinferantes, que vai até ele por sugestão do seu pai:

> GRINFERANTES – Não preciso para nada das letras nem das ciências. Meus antepassados já me deixaram de que viver. E ainda que me faltasse um modo de vida, não penso buscá-lo no cultivo de artes tão imóveis. O meu são as armas.
>
> FLEXÍBULO – Arrogante e altivo é teu modo de pensar, como se por ser nobre não chegaras a ser homem.
>
> GRINFERANTES – O que estás dizendo?
>
> FLEXÍBULO – Por qual parte de ti és homem?
>
> GRINFERANTES – Por todo meu ser.
>
> FLEXÍBULO – Acaso por teu corpo, pelo que não te diferencias das bestas?
>
> GRINFERANTES – Em maneira alguma.
>
> FLEXÍBULO – Então, não por todo teu ser, mas pela razão e a mente.
>
> GRINFERANTES – E como assim?
>
> FLEXÍBULO – Pensa um pouco: se não cultivares e deixares silvestre tua mente, dedicando-te e preocupando-te só do corpo, não mudarias tua condição de homem pela de animal bruto? (VIVES, 1998 [1538], p. 197).

Assim, a "instituição" (*institutio*) implicou uma ênfase no valor formativo (educativo) das letras, mas é preciso delimitar aqui melhor o sentido da "instituição" pelas letras, pois aí está a chave para a compreensão do novo sentido desse antigo termo. Erasmo, Vives e Montaigne concordam na crítica ao escolasticismo, ao verbalismo gramatical retórico puramente formal em que degenerou o estudo das artes liberais no fim da Idade Média. Sobre esse assunto, Erasmo escreveu um texto que intitulou *Ciceronianus*, que é uma crítica mordaz ao escolasticismo e aos vícios do formalismo filosófico e teológico medieval; Montaigne dedicou um escrito nos seus ensaios ao *Pedantismo*, quer dizer, àquele saber pretensioso, superficial, de ornamento do mestre de escola e professor e, finalmente, Vives escreveu no seu *De disciplinis* (1531) sobre a causa da corrupção das artes e a necessidade de retomar novamente os clássicos para purgar os erros interpretativos fixados na tradição da autoridade. Trata-se, então, de uma retomada aos clássicos gregos e latinos no marco de uma tentativa de renovação da perspectiva religiosa cristã, cuja consequência fundamental foi uma ênfase na dimensão moral e formativa desses autores. Em outras palavras, seria possível dizer que se trata de uma releitura dos clássicos, na qual a filosofia da Antiguidade (isso que Hadot chama de "exercícios espirituais") é reinterpretada desde a doutrina cristã, também renovada.

No seu "Plano de Estudos", por exemplo, Erasmo diz que o conhecimento é duplo, das palavras e das coisas, e ainda que o primeiro seja o das palavras, o mais importante é o das coisas. Mas o conhecimento das coisas não é a observação e o estudo da natureza, como se poderia pensar: "quase toda a ciência das coisas deve ir a buscar-se nos autores gregos" (ERASMO, 1956b, p. 446), quer dizer, nos textos dos autores clássicos. Daí a importância que esse autor atribui ao aprendizado da gramática latina e grega:

> A precedência é da Gramática e ela, desde o primeiro momento, deve ser ensinada às crianças em ambas as ramas: grega e latina. Não só porque nestas duas línguas está como que arquivado quase tudo o que merece ser conhecido, mas porque uma é tão afim da outra, que ambas se aprendem ao mais breve prazo (ERASMO, 1956b [1529], p. 445).

O conhecimento das coisas está paradoxalmente nas palavras. Mas aquilo que realmente importa nesses autores[56] não é tanto a "ciência" (a erudição) quanto a sabedoria (filosofia no sentido antigo). A filosofia, diz Erasmo, "leciona mais em um ano só que em trinta anos a experiência mais avisada" (ERASMO, 1956c [1529], p. 932) e suas lições são mais seguras que aquelas dadas nos bancos da escola, pois essa filosofia não é entendida no sentido de um saber abstrato, mas de um saber fazer e obrar bem:

---

[56] Durkheim afirma que, no caso de Erasmo, a lista desses autores não é muito grande: "Luciano, Demóstenes e Heródoto; Aristófanes, Homero e Eurípides, para os gregos; Terêncio, certas comedias de Plauto, Virgílio, Horácio, Cícero, César, Salústio, se quisermos, para os latinos" (DURKHEIM, 2002a [1938], p. 185).

Quando sairá bom corredor aquele que corre valentemente, porém entre trevas e com desconhecimento da rota? Quando conseguirá ser bom espadista aquele que com os olhos fechados, a tentas e a loucas, brande o ferro? Os preceitos da filosofia são como os olhos da alma e, de certa maneira, projetam as suas luzes para adiante para que enxergues quais coisas é mister fazer e quais não. Grande é o proveito que reporta, eu confesso, a prolongada experiência de diversas situações, mas não mais que ao sábio diligentemente instruído nos cânones do bem obrar (ERASMO, 1956c [1529], p. 932).

A instituição pelas letras é, então, uma conformação, uma constituição moral através dos preceitos e cânones da virtude presentes nas obras dos antigos, quer dizer, uma formação pela filosofia no sentido antigo do termo, que é o mesmo sentido em que, como veremos, Montaigne a emprega e que remete à oposição entre erudição e sabedoria. *Magis magnos clericos non sunt magis magnos sapientes* (os maiores eruditos não são os mais sábios): essa frase que Montaigne toma emprestada de Rabelais (*GARGÁNTUA*, XXXIX) exprime claramente a ideia que orienta suas reflexões educacionais: nela opõe o letrado, o erudito ao sábio, a erudição à sabedoria recuperando, assim, o sentido antigo da filosofia, apagado durante a Idade Média pela hegemonia da retórica e da dialética.

Sobre esse assunto, Hadot (1998) lembra-nos que na Grécia antiga e clássica *sophía* significava um saber-fazer, e o verdadeiro saber-fazer é saber fazer o bem. Nesse sentido, *sophós* e *sophía*, saber e sabedoria estavam estritamente ligados. Com Sócrates (diferentemente dos sofistas), a sabedoria não pode ser recebida, pois deve ser obra do próprio indivíduo, e a atividade filosófica, o filosofar, não é – como pretendiam os sofistas – adquirir um saber ou um saber fazer, mas "questionar-se a si mesmo porque se terá o sentimento de não ser o que se deveria ser" (HADOT, 1998, p. 42). Daí que Montaigne diga: "Mesmo que pudéssemos ser eruditos com o saber de outrem, pelo menos sábios só podemos ser com nossa própria sabedoria" (MONTAIGNE, 2005a, [1580], p. 13).

Com a oposição entre *sçavant* (sabedor, erudito) e *sage* (sábio),[57] Montaigne traz de novo ao campo pedagógico a antiga discussão grega entre filosofia e sofística, questionando o *pedantismo* espalhado pelo ensino retórico e dialético dos colégios e das universidades da sua época e retomando

---

[57] Na edição original de 1580: *"Quand bien nous pourrions estre sçavans du sçavoir d'autruy, au moins sages ne pouvons-nous estre que de nostre propre sagesse"* (MONTAIGNE, 1580, p. 138).

a dimensão ética da atividade filosófica. O *pedantismo* – assim intitulou um dos seus ensaios – é o produto desse ensino escolástico que pretende erigir homens eruditos, letrados, sabedores, mas pouco ocupados com a virtude, com a ação concreta, com a sua conduta: trata-se dos *pedantes*, que na linguagem da sua época era uma expressão injuriosa utilizada para falar com menosprezo dos mestres de escola e professores.[58] Contrariamente a esse ensino, Montaigne considera que na educação de um filho, a filosofia "como formadora dos julgamentos e dos costumes será sua principal lição" (MONTAIGNE, 2005b [1580], p. 85).

Não obstante, Montaigne assinala: "É singular que em nosso século as coisas sejam de tal forma que a filosofia, até para as pessoas inteligentes, seja um nome vão e fantástico, que se considera de nenhum uso e de nenhum valor, tanto por opinião como de fato" (p. 73). Por tal motivo, ao reivindicá-la para a educação das crianças, o autor se constituiu, junto com Erasmo, em um extemporâneo, um *outsider* na sua época, mas também num criador, certamente não por ter recuperado o sentido da filosofia antiga, mas por introduzi-lo na instituição (educação) das crianças. Na segunda metade do século XVIII, essa noção de *institutio* será retomada e desenvolvida através de um novo termo no vocabulário pedagógico: *éducation*, desenvolvido por Rousseau,[59] assunto que discuto mais adiante.

---

[58] "*PEDANT. s. m. Terme injurieux & dont on se sert pour parler avec mespris de ceux qui enseignent les enfans dans les Colleges, ou dans les maisons particulieres. Ce Pedant foüette ses Escoliers pour la moindre faute. Si cet enfant est mal instruit, c'est la faute de son Pedant. se lasser du mestier de Pedant [...] Pedanterie. sub. f. Terme injurieux dont on se sert pour exprimer la profession de ceux qui enseignent dans les classes.* Il a quitté la pedanterie. *Il signifie aussi, Air pedant, maniere pedante.* Ce discours sent la pedanterie. que je haïs la pedanterie! S'il pouvoit se deffaire de la pedanterie. *Il signifie aussi, Erudition pedante...*" (DICTIONNAIRE DE L'ACADÉMIE FRANÇAISE, 1694, p. 207).

[59] No *Dictionnaire de pédagogie de Buisson (1911)* Emile Durkheim definiu assim o verbete "*Éducation*": "*Le mot est relativement nouveau. Le Dictionnaire général de Hatzfeld, Darmesteter et Thomas cite, d'après Delboulle, un exemple de 1527. Education apparaît, joint à nourriture, dans le Dictionnaire français-latin de Robert Estienne dès 1549. Enregistré là, il fut reproduit par tous les recueils lexicographiques. Néanmoins il est rare dans les textes. Rabelais ne paraît pas s'en être servi. On le trouve dans une phrase de Montaigne (Essais, livre II, chap. VIII): 'J'accuse toute violence en l'éducation d'une âme tendre qu'on dresse pour l'honneur et la liberté'. Ce passage est une addition faite en 1588 au texte des premières éditions. Le mot éducation, devenu si français, n'est donc qu'une transcription du latin due aux savants de la Renaissance*" vide *verbete* "Éducation" (DURKHEIM, 1911). Traduzido e publicado em espanhol em Durkheim (2003 [1922], p. 51).

Gabriel Compayré, no seu *Cours de pédagogie théorique et pratique (1897)* diz o seguinte: "*Éducation est un mot relativement nouveau dans notre langue. Montaigne ne l'emploie qu'une fois, dans cette phrase souvent citée: 'J'accuse toute violence en l'éducation d'une âme tendre qu'on dresse pour l'honneur et la liberté'. D'habitude il emploie l'expression d'institution des enfants, d'où est venu le mot de instituteur. Dans le même sens les*

O cultivo do engenho

Não existe acordo na historiografia educativa sobre a importância das contribuições de Juan Luis Vives, mas os autores hispânicos e alguns anglo-saxônicos têm reconhecido, no seu trabalho, significativas contribuições para o campo educativo, particularmente graças ao seu desenvolvimento no estudo da "alma" ou do entendimento. Veiga-Neto (1996) vai além e mostra que o trabalho do "infame espanhol" – como ele mesmo o chama – representa uma organização disciplinar bastante diferente da medieval:

> Na verdade, Vives abandona tanto as grandes questões metafísicas que eram importantes para a escolástica quanto o destaque que se dava à retórica, e dedica a maior parte de sua obra para um conhecimento das coisas concretas e práticas do mundo. É por isso que ele vê o trívio e o quadrívio como um tipo de organização dos saberes que é produzida pelos homens, ou seja, uma organização que é inventada pelos homens e que está dentro dos homens. Para ele, era necessário criar uma nova organização disciplinar, na qual os saberes são descobertos *pelo* homem. As novas disciplinas representariam uma organização que o homem descobre *no* mundo, uma organização que é própria ou inerente *ao* mundo. Se a organização estava no mundo, as disciplinas eram a sua representante no pensamento. Além disso, as disciplinas alojavam dentro de si, na forma de conteúdos, as coisas que estavam no mundo. Em outras palavras, as disciplinas, ao mesmo tempo, *são os signos* da ordem no mundo – ou seja, representam essa ordem – e, num outro patamar, no seu interior *contêm os signos* que representam as coisas que estão no mundo. Em suma, não se trata, para Vives, de que a razão apenas coloque uma ordem nas coisas que existem, senão de que a razão espelhe tanto a ordem das coisas quanto as próprias coisas que existem. E é só pelo pensamento, atributo que ele vê como exclusivamente humano, que isso é possível. Assim, está-se diante de uma epistemologia essencialmente humanista (VEIGA-NETO, 1996, p. 238).

A preocupação de Vives não foi somente com as disciplinas; da mesma forma ele se ocupou do ensino das disciplinas e ali também o espanhol marcou uma importante referência, mas não pela sua concepção do ensino, pois Vives, nesse aspecto, ainda permanece dentro da tradição medieval. No capítulo *De discendi ratione* – da forma ou maneira de aprender – do seu *De Anima e Vita* (1538) – Tratado da Alma – fica evidente essa apreciação quando Vives lança mão de dois

---

auteurs du seizième siècle disaient volontiers nourriture, comme dans le proverbe bien connu: 'Nourriture passe nature'. Mais dès le dix-septième siècle 'éducation' entre dans le langage courant pour désigner l'art d'élever les hommes (COMPAYRÉ, 1897, p. 9).

termos próprios da *Paidéia* cristã para afirmar que: *"Doutrina* ou ensino é a transmissão de aquilo que a gente conhece a quem não o conhece. *Disciplina* é a recepção do transmitido" (VIVES, 1948b [1538], p. 1207). Como se mostrou no capítulo anterior, essa definição concorda com as análises de Marrou (1934) sobre o uso e o sentido de tais termos na patrística. Porém, e diferentemente de Tomás de Aquino, Vives avança e estabelece a existência de dois tipos de disciplina.[60]

> Uma, a colocação na nossa alma de qualquer qualidade, como quando se transmite um idioma novo, segundo ocorre nos descobrimentos humanos, outra, traspassa o entendimento da potestade ao ato, como acontece nas ciências e artes cuja matéria é coisa natural, pois como antes dissemos, as sementes de todas elas estão infundidas pela Natureza nas nossas mentes, como as das plantas estão imbuídas na terra, de tal modo, que quem ensina parece não fazer coisa distinta que o sol que vivifica os germes das sementes, as quais, com certeza, sairão por si mesmas, porém, não tão felizmente nem tão depressa (VIVES, 1948b, p. 1207).

Todavia, a concepção do ensino como "edução", quer dizer, como ação exterior que ativa o entendimento para tirar fora o que está nele em potência, não sofre modificações. Também permanece o valenciano na tradição quando considera o ouvido como o órgão do aprender ou da disciplina no sentido de Aristóteles, embora reconheça que a vista é o principal dos sentidos na medida em que ela nos manifesta o maior número de espécies e é autora da pesquisa e da sabedoria:

> O sentido do ouvir nos ensina novas coisas, mais elevadas e com maior rapidez, pois num tempo brevíssimo recebemos o que com longas demoras acarreio aquele que nos adoutrina [...] Nada há mais útil que aprender muitas coisas nem mais fácil que ouvi-las (VIVES, 1948b [1538], p. 1207).

Pelo contrário, a novidade de Vives está em outro lugar: no desenvolvimento do conceito de "engenho". Ainda que não fosse um termo introduzido pelo valenciano, pois remonta à Antiguidade latina, suas elaborações sobre o seu papel na "disciplina" (recepção do ensino ou da doutrina) abriram outra rota para o saber pedagógico na Modernidade: a rota da subjetividade e da individualidade. É certo que a disciplina e os "exercícios espirituais", na medida em que requereram uma atividade

---

[60] O Aquinante tinha dito: "[...] quando à razão natural algo é ministrado externamente como ajuda, e esse modo chama-se disciplina" (TOMÁS DE AQUINO, 2000 [1256-59], p. 57, grifos nossos).

do sujeito sobre si mesmo, implicaram processos de subjetivação,[61] mas a "alma" ou o "entendimento" na *Paidéia* cristã, quer dizer, em função do ensino, não foram explorados além da sua condição de qualidades ou faculdades genéricas criadas por Deus e colocadas em cada homem para conhecer a doutrina e conseguir a disciplina. Nos estudos sobre a "alma" e sobre o ensino das disciplinas, Vives introduz elaborações da tradição médica para o campo do saber pedagógico e com elas abre uma via para elaboração conceitual da subjetividade e da individualidade.

O conceito de engenho, relacionado com o horizonte médico, abriu outra dinâmica para pensar os processos de ensinar e aprender; e além disso, implicou a abertura para a variabilidade e a multiplicidade no sujeito que aprende, até então definido só genericamente. Vives diz taxativamente: "Em cada um, antes de ensinar-lhe, faze de examinar o engenho" (VIVES 1948a [1531], p. 562). E essa devia ser uma das responsabilidades centrais de todo mestre, pois segundo o tipo de engenho seria, assim mesmo, o tipo de estudos; por tal motivo, o filósofo recomendava que:

> Em meses alternos e ainda cada três, reúnam-se os mestres para deliberar e resolver acerca do engenho de seus alunos, com afeto paternal e com severo juízo, e enviem cada qual ao lugar para onde parecer ter mais atitudes. Dessa prática se seguirá para todo gênero de homens um bem nunca acreditado.
>
> Nada bom se esperará dos violentados e obrigados; para eles vai aquele prudente conselho do poeta: *Tu nada farás nem dirás contra o querer de Minerva* (VIVES, 1948a [1531], p. 568).

Cada um nasce com uma "aptidão" particular que determina sua possibilidade de aprender determinadas artes; o engenho é um dado natural, uma condição que é preciso levar em conta para não forçar ou violentar as crianças com ensinos inapropriados para sua particular natureza. Assim,

---

[61] Sobre esse ponto, diz Foucault: "O homem ocidental é individualizado através do pastorado, na medida em que o pastorado o leva à salvação que fixa sua identidade por toda a eternidade, em que o pastorado o sujeita a uma rede de obediências incondicional[ais], em que ele lhe inculca a verdade de um dogma no momento mesmo em que lhe extorque o segredo da sua verdade interior. Identidade, sujeição, interioridade: a individualização do homem ocidental durante o longo milênio do pastorado cristão foi realizada à custa da subjetividade. Por subjetivação. É preciso tornar-se sujeito para se tornar indivíduo" (FOUCAULT, 2008a, p. 310).

Também: "Parece-me que na ascese pagã, na ascese filosófica, na ascese da prática de si da época de que lhes falo, trata-se de encontrar a si mesmo como fim e objeto de uma técnica de vida, de uma arte de viver. Trata-se de encontrar a si mesmo em um movimento cujo momento essencial não é a objetivação de si em um discurso verdadeiro, mas a subjetivação de um discurso verdadeiro em uma prática e em um exercício de si sobre si" (FOUCAULT, 2006b, p. 401).

há engenhos que se fixam nas coisas com firme e diligente atenção e desfrutam na atividade:

> [...] Há alguns engenhos que procedem com frouxidão e remissamente, como se fizessem outra coisa e que não quisessem sujeição, mas andar soltos e livres segundo sua vontade [...] Estes são de condição inconsistente, aérea, ou dissolvem-se no calor intenso e sufocados pela sua carne e o grave esmorecimento corporal, evitam o trabalho da atenção. Uns vêm com mais escuridão; os outros, com mais perspicácia. Estes são os que penetram; o instrumento deste trabalho de perfuração chama-se *acumen*, que em romance soa agudeza [...] Há alguns engenhos cujos primeiros passos são fáceis, mas logo se desorientam, se desmoralizam e confundem, porque em plena faena se lhes põe diante dos olhos do seu entendimento uma espécie de névoa ou caligem [...] Outros há mais acuciosos e valentes, que no empenho persistem com felicíssimos resultados; alguns tomam em conjunto ou sínteses o que vêm. Outros lhes reduzem a troços e estudam por separado cada um deles; isto chamasse *sutileza* [...] Alguns destes estão dotados de engenho tão poderoso, que de um só golpe de vista abarcam tudo aquilo que lhes será preciso para seu empenho [...] Em uns, a duração da atividade é harto breve e têm, logo ao ponto, necessidade de descansar, como os de temperamento cálido... (VIVES, 1948a [1531], p. 563).

Ainda que Vives não tenha se aprofundado neste aspecto, o conceito de engenho introduziu o corpo como uma variável que incide nas atividades de ensinar e aprender, pois o engenho é o vigor e a força do entendimento que pode ser afetada, alterada, modificada por alguns "órgãos":

> Os órgãos desta função são certas emanações finíssimas e em extremo luminosas do cérebro que em direção a ele exala o sangue do coração. Esses constituem os órgãos interiores de todos os conhecimentos, e quando se evaporam com frialdade cerca do coração por um sangue também frio, resultam fracos e lânguidos os atos da mente. Isto faz aos homens obtusos e torpes [...] Ao invés: se essas exalações são cálidas, também os atos resultam rápidos e vigorosos.
>
> Isto faz que o estado e disposição do coração influam bastante no pensamento e na inteligência. Daí que os homens se chamem "cordatos" (*cordati*), ou pelo contrário, "não cordatos" (*excordes, vecordes*). Às vezes se toma ao coração pela inteligência mesma [...] nesse órgão reside a fonte e a origem de todas as ações da alma.
>
> Mas o escritório central está situado na cabeça. A mente não entenderá, a mente não experimentará ira, medo, tristeza ou vergonha antes que cheguem ao cérebro aqueles eflúvios procedentes do coração (VIVES, 1948b [1538], p. 1201).

Assim, segundo seja o engenho e as situações particulares envolvidas – pois este pode sofrer alterações momentâneas de acordo com determinados fatores ambientais – o ensino e o aprendizado avançaram prontamente ou se estancaram, ou embotaram. Porém, essa outra via teve poucos seguidores – primeiro o médico e compatriota seu, Juan Huarte de San Juan[62] e, um século mais tarde, o inglês John Locke[63] – e só foi explorada até o final do século XIX com os desenvolvimentos da psicologia educacional de corte anglo-saxônico e da psicopedagogia francófona, como se verá no último capítulo.

Da dialética para a didática: *docendi artificium*

Nos termos de alguns historiadores da educação, o processo de expansão das disciplinas, particularmente a partir do século XVI, é uma "virada instrucional" (HAMILTON, 2000) ou a criação do "mundo da instrução" (MCCLINTOCK, 2000).[64] Segundo eles, o aspecto fundamental dessa "virada" foi a passagem do privilégio da aprendizagem (ou estudo),[65] atividade própria do estudante, do aprendiz, para uma ênfase na instrução, atividade própria do mestre, do professor. Sobre esse ponto, McClintock (2000) compara as ideias clássicas de Sócrates com as noções modernas propostas por Comênio: enquanto Sócrates foi um mestre que não ensinava, mas ajudava o outro a dar nascimento a seu espírito, Comênio não se ocupou do estudo, pois "ensinar e aprender foram seu assunto" (MCCLINTOCK, 2000, p. 47). Assim, tanto na atitude de Sócrates quanto nas narrativas de formação e autoformação que podem ser encontradas nos textos da Renascença (*O cortesão* de Castiglione, 1528; *Carta de Gargantua a Pantagruel*, 1532, de Rabelais; *O livro do governador*, de Roger Ascham,

---

[62] Huarte de San Juan escreveu em 1579 um texto intitulado *Examen de ingenios para las ciencias*, no qual desenvolve ainda mais o conceito de engenho e a necessidade da sua inspeção minuciosa para orientar a instrução dos filhos segundo as suas capacidades.

[63] Em particular, na sua obra póstuma *Of the conduct of the Understanding*, publicada em 1706, a qual analiso no próximo capítulo.

[64] O texto original de McClintock é do ano 1971, mas a versão usada aqui foi aquela publicada pelo próprio autor em versão eletrônica. Trago citações dessa versão eletrônica, segundo as referências feitas por Hamilton (2000).

[65] Estudar vem de *estud*: "Antepositivo, do v. lat. studèo,es,ùi,ére 'aplicar-se a, dedicar-se a; ter gosto ou zelo; estudar', donde o subst.lat. studìum, -i "aplicação, trabalho, cuidado, zelo, empenho'" (DICIONÁRIO ELETRÔNICO HOUAISS, 2001).

1531 e *Exercícios espirituais*, de Santo Inácio de Loyola c1536), é evidente o papel ativo do estudante, do aprendiz; entretanto, na *Didática magna* de Comênio, observa McClintock, os desenvolvimentos são "antieducacionais"; nessa perspectiva, Comênio só foi um "fútil visionário" (p. 48), com apenas uma "regular" concepção do ensino e da aprendizagem. A metodização, que tinha vinculado ensino e aprendizagem numa forma causal e tecnocrática, foi indesejável: "ensino é a função do mestre. Mas a aprendizagem, como resposta passiva ao mestre, não é o trabalho do estudante. Estudar é seu assunto; e o forte motivo da educação não é o ensino e a aprendizagem, mas o ensino e o estudo" (MCCLINTOCK, 2000, p. 67).

Essas apreciações de McClintock, ainda que estejam atravessadas por juízos de valor, resultam interessantes porque identificam – entre a Renascença e o século XVII – a presença de dois modos diferentes de abordar o problema da educação (coincidentes com as duas vias assinaladas no início deste trabalho e denominadas o "modo filosófico" e o "modo sofístico" ou da "arte do ensino") sobre a base da diferenciação entre os conceitos de estudo (*study*) e ensino e aprendizagem (*teaching* e *learning*), diferenciação que marcaria uma grande ruptura com a tradição centrada no trabalho de autoformação do sujeito, predominante na Antiguidade, dando origem ao "presente mundo da instrução paternal" (MCCLINTOCK, 2000, p. 51).

É preciso esclarecer, todavia, que a constituição daquele "mundo da instrução" ou aquela "virada instrucional" não significou o enfraquecimento ou apagamento de um "mundo do estudo" ou da "aprendizagem" até então predominante, como parecem sugerir os textos de McClintock e Hamilton. Nesse sentido, as palavras do historiador Marrou são esclarecedoras:

> No plano histórico, Platão [e com ele Sócrates] foi vencido: ele não conseguiu impor, à posteridade, seu ideal pedagógico; considerando as coisas no seu conjunto, foi Isócrates quem triunfou, quem se tornou o educador da Grécia e, depois, de todo o mundo Antigo. Perceptível já na própria época dos dois grandes mestres, esse triunfo foi-se patenteando, cada vez com maior vigor, de geração em geração: a retórica permaneceu como o objeto específico do alto ensino grego, da alta cultura (MARROU, 1975, p. 306).

Resulta assim, que a perda ou a queda do "mundo do estudo" não aconteceu com o fim da Renascença; ela foi um acontecimento muito anterior vinculado ao próprio declínio do mundo antigo. Agora, se fosse possível falar, antes do século XVII, de um privilégio da "aprendizagem" (HAMILTON, 2000), seria no sentido do significado que o termo "disciplina" teve na *Paidéia* cristã, particularmente depois de Santo Tomás, isto é, como assinalamos anteriormente, no sentido de "edução" ou privilégio da atividade interior do sujeito diante da tarefa de ensino do mestre. Mas essa não parece ser nem a perspectiva de McClintock nem a de Hamilton. Então, podemos reconhecer que o modo sofístico se impôs sobre o modo filosófico ou socrático – modo do estudo (nos termos de McClintock) ou da aprendizagem (nos termos de Hamilton) – e se desenvolveu durante toda a Idade Média através das chamadas "artes liberais". Essas artes que, sob a forma do *trivium* (gramática, retórica e dialética) e *quadrivium* (geometria, aritmética, astronomia, música), predominaram nas instituições de ensino (escolas monacais, paroquiais e das catedrais; posteriormente nos colégios e universidades).

Apesar da sua permanência por tantos séculos, nem sempre essas artes funcionaram da mesma maneira. Durkheim (2002a [1938]) assinala dois grandes momentos, segundo sua ênfase, e que chama de "idade da gramática" e "idade da lógica" ou dialética. No primeiro caso, a gramática constitui-se como a disciplina central no *trivium*; em tanto foi considerada como a base, o fundamento de todas as demais artes, e isso devido à íntima relação entre linguagem e pensamento, relação que vinculou gramática e lógica: falar bem é pensar bem. As regras das concordâncias gramaticais eram as regras da reta organização das ideias. Nesse período que se estende entre os séculos IX e XI, a dialética não gozou de muito favor e até era percebida com certa desconfiança pelos padres da Igreja, pois a verdadeira fé não precisava de demonstrações; e a retórica, segundo alguns autores, somente teria utilidade em questões políticas ou deveria estar submetida aos interesses da religião; portanto, ficou relegada também.

No segundo caso, a partir do século XII "a dialética tende a assumir uma importância cada vez mais expressiva" (DURKHEIM, 2002a [1938], p. 72). Vários fatos contribuíram para essa virada; entre os quais podemos salientar dois: (1) a *Escola de Paris*, ligada à catedral de Notre-Dame, foi-se constituindo em um polo de atração de estudantes de toda Europa, propiciando um inusitado estímulo da atividade intelectual ao seu redor; (2) a presença em Paris de Pedro Abelardo, teólogo e filósofo de grande prestígio, contribuiu para a difusão da dialética. Com a posterior criação dos colégios e das universidades e, com elas, a retomada da lógica de Aristóteles, a dialética continuou ocupando lugar central dentro da formação do *trivium*; daí que, para Pedro de Espanha[66]: "A dialética é a arte das artes e a ciência das ciências *possuindo a chave para os princípios de todas as matérias do currículo* [medieval]. Para a dialética só às disputas com probabilidade concernem os princípios de todas as artes e assim, a dialética deve ser a primeira ciência a ser adquirida" (ONG, 1958 apud HAMILTON, 2000, s/p).

O desenvolvimento das universidades permitiu a consolidação da dialética e, com ela, as disputas (*disputatio*) se constituíram na atividade acadêmica central e na base do processo de formação:

> Além das disputas entre mestres ou bacharéis, às quais os alunos só assistiam, existiam outras entre os alunos. Essa era até a única forma de exercício conhecida pelos escolares da Idade Média. Desconhecia-se o que era a composição escrita. O único trabalho ativo pedido aos alunos era, além da leitura, a recapitulação semanal das aulas ouvidas (*resumptiones*), a disputa (*disputatio*) [...] Após os colégios terem absorvido a vida universitária, a disputa não cessou de se desenvolver. Os bolsistas disputavam todos os sábados, sob a presidência do chefe do estabelecimento. Cada um era, por sua vez, respondedor e oponente. E essas disputas semanais não eram certamente as únicas: "Disputa-se durante o jantar, escrevia Vives em 1531, disputa-se após o jantar; disputa-se em público, em privado, em qualquer lugar, em todo momento" (DURKHEIM, 2002a [1938], p. 137).

Os resultados das análises de Hamilton apontam para a mesma direção: seus estudos realizados sobre diferentes fontes secundárias levaram-no a perceber o estabelecimento de uma forte conexão entre argumentação e instrução, quer dizer, o conteúdo, a ordem, a organização e a transmissão de uma lição eram análogos ao conteúdo, à ordem, à organização e à transmissão de um argumento. Neste sentido, as ocupações de pregadores, professores e juízes eram homólogas, pois respectivamente, eles transmitiam sermões, lições e defesas. (HAMILTON, 2001). Daí a forte ênfase "didática" que tiveram essas artes e o lugar central da dialética porque ela é que oferecia o conteúdo ou a substância da argumentação.

Porém, cada vez mais, e precisamente por suas necessidades didáticas (de transmissão, de ensino), os argumentos dialéticos se enfraqueceram à medida que foram se formalizando sob a forma de *commomplaces, locus* ou *topos*, isto é, de lugares comuns, de tópicos ou premissas que eram

---

[66] Autor do século XIII cuja identidade é debatida, ele escreveria o texto *"Summule logicales magistri"*.

aceitas comumente como verdades. Assim, a argumentação e seus tópicos adquiriram diferentes formas segundo operara a lógica, a dialética ou a retórica. Os argumentos lógicos eram analíticos e se elaboravam a partir de premissas cujas verdades eram distribuídas de diferentes formas na conclusão do argumento. Os argumentos dialéticos eram bem mais fracos; eles construíam premissas que eram aceitas comumente como verdade, os chamados "lugares comuns". A retórica oferecia os ornamentos (do latim *ornata* que quer dizer armas e equipamento de guerra), portanto estava mão a mão com a dialética, e juntas fortaleciam o argumento voltando-o mais persuasivo, aceitável e, no melhor dos casos, verdadeiro (HAMILTON, 2001).

Durante a Renascença, a dialética sofreu modificações significativas; a principal delas, graças a Lorenzo Valla (1407-1457), crítico do escolasticismo e admirador de Quintiliano, cuja obra *Institutio Oratore* tinha sido descoberta em 1421. Valla, professor em várias universidades europeias, enfatizou na eloquência, a ponto de absorver completamente a dialética na disciplina retórica, mas talvez seu principal aporte seja ter levado:

> [...] a argumentação ao domínio público onde, enfatizando o conteúdo e a forma, começou a contribuir para discursos morais acerca do aprendizado e da instrução ou, noutras palavras, a auto-formação e a re-forma do gênero humano. O trabalho de Cícero, por exemplo, indicava como os tópicos devem ser usados como tijolos na compilação de falas de elogio ou condenação. Uma fala de elogio podia focalizar-se nas qualidades morais ou físicas. Estas, por sua vez, poderiam dividir-se em sub-tópicos tais como agilidade, honestidade, fortaleza, aparência e saúde. Seguindo Cícero, os oradores começaram agrupar tópicos em armazéns. Em suma, a noção de tópico como recheios voltou-se predominante. Possivelmente ou ponto mais alto de estes processos de agrupamento de tópicos foi a impressão do livro *The Dictes or Sayengis of the Philosophres (sic)*, publicado na Inglaterra no ano de 1477 [...] Mais geralmente, os lugares comuns de argumentação começaram ser organizados como sítios onde dispositivos argumentativos podiam ser agrupados para propósitos práticos (e.g. predicação) HAMILTON, 2001, p. 5).

Para satisfazer a essas demandas "didáticas" e graças à rápida extensão da imprensa, muitos livros que recompilavam aqueles "recheios" ou "tijolos" para a construção de discursos foram produzidos:

> No inglês, estas coleções foram conhecidas como *commom-place books* [cadernos ou diários de notas], registro usado pela primeira vez no Oxford English Dictionary no ano 1578. Os aprendizes compilavam seus próprios *commom-place books*, inicialmente em latim e, depois de 1520, cada

vez mais nas línguas vernáculas como o alemão. Entre tanto, a ideia dos *commom-place books* pessoais virou, chegando a ser o modelo para imprimir livros de texto. Em suma, as coleções de lugares comuns haviam tomado duas formas na metade do século XVI: compilações feitas por aprendizes e compilações feitas para aprendizes (HAMILTON, 2001, p. 7).

Também foram publicados os chamados *florilegia*, que eram coleções de fragmentos de autores clássicos, pagãos e cristãos, destinadas a servir para a elaboração de textos, para o estudo, para serem copiadas ou aprendidas.[67]

Rodolfo Agrícola (1442-1485), professor de filosofia de Heilderberg, continuou e aprofundou o trabalho de Valla e, particularmente, estabeleceu uma conexão direta entre dialética e ensino, assinalando uma diferenciação entre falar convincentemente e falar claramente: este último pertencia à província da gramática, onde se encontravam as palavras apropriadas, enquanto o primeiro pertencia à dialética, que abrangia a organização do discurso em formas particulares e para propósitos particulares. Escreve Hamilton:

> Quando alguém ensina de tal maneira que quer produzir credibilidade através do seu discurso, e atrair a mente do ouvinte para ele mediante o que ele diz [...] está tratando com um assunto de dialética [...] Há outro fato importante na perspectiva dialética de Agrícola. Como anotou Ong, a dialética de Agrícola "se referia mais a como tratar com um público que à estrita estrutura lógica" (ONG, 1958, p. 100). Em outros termos, a psicologia do ensino era tão importante como garantir a lógica de um argumento (HAMILTON, 2003, p. 12).

Mas o ponto culminante desse "didactismo" foi o trabalho de Peter Ramus (1515-1572). Ong assinala como uma evidência definitiva da aproximação entre dialética e didática o comentário de Ramus sobre uma passagem de Aristóteles, onde ele afirma que as palavras gregas διδασκαλια και μάθησις podem ser traduzidas por *doctrina* e *disciplina*:

> [...] porque estes termos latinos significam íntegra e completamente artes, tais como gramática, retórica, lógica enquanto os dois termos gregos significam qualquer coisa a qual é ensinada ou aprendida [...] Portanto, as palavras latinas *doctrina* e *disciplina* devem ser aqui [na tradução latina do

---

[67] "O *Manipulus florum*, por exemplo, contém cerca de 6000 extratos divididos em três seções: Pais da Igreja, escritos eclesiásticos e autoridades pagãs, cada uma listada na ordem alfabética. Parece que os finais do século quinze foram a sementeira do pensamento do *syllabus*. O *syllabus* foi visto como uma espécie de 'ramo de flores'e nas suas variantes depois de Gutenberg, uma tábua de conteúdo" (HAMILTON, 2001, p. 6).

texto de Aristóteles] entendidas como significando qualquer coisa que é ensinada ou aprendida (RAMUS *apud* ONG, 1958, p. 163).

Esse sentido concorda com as análises que Marrou (1934) fez sobre os mesmos termos nos Padres da Igreja, o qual mostraria o peso da tradição da *Paidéia* cristã ou, como afirma Ong (1958, p. 165), "a tirania que a tradição da didática universitária exerceu sobre sua mente classicamente treinada", tradição que marcou para a dialética essa dupla carga de ensino: como qualquer outra arte, esta é ensino (*doctrina*) pelo fato de ser arte, mas, além disso, é a arte ou ensino do ensino (ONG, 1958). Como dizer, a arte de ensinar o ensinamento.[68] Segundo Ong, os seguidores de Ramus continuaram e desenvolveram esta linha de pensamento. Piscator, por exemplo, afirmava que discursar (*discere*) significava o mesmo que ensinar (*docere*): "De fato, o assunto inteiro da expressão é ensinar, ao passo que o assunto da razão é aprender: a dialética é a arte de ambas as coisas, de ensinar e de aprender" (ONG, 1958, p. 161).

Didática e erudição

Desde o início da sua *Didactica Magna*, Comênio deixa claro que sua arte (*docendi artificium*) consiste em ensinar tudo a todos, porém de forma certa, com resultados, facilmente, de modo sólido e com o triplo propósito de: "conduzir à verdadeira cultura, aos bons costumes, a uma piedade mais profunda" (COMENIUS, 2002 [1631], p. 13) ou, segundo outra versão, com o fim de encaminhar "os alunos para uma verdadeira instrução, para os bons costumes e para a piedade sincera" (COMENIUS, 2001 [1631], Saudação aos leitores, p. 3). Mas, na versão original em latim, Comênio utiliza as seguintes palavras: "Literaturam veram, Mores svaves, Pietatem intimam" (COMENII, 1657, *Lectoribus* s. p. 3). Mais adiante, no capítulo IV, volta sobre esses três propósitos, mas aí fala de *eruditio, virtus, religio*, traduzidas como "instrução, virtude, religião" (COMENIUS, 2001; 2002). *Eruditio* é, então, *Literatum veram* que em termos contemporâneos seria instrução, segundo os tradutores da versão portuguesa e brasileira. O tradutor da Editorial Porrúa (versão castelhana) preferiu o termo "erudição", e eu concordo com essa escolha por vários motivos.

---

[68] Segundo Mújica (2005, p. 14), no *De ordine* Santo Agostinho chama a dialética de "disciplina das disciplinas [*disciplinam disciplinarum*]", porquanto garante os instrumentos e o método para chegar com certeza ao conhecimento.

Em primeiro lugar, é preciso reconhecer que tanto o termo erudição quanto o termo instrução remetem a um corpo, acúmulo ou cabedal de conhecimentos. Porém, o vocábulo instrução tem outra acepção: ação de instruir, transmitir conhecimento; daí temos, então, que instrução significa tanto a ação quanto o resultado dessa ação, fato que faz dele um termo ambíguo. Em segundo lugar, ainda que existisse a voz latina *instructĭo, -ōnis*, Comênio preferiu utilizar as vozes *eruditio, eruditionis, eruditum, eruditos*, seja porque eram mais correntes no vocabulário da época, seja porque os considerava mais pertinentes aos seus propósitos. Em terceiro lugar, no vocabulário pedagógico, a palavra "instrução" (*instruction, instrucción, Unterricht*) só foi delimitada no século XIX, no momento em que se diferencia de "educação" (*education, éducation, educación, erziehung*), como mostraram Herbart (com seu projeto de "educação pela instrução") e os revolucionários franceses nas suas discussões sobre a constituição do aparato de instrução pública da nova República. Todavia, esse será assunto aprofundado no próximo capítulo.

Mas o que é a erudição? No capítulo IV da *Didática Magna*, Comênio esclarece que "o nome de *Erudição* compreende o conhecimento de todas as coisas, artes e línguas" (COMENIO, 1994a [1631], p. 9); daí que erudição implique ensino, pois só por meio dela é possível possuí-lo. É por isso que Comênio criou essa *docendi artificium* que é a Didática: a arte para conseguir a erudição ou conhecimento de todas as coisas, as artes e as línguas. Mas por que é preciso a todos tal erudição? Por que todos devem ser ensinados e aprender o conhecimento de todas as coisas, as artes e as línguas? Porque somos criaturas racionais, diz Comênio, criaturas senhoras das outras criaturas, e só se conhecermos as causas de todas as coisas poderemos ostentar o título de animais racionais:

> Ser criatura racional significa ser capaz de indagar, de dar nomes às coisas e de classificá-las; isto é, conhecer, poder designar e entender todas as coisas do mundo, como é evidente no *Gênese* (II, 19). Ou então, como enumera Salomão (*Sb* VII, 17): *Saber a constituição do universo e a força dos elementos, o princípio, o fim e o meio dos tempos, a alternância dos solstícios e as mudanças das estações, as transformações anuais e as posições dos astros, as naturezas dos animais e os instintos das feras, os poderes dos espíritos e os pensamentos dos homens, as variedades das plantas e as virtudes das raízes. Numa palavra, todas as coisas secretas ou patentes, etc.*; nisto estão incluídos também o conhecimento das técnicas e a arte da homilética para que, como diz o *Eclesiástico, em coisa alguma, pequena ou grande, haja nada de desconhecido* (*Ecle* V, 18) (COMENIUS, 2002 [1631], p. 53).

Atingir a condição de animal racional passa, então, pela erudição, que não é um simples conhecimento literário, mas o conhecimento das causas das coisas para poder servir-nos delas como criaturas senhoras que fomos criadas à imagem de Deus:

> Ser criatura senhora das criaturas significa agir em benefício próprio, dispondo tudo segundo fins legítimos [...] não se sujeitar a nenhuma criatura, muito menos à própria carne, mas servir-se livremente de todas; saber onde, como, quando e até que ponto satisfazer o corpo; onde, como, quanto e até que ponto ser condescendente com o próximo. Numa palavra, poder moderar com sabedoria movimentos e ações externas e internas, próprias e alheias (COMENIUS, 2002 [1631], p. 54).

Na linha dos seus predecessores humanistas, a erudição que Comênio percebe como condição para merecer o título de criatura racional não é aquele "pedantismo" que Montaigne criticava ou o "ciceronianismo" que Erasmo rejeitava. Comênio também questiona esse saber vazio e superficial do "escolasticismo":

> Até o momento presente não têm tratado as escolas de fazer que as inteligências pudessem viver a expensas da sua própria raiz como as arvorezinhas novas [...] Isto é, deixaram de mostrar as coisas mesmas, como em si e por si mesmas são e se preocupam de ensinar o que este, e o outro e o de além pensaram ou escreveram acerca delas: até o ponto de estimar a maior erudição em conhecer as opiniões discrepantes de muitos. Daqui o fato de que haja alguns que não façam outra coisa que rebuscar os autores para recolher *frases, sentencias e opiniões*, forjando-se uma ciência a modo de capa cheia de remendos [...]
>
> A que conduz, pergunto eu, perder o tempo com as diversas opiniões acerca das coisas, quando o que se busca é o conhecimento delas, como realmente são? Não temos por ventura outra coisa que fazer nesta vida mais do que seguir daqui para lá aos demais e averiguar em que discrepam, coincidem ou esbarram? Oh mortais! Demo-nos pressa a chegar sem rodeios a nossa meta! Por que não temos de ir a ela retamente, posto que nos está determinada e de sobra conhecida? Por que temos de utilizar os olhos alheios melhor que os nossos próprios? (COMÊNIO, 1994a [1631], p. 85-86).

Essa extensa citação contém vários aspectos-chave para a compreensão da noção de erudição de Comênio, por isso é preciso deter-nos um pouco nela. Em primeiro lugar, é claro que sua ideia da erudição se afasta do saber meramente livresco e da referência à autoridade como fonte de conhecimento: "Nada deve ser ensinado por autoridade pura e simples, mas por demonstrações sensíveis e racionais", diz em outro lugar (COMENIUS, 2002 [1631], p. 193). Para conhecer devemos utilizar os próprios olhos, os sentidos, pois ao nascer nada temos no nosso cérebro, que é como uma tábua rasa na qual nada está escrito, mas onde tudo pode ser escrito.

O didata morávio comparava o cérebro e seu funcionamento com a cera sobre a qual se pode imprimir um selo ou se moldam estatuetas e "assim como a cera que, adaptando-se a todas as formas, pode ser plasmada e replasmada de todas as maneiras, também o cérebro, abrangendo as imagens de todas as coisas, recebe em si o que o universo contém" (COMENIUS, 2002 [1631], p. 62). No mesmo capítulo V da *Didáctica*, compara a mente com um espelho que reproduz a imagem de todo semelhante de qualquer objeto que se coloque diante dela, sempre que haja luz e o objeto seja posto de maneira adequada. Todavia, não se trata de uma concepção propriamente sensualista do conhecimento. Nesse ponto, o morávio parece ainda permanecer na concepção medieval, como deixa perceber no seguinte parágrafo: "o homem nada recebe do exterior, mas só precisa expandir e desenvolver as coisas que já traz implícitas em si, mostrando a natureza de cada uma" (p. 59). Segundo ele, no entendimento humano estão depositadas por Deus as sementes de todos os conhecimentos. De acordo com essa ideia, a atividade de ensinar e, portanto, o ensino da erudição, não era a introdução, a colocação, a injeção de algo externo na mente, mas a "edução", como na *Paidéia* cristã, daquilo que estava no interior do entendimento como em potência.

Contudo, quando Comênio utiliza a metáfora do jardineiro, sua ideia do ensino parece afastar-se da perspectiva da "edução" e aproximar-se da concepção do ensino como a ação de introduzir algo do exterior para o interior do aluno. Segundo aquela metáfora, no ensino – como na jardinagem – o mestre – como o jardineiro – enxerta as gemas dos conhecimentos que logo serão desenvolvidos no aluno:

> De tudo o que foi dito, fica evidente que a condição do homem é semelhante à da árvore. De fato, assim como uma árvore frutífera (macieira, pereira, figueira, videira) pode crescer sozinha e por virtude própria, mas uma árvore silvestre só dá frutos silvestres, ao passo que para produzir frutos doces e maduros é preciso que um agricultor experiente a plante, irrigue e pode, também o homem, por si só, cresce com feições humanas (assim como o bruto com as suas), mas não poderá tornar-se animal racional, sábio, honesto e piedoso se antes não forem nele enxertados os brotos da sabedoria, da honestidade, da piedade (COMENIUS, 2002 [1631], p. 77).

Em segundo lugar, Comênio parece afirmar a ideia de que o conhecimento só é adquirido por meio do comércio com as coisas, daí seu convite para olhar diretamente para elas e não por meio do que outros disseram ou opinaram delas. Mas nesse ponto, é preciso chamar a atenção sobre o seu aparente "sensualismo", pois, como fica exposto na sua obra intitulada *O mundo em imagens*,[69] as coisas em si, as coisas por si mesmas se confundem com sua própria representação. Nesse livro, o morávio assinala que o fundamento de um verdadeiro, completo e claro ensino é que "todas las cosas sensibles se presenten a nuestros sentidos de una forma adecuada que no puedan menos de ser captadas" (COMENIO, 1994b, p. 71). Porém, a apresentação das coisas é o mesmo que a apresentação das imagens das coisas. Levando em conta que era frequente o descuido de apresentar as coisas nas escolas, fato que dificultava a tarefa de ensinar e aprender, Comênio afirma – no prefácio do seu livro – ter encontrado um novo recurso: "*Aqui apresentaremos um novo recurso para as escolas*: As imagens e a nomenclatura de todas as coisas fundamentais do mundo e das ações na vida!" (p. 72), pois segundo sua perspectiva didática:

> [...] é uma realidade que os sentidos (os guias mais importantes da primeira idade, em que a mente não se eleva ainda à contemplação abstrata das coisas) vão trás os objetos e ao não encontrá-los se voltam aborrecidos, em derredor; mas ao ter-los diante, se revivem, se alegram e se aferram neles, até quedar saciados com sua vista (p. 73).

Dessa forma, a imagem dos objetos teria na mente infantil o mesmo efeito que a própria apresentação dos objetos, por isso ensinar por meio da imagem das coisas não é diferente de ensinar por meio das coisas.

Em terceiro lugar, para atingir a erudição, era preciso um método de ensinar e aprender, método que devia garantir tanto a rapidez como a eficácia no ensino e no aprendizado, pois a vida era curta, e o conhecimento, muito amplo. No capítulo XIX da sua *Didática Magna*, Comênio

---

[69] Em latim, *Orbis Sensualium Pictus* (1658) ou "Breviário do mundo todo e da língua toda" é o livro organizado por Comênio que buscava atender dois propósitos: o aprendizado dos conteúdos e o da língua mesma; isso, apoiado no uso da imagem gráfica (representação visual que evoca uma realidade específica), uma das tecnologias mais avançadas da época. O livro expressa preocupações fundamentais "– em torno ao ordenamento da sociedade, à configuração de novos saberes, ao conhecimento do universo e a relação desejável entre os *mundos*, à valoração do ser humano como tal, à emergência do Estado moderno, etc. – e as traduz em imagens que introduzem o aluno no mundo do saber, contribuindo com isso aos conteúdos desse mundo e ao olhar desde o qual se percebem" (AGUIRRE, 1994, p.14).

responde às objeções feitas sobre as dificuldades de pretender ensinar tudo a todos. Diz ele que de não encontrar o modo abreviado, o trabalho de ensino seria de magnitude e muita dificuldade, mas graças à arte – a sua *docendi artificium* – isso poderá ser aliviado. Até então, afirma o autor, as tarefas escolares tinham errado, pois não se tinham objetivos determinados nem metas fixas, não se delineavam os caminhos que deveriam conduzir retamente à meta, quase nunca se ensinavam as artes e as letras de forma enciclopédica senão fragmentada, também não se utilizava um único método senão variados e múltiplos, os mestres eram muitos, e isso ocasionava confusão nos alunos e, enfim, faltava um método para ensinar simultaneamente a todos os discípulos da mesma classe.

Daí que a arte de ensinar que propõe Comênio está sustentada na existência de um único método capaz de garantir o ensino de tudo e a todos; trata-se de um método não só à prova de mestres mas também à prova de engenhos. É interessante lembrar aqui que, para Vives, o reconhecimento das particularidades do engenho de cada aluno era parte central da tarefa do mestre, pois cada um tinha sua particular tendência, habilidade e capacidade que a arte de ensinar devia levar em conta. Em Comênio, e ainda que ele também reconheça a existência de uma variedade de tipos de engenhos,[70] todos eles podem ser ensinados com um só e único método, por quatro principais razões:

> Primeiro: todos os homens devem ser impelidos para os mesmos fins do saber, da moral, da santidade.
>
> Segundo: todos os homens, por mais que sejam diferentes os engenhos, possuem a mesma e idêntica natureza humana, dotada dos mesmos instrumentos.
>
> Em terceiro lugar, a própria diversidade dos engenhos outra coisa não é senão excesso ou deficiência da harmonia natural [...] Por isso, assim como se verifica que um remédio é muito salutar para o corpo não quando opõe os contrários aos contrários (donde derivaria apenas uma batalha mais violenta), mas quando induz equilíbrio entre os contrários, para que não falte uma parte enquanto sobeja outra, também para os defeitos da mente humana será remédio muito adequado um método tal que equilibre os excessos e os defeitos dos engenhos, reconduzindo todos a uma espécie de harmonia e de suave concerto [...]

---

[70] No capítulo XII da *Didáctica Magna* reconhece os seguintes tipos de engenho: agudos, ávidos e dúcteis, agudos, mas lentos ainda que complacentes; agudos e ávidos, mas bruscos e obstinados; simpáticos e ávidos de aprender, mas tardos e obtusos; obtusos e ao mesmo tempo, indolentes e preguiçosos; por último estão os obtusos de má índole e perdidos (COMENIO, 1994a [1631]).

> Finalmente, digo que as deficiências e os excessos podem ser mais bem supridos em idade tenra. Assim como na milícia os recrutas são misturados aos veteranos, os fracos aos fortes, os preguiçosos aos diligentes [...] também na milícia literária convém obrar de tal modo que os mais lerdos sejam misturados aos mais diligentes, os mais obtusos aos mais inteligentes, os mais teimosos aos mais dóceis, para que sejam educados com os mesmos preceitos e exemplos enquanto precisarem de orientação (COMENIUS, 2002 [1631], p. 120-121).

Aquela arte do ensino esteve fundada em uma preocupação com o tempo, com a precariedade da vida, com a necessidade de uma pronta preparação para atingir a vida eterna, enfim, com uma economia de tempo e recursos, por isso foi preciso lançar mão da arte para garantir rapidez e eficácia na nova e urgente tarefa de ensinar tudo a todos. Já Ratke tinha assinalado a importância econômica dessa arte de ensinar quando afirmava:

> Por meio dessa arte de ensinar cada pessoa tira proveito quase indizível. Pessoas, tanto do sexo masculino quanto feminino, jovens e adultos, podem aprender, fácil e rapidamente, todas as virtudes, os cálculos sutis, as canções artísticas e outras artes liberais em muitas línguas.
>
> Aqueles que encaminham seus filhos aos estudos também despendem o mínimo porque não desembolsaram tão altos custos para o estudo, mas conseguem muito com o mínimo de dispêndio.
>
> Assim também ocorre com aqueles que gostam de estudar porque serão atendidos esplendidamente e conseguem atingir seu objetivo, com auxílio do órgão público em menos tempo e com muito menos fadiga e servir a pátria (RATKE, 2008 [1612-1633], p. 109).

Em quarto e último lugar, podemos dizer que a erudição implicava uma perspectiva pansófica (enciclopedista) do conhecimento na medida em que significava o conhecimento de todas as coisas do mundo. No prefácio do *Orbis sensualium pictus* diz:

> O livro é pequeno, como se pode ver. Embora, é um breviário do mundo todo e da língua toda, cheio de imagens, nomes, descrições de coisas.
>
> Os quadros ou ilustrações são representações de todas as coisas visíveis do mundo (às que as invisíveis em certa forma se regressam); e isto na mesma ordem em que quedaram descritas na *Porta das línguas*; e com tal abundância que quase não fica nada de fora, nada necessário ou cardinal (COMENIO, 1994b [1658], p. 72).

A erudição perseguida pela didática era não um saber geral ou superficial, mas um saber universal, um saber sobre todo o fundamental e necessário para atingir a condição racional no mundo. Aqui é preciso considerar que Comênio se localiza numa linha enciclopédica de pensamento que, segundo assinala Alsted,[71] foi traçada por Lull (1292).

Nesse sentido, a perspectiva enciclopédica do saber, da sabedoria em Comênio se diferencia profundamente da perspectiva exprimida por Erasmo, Vives e Montaigne. Lembremos que para eles sabedoria não é erudição; a sabedoria se aproxima da filosofia no sentido antigo grego; ao contrário, para Comênio a filosofia está mais perto do conhecimento das disciplinas, das artes. No seu *Orbis sensualium pictus*, no verbete *Philosophia* escreveu o seguinte:

> O físico observa todas as obras de Deus no mundo.
>
> O metafísico indaga as causas e os efeitos das coisas.
>
> O aritmético computa números somando, restando, multiplicando, dividendo, e o faz ou com números ou na tábua de cálculo, ou com fichas sobre o ábaco.
>
> Os camponeses fazem contas com cruzes (X) ou medias cruzes (V), por dúzias, quinzenas ou sexagenas (COMENIO, 1994b [1658], p. 189).

A filosofia é o conhecimento das coisas do mundo, e não o saber e a prática da virtude. O saber, a sabedoria em Comênio está à parte da virtude; não que não tenham a ver, mas trata-se de duas coisas diferentes: lembremos que para ele os três fins secundários do homem (o fim último é a eterna bem-aventurança com Deus) são a erudição, a virtude e a religião ou piedade. O homem sábio de Erasmo, Vives e Montaigne é "instituído" pela filosofia. O homem erudito de Comênio é "ensinado" na escola pelo mestre por meio do método. Assim, o homem disciplinado de Comênio não se corresponde com o homem "educado" dos humanistas.

---

[71] Um dos mais renomados representante do enciclopedismo barroco: Johann Heinrich Alsted (1588-1638) estabelecida uma ligação importante entre o pensamento de Lull (autor do *Tractatus de modo convertendi infidelis* - 1292) e o pensamento de Comênio. O erudito calvinista, professor de Comenio na Academia de Herborn e segudor, na sua juventude, das tesis teológicas de Lull, ao contrário dele e posteriormente de Comenio, defenderá "que só Deus tem acesso ao conhecimento total, só Deus é *pansophós*. No entanto, Deus quis que o homem procurasse aperfeiçoar-se e, para isso, deixou nele uma marca divina - o desejo de aprender. Assim, fica estabelecida, salvaguardada, fundamentada a necessidade da ciência e definido o estatuto da enciclopédia enquanto sistema das ciências. Sob influência de Lull, Alsted escreve ainda duas obras: *Clavis Artis Lullianae et verae logices* (1609) e *Architectura artis Lullianae* (1612)" (ENCICLOPEDIAS FILOSÓFICAS, 2009).

"Pampédia" e "polícia": uma sociedade de ensino

Iniciei este capítulo descrevendo o que tenho denominado como o limiar tecnológico das artes de educar e posteriormente passei a descrever o correspondente limiar de discursividade, o que me levou a transitar por um grupo particular de conceitos-chave no vocabulário pedagógico dos séculos XVI e XVII. A última parte deste capítulo mostra outros dois acontecimentos derivados dos anteriores: em primeiro lugar, tentei explorar como, na passagem de ambos os limiares, se constituiu aquilo que poderíamos chamar de uma "sociedade do ensino", isto é, uma sociedade na qual a prática do ensino adquiriu um nível de importância estratégica enquanto ferramenta para o governamento da população e fortalecimento do Estado. Em segundo lugar e com o apoio em análises de Elias (1987) e Foucault (2006a, 2008a, 2008b), explorei o que tenho assinalado como a constituição de outra forma da subjetividade correspondente àquela sociedade do ensino e que tenho denominado o *Homo docibilis*, o homem dócil ou disciplinável, isto é, capaz de ser ensinado e de aprender.

A extensão e o desdobramento do poder disciplinar das instituições religiosas para setores específicos da população (a juventude estudantil, os povos conquistados, a classe operária, os pobres) iniciada nos séculos XV e XVI (FOUCAULT, 2006a) fez parte, desde o século XVII, do processo de constituição da razão governamental, isto é, daquela determinada maneira de pensar, razoar, calcular, que em seu tempo se denominou a "política" (FOUCAULT, 2008a). Em outras palavras, diríamos que, a partir do século XVII, o ensino deixa de ser um assunto de colégios e universidades e volta-se para um problema de "polícia". Mas isso requer uma explicação mais precisa.

Tanto Senellart (2006) quanto Foucault (2008a) concordam que a passagem do Estado medieval para o Estado moderno, ou da arte medieval de governar para a tecnologia moderna do governamento, não significou uma simples "laicização" do governamento pastoral. Para Senellart (2006, p. 220), "o *regimen* cederá lugar ao 'governo', ordenado não mais à realização de fins morais, mais à simples conservação do Estado. Seria falso ver no segundo a simples secularização do primeiro". Segundo Foucault (2008a, p. 383), "Não é que o rei se tornou pastor, se tornou pastor dos corpos e das vidas, mais ou menos como o outro pastor, o pastor espiritual, era o pastor das almas e das sobrevidas".

A nova razão governamental tem características próprias e constituiu o acontecimento que inaugurou a Modernidade ocidental. Mas também, não se trata de uma ruptura completa ou radical; nisso também Foucault e Senellart concordam. Para Foucault, as coisas não se podem compreender como o deslocamento de uma sociedade de soberania para uma sociedade de disciplina; não há um abandono das formas anteriores que seriam suplantadas pela nova arte de governar: trata-se de coexistência e de ênfase ou preeminência de uma sobre a outra, mas não de apagamento de uma pela outra. Para Senellart, antes que substituição súbita da arte de governar pela ciência do Estado, trata-se de uma transformação gradual: "Nem ruptura nem, obviamente, simples continuidade: é em termos de deslizamento, de deslocamento, de desmoronamento, à maneira dos geólogos, que caberia descrever os estratos do discurso político que vemos se formar a partir do século XVI" (SENELLART, 2006, p. 48).

Lembremos que, na pesquisa desse processo de constituição da nova razão governamental, o professor Foucault cunha a noção de governamentalidade,[72] instrumento que lhe permite abandonar o Estado como suposto fundamental do governo para pensar a sua "governamentalização" como correlato dessa nova racionalidade governamental moderna. E, justamente no marco da governamentalização[73] – particularmente com a constituição dessa tecnologia política chamada, na época, de "polícia" – é que o ensino, limitado até então aos colégios e universidades, encontrará suas condições de expansão na população urbana.

Em sentido geral, para os autores daquela época, a polícia se referia a uma técnica de governamento própria dos Estados, era aquilo que permitia ao Estado aumentar seu poder e exercer a força em toda sua amplitude; seu objetivo era desenvolver esses elementos constitutivos da vida dos indivíduos de modo tal que seu desenvolvimento reforce a potência do Estado (FOUCAULT, 1990). Diferentemente da forma como é concebida hoje, a polícia foi uma atividade abrangente e entre seus objetivos particulares estavam o crescimento da população, as necessidades da vida (alimentação, vestido, alojamento, calefação, etc.), a saúde, as ocupações (a atividade das pessoas), a circulação (das mercancias, dos homens). Assim,

---

[72] Sobre esta noção de Foucault, vide Noguera-Ramírez (2009).

[73] A governamentalização do Estado teve três grandes pontos de apoio: o poder pastoral, a nova técnica diplomático-militar dos Estados europeus após a Guerra dos Trinta Anos, e a "polícia" (FOUCAULT, 2008a).

A partir do século XVII, vai-se começar a chamar de "polícia" o conjunto dos meios pelos quais é possível fazer as forças do Estado crescerem, mantendo ao mesmo tempo a boa ordem desse Estado. Em outras palavras, a polícia vai ser o cálculo e a técnica que possibilitarão estabelecer uma relação móvel, mas apesar de tudo estável e controlável, entre a ordem interna do Estado e o crescimento das suas forças. (FOUCAULT, 2008a, p. 421).

E, segundo meu ponto de vista, nessa relação entre a ordem interior do Estado e o crescimento das suas forças localiza-se a nova arte de ensinar. Entre a ampla produção da época e para explicar o sentido da polícia, o professor Foucault, na sua aula de 29 de março de 1978, utiliza um texto, segundo ele, muito precoce, pois data dos primeiros anos do século XVII e é uma "espécie de utopia justamente daquilo que os alemães teriam imediatamente chamado de um *Polizeistaat*, um Estado de polícia, para o qual os franceses não tinham essa palavra" (FOUCAULT, 2008a, p. 428-429). Trata-se da obra *La Monarchie aristodémocratique*, escrita em 1611 por um autor chamado Turquet de Mayerne, o qual estabelece que em todo bom governo deveriam existir quatro grandes escritórios e quatro oficiais maiores: o chanceler para se ocupar da justiça, o condestável para se ocupar do exército, o superintendente para se ocupar da receita e um quarto oficial que Mayerne introduz (os anteriores já existiam nas instituições da época) – o "conservador e o geral reformador da polícia" (MAYERNE *apud* FOUCAULT, 2006, p. 366). Sob o mando desse oficial "conservador da polícia", quatro escritórios: da Polícia propriamente dita, da Caridade, do Comércio e da Propriedade. O Escritório da Polícia (propriamente dita) estava encarregado, em primeiro lugar, da instrução das crianças e jovens, além, da profissão de cada qual:

> Esse Birô de Polícia que cuida da instrução, das crianças e dos jovens deverá também se ocupar da profissão de cada um. Quer dizer que, terminada a formação, quando o rapaz fizer 25 anos, deverá se apresentar ao Birô de Polícia. Lá ele deverá dizer que tipo de ocupação quer ter na vida, seja ele rico ou não, queira ele enriquecer ou queira simplesmente deleitar-se. De todo modo, deve dizer o que quer fazer. Será inscrito num registro com a escolha da sua profissão, a escolha do seu modo de vida, inscrito, e inscrito de uma vez por todas. Os que, por acaso, não quisessem se inscrever num dos itens – deixo de lado os que são propostos –, os que não quisessem se inscrever não deveriam nem sequer ser tidos como cidadãos, mas deveriam ser considerados "rebotalho do povo, vadios e sem honra". (FOUCAULT, 2008a, p. 430).

A polícia, então, presta particular atenção à ocupação ("profissão") dos homens, a sua atividade; por isso, um dos seus assuntos principais é a instrução, instrumento para garantir o aumento das forças do Estado.[74] Dessa forma, a razão de Estado e a sistematização da didática coincidem da mesma forma que as práticas de polícia com o início da escolarização da população. Pode-se dizer que a nova governamentalidade utiliza a experiência disciplinar (instrutiva) do poder pastoral, mas por sua vez, o poder pastoral utiliza a polícia para espalhar seu pastorado na população. Estabelece-se, assim, uma aliança entre poder pastoral e poder político com vistas a instruir a população e, ainda que cada um busque efeitos específicos, a ideia da "salvação das almas" não contradiz nem atrapalha o "crescimento das forças do Estado". O ensino generalizado serve a ambos os reinos, ao reino dos céus e ao reino da terra; um bom cristão será um bom súdito.[75]

Mas a polícia não teve o mesmo desenvolvimento em todos os países. Por isso mesmo, a didática e a escolarização também estiveram associadas a determinadas condições políticas, religiosas, sociais, culturais. Foucault mostra como na Alemanha, à diferença da Itália, por exemplo, a divisão territorial teve um efeito distinto no desenvolvimento da polícia, particularmente porque depois do Tratado de Westfalia os diferentes Estados formados no que era o antigo Império foram figuras intermediárias entre as estruturas feudais e os grandes Estados modernos. Ao sair de uma estrutura feudal, a Alemanha, diz Foucault, não tinha, como era o caso da França, um pessoal administrativo estabelecido, de tal maneira que tal pessoal especializado teve que ser formado nas universidades. Assim, enquanto as universidades francesas perdiam peso e influência, as univer-

---

[74] Vale lembrar o que Weber assinalava sobre este aspecto: "O próprio e específico da Reforma, em contraste com a concepção católica, é ter acentuado o matiz ético e acrescentado a prima religiosa concedida ao trabalho no mundo, racionalizado em 'profissão'. E a evolução do conceito esteve em íntima conexão com o desenvolvimento de formas distintas de piedade em cada uma das Igrejas reformadas" (WEBER, 1955, p. 91).

[75] Narodowski reforça a ideia dessa aliança entre poder pastoral e poder político quando afirma que "materializar a pansofia demanda urgentemente um ente supraescolar que coordene esses dois níveis do projeto [o nível geral da existência de escolas em todas as cidades e o nível particular da integração das crianças à escola] e que, além disso, consiga integrá-los, tanto um como o outro, quanto em suas ações internas. Em Comênio, existe apelação a um nível supraindividual e supraescolar, em virtude daquilo que o modelo de escolarização necessita: esse lugar de ente coordenador é, para Comênio, o Estado, dado que esse é o único estamento capaz de garantir seja simultaneidade das ações empreendidas, seja o ordenado deslocamento da massa escolarizável, de um nível para o outro" (NARODOWSKI, 2001, p. 93).

sidades alemãs "tornaram-se ao mesmo tempo lugares de formação desses administradores que deviam assegurar o desenvolvimento das forças do Estado e de reflexão sobre as técnicas a empregar para fazer crescer as forças do Estado (FOUCAULT, 2008a, p. 427), daí ter sido lá onde apareceu e se desenvolveu, como em nenhum outro lugar da Europa, uma ciência da polícia, a *Polizeiwissenschaft*. E talvez por esses mesmos motivos, a arte do ensino pode atingir seu limiar epistemológico e conformar a Didática.

Não surpreende, então, que fosse no espaço desses laboratórios microestatais onde aparecesse um texto como o *Tratado das funções do soberano* (1631) de Wolfgang Ratke, que no capítulo 2, "Sobre a edificação de escolas", afirmava o seguinte:

> 2. A edificação de escolas compete ao soberano?
>
> Sim, compete unicamente a ele e a todos os que têm ofício de alta autoridade. Tal empreendimento, sobre o qual somente a alta autoridade tem poder, pertence aos direitos gerais. Essa tarefa não cabe a nenhuma pessoa privada, pois esta não recebe a força e o poder de Deus e, assim, não deve atribuir-se o direito de uma obra de tal envergadura.
>
> 3. Não deve um soberano preocupar-se ainda mais com seu governo?
>
> *A edificação de escolas, que compete ao soberano, não é coisa de menor importância, mas é uma parte marcante de seu governo que ele deve cultivar*. Ele tem o poder de prover os recursos financeiros e disso segue que um soberano deve ter maior preocupação em desenvolver as escolas do que em realizar outras coisas. *Principalmente, porque todo seu governo depende e resulta da escola*. Cada dia, a escola assegura a perenidade do Estado. No que diz respeito à juventude, o governo deverá promover escolas por todo o país e, para isso, ele é responsável perante Deus e o mundo (RATKE, 2008 [1612-1633], p. 148, grifos nossos).

Essa parece uma sentença muito forte para seu momento; Ratke o sabia e, por isso, pergunta em seguida:

> 4. Tantas coisas atribuem-se à escola?
>
> Evidentemente, muitas coisas dependem da escola. A dizer a verdade, a edificação e a organização de escolas são as coisas mais importantes de toda a cristandade e as mais necessárias. Um soberano deve manter isso em seu coração porque ali está a felicidade e a salvação de todo seu país. É nas escolas, com efeito, que se formam as pessoas que serão capazes de ocupar os empregos espirituais e temporais. Disto nasce a utilidade marcante porque, sem tais pessoas, as profissões não podem subsistir e precisam submeter-se a contínuas mudanças. *A partir disso, pode-se realizar,*

coletivamente, uma grande transformação do governo (RATKE, 2008 [1612-1633], p. 149, grifos nossos).

O bom governo (governamento) é, então, a instrução da população. Só assim será possível a felicidade pública, a salvação de todos, de cada um e a prosperidade do reino. Com a constituição da razão do Estado, com o aparecimento dessa nova forma de governo, dessa razão governamental, no momento em que Senellart (2006) assinala como a passagem do *regimen* para o *regnum*, apareceu a instrução como a chave do novo poder. Usando e ampliando as análises de Senellart, poderíamos dizer que, se na emergência progressiva do *regnum* secular, desde o *regimen* religioso, o fim do governamento era "corrigir" (séculos V-XII), e se na incorporação do *regimen* pelo *regnum*, o fim do governamento foi "dirigir" (séculos XIII-XVII), então no momento da passagem do *regimen* para o *regnum* (século XVII), o fim do governamento foi, fundamentalmente, "ensinar".

Como têm assinalado alguns historiadores da educação (MELTON, 2002; HUNTER, 1998), a expansão do ensino foi um acontecimento inaugurado nos territórios reformados, mas logo atingiu, com efeitos similares, o lado católico. Segundo Varela, o jesuíta Juan Bonifacio (1538-1606), no seu *Christiani pueri institutio* dizia:

> De que depende, em último término, a felicidade dos povos, senão da boa formação da tenra idade? [...] O P. Andrés Mendo, S. J. Qualificador do Conselho da Inquisição e Leitor de Teologia e Sagrada Escritura em Salamanca, no documento I de *Príncipe perfeito e ministros ajustados. Documentos morais e políticos (1661)* repete quase as mesmas palavras quando escreve que a felicidade de um reino pende da educação da juventude. Outro jesuíta ilustre, o P. Pedro Ribadeneyra, insiste na mesma ideia, então já tão admitida, no *Tratado no qual se dá razão do Instituto da religião da Companhia de Jesús* (1605): "Todos os legisladores e varões graves que tratam do bom governo da República têm por primeiro e principal fundamento dele, a educação da juventude, fonte e raiz de todo o bem que se pode desejar (VARELA, 1983, p. 148).

No século XVIII e no marco das reformas políticas introduzidas pelos Borbones nos reinos da Espanha, um ministro do Rei Carlos III (1716-1788) afirmava enfaticamente:

> *A educação é o mais principal ramo da polícia*, o objeto mais interessante das sociedades políticas, e o que tem merecido toda a atenção dos legisladores. Sem educação não podem se felicitar os povos; o vício se estenderia por

todas as partes, as leis, a religião, a pública seguridade e a privada seriam violadas se não se procurasse desde o início inspirar à juventude as sanas ideias e obrigações próprias do cristão e do vassalo[76] (grifos nossos).

Instrução geral da população: das crianças, dos jovens, dos artesãos, dos pobres, em termos de Comênio, de "todos": "em geral para todos é preciso a cultura"; já não é só um assunto de "os que hão de dominar a outros como reis, príncipes, magistrados, pastores das igrejas e doutores"; também os "estúpidos", "para corrigir sua natural estupidez"; os inteligentes, "porque seu entendimento acordado, senão se ocupa em coisas úteis, buscará as inúteis, curiosas ou perniciosas"; os ricos, pois sem sabedoria "o que são senão porcos fartos de cascas de cereal?"; e os pobres sem inteligência das coisas "o que são mais que asninhos carregados? Do mesmo modo, os súditos devem estar ilustrados para saber prudente e sabiamente obedecer quem manda; não obrigados de modo asinino, senão voluntariamente pelo amor." Incluso às meninas é preciso instruir, pois "não existe nenhuma razão pela qual o sexo feminino deva ser excluído no absoluto dos estudos científicos" (COMENIUS, 1994a [1631], p. 22).

Além de colégios e universidades, a didática adquire, com Comênio, uma dimensão mais ampla como "arte de ensinar tudo a todos": Grande Didática. Mas no desenvolvimento e na acolhida da nova arte, no contexto do entusiasmo didático do momento, essa *magna* didática só será uma parte de algo ainda mais abrangente e magnífico: a *Pampædia*. Com esse nome, Comênio intitulou a parte quarta da sua obra (publicada depois da sua morte) *De Rerum Humanarum Emendatione Consultatio Catholica* (Consulta geral acerca da reforma, restauração ou melhora das coisas humanas), onde enfatiza sua proposta didática como necessidade geral de ensinar tudo, a todos, em todas as coisas e totalmente:

> *Tudo* aqui significa uma cultura universal, mediante a qual se procura conseguir o que é possível para garantir o maior esplendor ao homem, imagem de Deus [...]
>
> *Todos*, a saber, as nações, os estados, as famílias e pessoas, sem exceção, porque todos são homens e todos têm ante se a mesma verdade eterna [...]
>
> *Todo em todas as coisas*, a saber, todo o que for preciso para que o homem possa ser sábio e feliz [...]

---

[76] *Vide*: Archivo Geral da Nação (Colômbia). Fondo Instrução Pública, Anexo, Tomo IV, fol. 354r.

> *Totalmente*. Isto é, em relação com a verdade, pela qual cada um, retamente formado, seguindo o caminho reto, escape aos precipícios do erro (COMENIO, 1992 [1657], p. 41).

Considero que na *Didática Magna*, mais particularmente na *Pampédia*, fica desenhada não a utopia pedagógica moderna, mas a própria utopia da Modernidade clássica, isto é, uma sociedade do ensino, uma sociedade em que tudo se deve ensinar para que todos apreendam; uma sociedade que é pensada como uma grande escola:

> Do mesmo modo que o mundo inteiro é uma escola para todo o gênero humano, desde o começo até o fim dos tempos, para todo o gênero humano, cada idade de sua vida é uma escola, desde o berço até o túmulo. Já não basta, portanto, repetir com Sêneca: *não há nenhuma idade que seja demasiado tardia para aprender*, mas o que tem que dizer é: todas as idades estão destinadas a aprender e, os mesmos limites são colocados ao homem para viver que para estudar (COMENIO, 1992 [1657], p. 105).

Assim, enquanto na *Didática Magna* a escola era uma etapa na vida (etapa que compreendia desde o nascimento até a juventude, isto é, desde recém-nascido até os 24 anos) e culminava na Academia, na sua *Pampédia* "A vida presente é toda ela uma escola propedêutica, onde nos preparamos para a Academia eterna" (COMENIO, 1992 [1657], p. 311). Uma *panscolia*[77] que agora envolve "oito escolas" que vão do berço até o túmulo: escola de formação pré-natal, escola da infância, escola da puerícia, escola da adolescência, escola da juventude, escola da idade adulta, escola da velhice e, posteriormente, ao fim do seu texto, inclui uma oitava, a escola da morte:

> A primeira escola estará no mesmo lugar em que nascem os homens; a segunda, em cada casa; a terceira em cada aldeia; a quarta em cada cidade; a quinta em cada reino ou província; a sexta por todo o mundo; a sétima em qualquer lugar onde vivam os homens mais longevos. As duas primeiras poderão chamar-se de escolas privadas, porque seu cuidado incumbe unicamente aos pais; as três escolas intermediárias são escolas públicas, colocadas sob a inspeção pública da Igreja e dos magistrados; as duas últimas são pessoais, uma vez que cada um alcançou o grau de madureza, pode e deve ser ele mesmo artífice da sua própria sorte, não dependendo senão de Deus e de si mesmo (COMENIO, 1992 [1657], p. 108).

---

[77] Com este termo – utilizado como titulo do seu capítulo V da *Pampédia* – Comênio enfatiza sua concepção da vida terrena como uma escola ou um conjunto de escolas consecutivas destinadas a preparar para a vida eterna no reino dos céus.

Sobre a escola da morte, Comênio argumenta que uma coisa é a morte feliz (ou eutanásia) e outra é a velhice, por isso é preciso saber a arte de morrer bem e felizmente, mas não aprofunda nesse aspecto e ainda que classifique esse tema como o capítulo XV da sua obra póstuma, somente dedica uns parágrafos e remete, para saber mais sobre aquela arte de bem morrer, ao texto de Nathan Chytraeus[78] intitulado *última viagem*.

A "escola pré-natal" está dirigida aos pais sobre os primeiros "cuidados com o homem no próprio seio materno" e divide-se em três classes: a primeira classe adverte sobre a idade propícia para o matrimônio: nem demasiado crianças ou adolescentes, nem muito maiores, pois se trata de procriar uma sã e forte prole. A segunda classe incita aos pais para, uma vez casados, procurar uma robustez natural mediante uma saudável alimentação, trabalho e temperança para não prejudicarem os seus filhos. A terceira classe indica os cuidados da mãe durante o tempo da gestação.

A "escola da infância na casa materna" está justificada no fato de a criança nascer ignorante e precisar, portanto, de instrução em todas as coisas. Os objetivos dessa primeira instrução devem ser: acordar as "áscuas divinas" escondidas no corpo da criança; preservar para que a própria força da natureza não se desvie para coisas vãs e perniciosas; ensinar as coisas verdadeiramente úteis para esta vida e a vida futura.

A "escola infantil" tem como fins: desenvolver o sistema motor, incluídos os olhos para ler e escrever, a língua para pronunciar rapidamente as coisas lidas e as mãos para escrever e desenhar; encher os sentidos de objetos para poder adquirir o conhecimento das coisas de todo o universo; iniciar o uso da razão mediante os primeiros elementos das artes, dos rudimentos dos costumes e os fundamentos da piedade. Para atingir esses objetivos, Comênio estabelece seis classes com seus respectivos programas compendiadas num livro. Estas classes são:

> Estrela das letras (*Tirocinium literarium*)
> O orbe dos sentidos (*Orbis sensualium; Lucidarium*)
> Ética infantil, inferida das coisas sensíveis e da análise da natureza humana.
> Epítome da história bíblica.
> Medula bíblica, que contenha, de maneira muito simples, um resumo das coisas que têm que crer, fazer e esperar.

---

[78] (1543-1598) Humanista alemão, poeta e professor de latim em *Rostock*.

Coleção de adivinanzas (*Sphinx puerilis*) (*Hirnschleifer*) (COMENIO, 1992 [1657], p. 216).

A "escola da adolescência" consta de seis classes: gramática, física, matemática, ética, dialética e retórica (as mesmas assinaladas na *Didática Magna*) e devem-se ensinar, fundamentalmente, três coisas: as línguas, as artes e os costumes. O seu objetivo será:

> Conseguir ordenar as noções recolhidas pelos sentidos para uma utilização mais plena e mais clara do raciocínio. Isto se deve a que a dignidade do homem está por cima da dos animais pela razão. Portanto, é preciso cultivar diligentemente a razão para que nos afastemos o mais possível dos animais e nos aproximemos quanto seja possível aos anjos (COMENIO, 1992 [1657], p. 248).

A Academia ou "escola da juventude" é, segundo Comênio: (1) um concílio permanente de sábios; (2) uma coleção de livros de toda espécie; e (3) uma oficina de sabedoria onde se trabalha com "exercícios sérios, concretos e contínuos". Consta, por sua vez, de três classes ou estudos acadêmicos: *Pansófica*, ou síntese harmoniosa do conhecimento das coisas sensíveis, intelectuais e da fé; *Pambíblica* ou percurso pelas bibliotecas para que o aluno conheça não somente os autores da faculdade que frequenta mas também outros; *Panetoímica* ou *Panepistemônica*, em que se realizará a aplicação prática da *pansofia* com várias e continuadas experiências, mas também o momento de examinar os estudantes sobre o significado de cada coisa, os argumentos com os quais se prova a forma como resolve os distintos problemas que se lhe colocarão. Igualmente à *Didática Magna*, nessa escola as viagens constituem parte importante da formação e a elas dedica uma parte especial sob o título de *apodemia*.[79]

À "escola da idade adulta" correspondem tem três graus[80]: aqueles que entram na idade adulta e começam a escolher a sua profissão, aqueles

---

[79] Viagem para conhecer terras distantes; também uma espécie de autoexílio.

[80] O leitor haverá notado a persistente divisão triádica utilizada por Comênio. Sobre esse aspecto, Gasparin (1998) assinala: "A trilogia é uma característica de todo o pensamento comeniano. É uma visão de mundo que concebe, analisa e trabalha toda a realidade na perspectiva do triádico. Ela está presente quando se refere ao mundo sobrenatural, bem como ao tratar do mundo intelectual e do mundo prático. Este modelo triádico da análise da realidade tem como sua base primeira o pensamento cristão. O fundamento de tudo não se encontra em Deus como "Ser Primeiro", mas em Deus como "Ser Trinitário". Desta forma, procura encontrar as propriedades de Deus na sua obra, na natureza e no homem." (p. 87). O historiador medievalista Duby mostrou a importância da figura triangular nas representações mentais da Idade Média e concluiu que devido a que "resistiu a todas as pressões da história" pode ser considerada como "uma estrutura" (DUBY, 1994, p. 16).

que já estão no exercício da sua profissão e os que estão chegando ao fim da sua atividade na vida. Essa escola é mais livre, pois não está sujeita a livros nem a mestres; a profissão será para cada um sua escola, e cada um deve se converter em mestre, livro e escola para prover de exemplos a seus próximos. Diz Comênio:

> A vida toda é uma escola, como temos visto nos capítulos anteriores. Portanto, deve ser também uma escola a parte central da vida, que se desenvolve no pleno vigor das forças e também, de um modo especial, esta parte da vida deve ser uma escola, porque as idades anteriores e suas escolas correspondentes eram degraus para chegar a esta, onde, não progredir seria retroceder, sobre todo porque ficam coisas por aprender. E nesta idade e nesta escola já não deve aprender-se com meros ensaios, mas com ações sérias (COMENIO, 1992 [1657], p. 281).

Por último, está a "escola da velhice", cuja meta é conseguir que toda a vida seja boa na medida em que seu remate seja bom. Assim, nessa escola deve-se ensinar aos idosos a desfrutar da vida passada, a obrar retamente no que lhes resta de vida e a rematar de forma honesta a vida mortal para ingressar alegremente na vida eterna.

Até aqui tenho somente esboçado, de forma muito geral, cada uma das escolas às quais Comênio dedica grande parte da sua *Pampédia* detalhando cada uma das suas classes, os programas a seguir, os livros adequados para cada uma, as metas e até os métodos que devem seguir-se para atingir os propósitos. Por isso, ela pode ser considerada como outra "magna" arte:

> A arte de implantar a sabedoria nas mentes, nas línguas, nos corações e nas mãos de todos os homens. Com esta intenção no frontispício desta obra colocamos um símbolo extraído da arte do enxerto: os enxertadores escolhem na árvore da pansofia as gemas e as enxertam em novas árvores, ávidas de lotar com pequenas árvores de natureza semelhante todo o jardim de Deus, a saber, o gênero humano (COMENIO, 1992 [1657], p. 45).

Arte magna e, enquanto magna, é sua tarefa: que todos aprendam, tudo e totalmente. E para que não fique dúvida sobre o que isso significa, Comênio esclarece:

> 2. Este desejo de educação universal deve trazer-nos às mentes aquela classificação perfeita que costuma fazer-se nas ideias (Nada, Algo, Tudo), o que nos servirá para que nossa aspiração e o motivo dessa aspiração se tornem mais claros.

3. Neste assunto, *Nada* significaria *nenhuma educação* tal como o contemplamos horrorizados nos povos selvagens, onde, míseros mortais, nascem, vivem e morrem como animais.

4. *Algo* aqui significaria uma certa educação, isto é, dada sobre uma ou outra matéria, tal como acontece nas nações mais desenvolvidas, que ensinam determinadas ciências, artes, línguas e outras disciplinas.

5. *Tudo* aqui significaria uma cultura universal, mediante a qual se procura conseguir tudo o que é possível para garantir o maior esplendor do homem, imagem de Deus.

6. Este desejo ou aspiração se resume em três coisas: em primeiro lugar, o que se deseja é formar para a plenitude humana, não a um indivíduo nem a poucos nem sequer a muitos, mas a todos e cada um dos homens, jovens e idosos, ricos e pobres, nobres e plebeus, varões ou mulheres. Resumindo: a quantos hajam nascido homens, para que o gênero humano todo, de qualquer idade, condição, sexo ou nacionalidade, venha a ser educado.

7. Em segundo lugar, se deseja que todos os homens sejam educados integralmente. Não numa matéria nem em poucas coisas nem sequer em muitas, mas em todas aquelas que aperfeiçoam a natureza humana, para que assim todos sejam retamente formados e integramente educados e saibam reconhecer o verdadeiro e não se deixem enganar pelo falso; a amar o bom sem deixar-se seduzir pelo ruim; a fazer o que se deve fazer e se preservar do que se deve evitar; a falar sabiamente de todas as coisas, de todo e com todos sem ter que emudecer jamais; por último saber atuar sempre com prudência e não temerariamente, com as coisas, com os homens e com Deus e assim não afastar-se jamais do objetivo da felicidade.

8. E que isso seja feito universalmente. Não para pompa e brilho exterior, mas para atingir a Verdade. Para fazer que todos os homens sejam conformes, o mais possível, à imagem de Deus, segundo a qual foram criados, isto é, verdadeiramente racionais e sábios, verdadeiramente ativos e animosos, verdadeiramente íntegros e honestos, verdadeiramente piedosos e santos e, portanto, felizes e bem-aventurados agora e sempre (COMENIO, 1992 [1657], p. 41).

Com a arte *pampédica*, a *Didática Magna* passa a ser uma parte – certamente importante, mas não única – de um projeto mais amplo e abrangente que buscava "sujeitar" o indivíduo (o homem), desde o berço e até o túmulo, a um regime disciplinar baseado em um ensinar e aprender constante, permanente e por toda a vida, condição para a plena realização humana e para sua salvação eterna. Comênio deixou, assim, desenhado o mapa educativo pelo qual ainda hoje as nossas sociedades continuam se orientando. É o mapa da vida como uma escola permanente, da vida como um permanente aprender e ensinar. A Modernidade inventou essa necessidade de ensiná-lo todo a todos e de aprender desde o momento de nascer, durante a vida toda e até o momento da morte. A sociedade moderna, como uma *panscolia*, vertigem didática que levou a pensar e tratar o ser humano como um *animal disciplinável*, quer dizer, um animal com uma especial disposição para ser ensinado, e, portanto, para aprender.

O *Homo docibilis*: animal disciplinável

Além dos trabalhos de Foucault sobre a governamentalidade, as elaborações de Norbert Elias (1987) sobre a *sociogênese* e *psicogênese* do processo civilizatório ocidental constituíram um ponto de referência particularmente importante para pensar o que tenho denominado como a constituição de uma "sociedade educativa" e de um *Homo educabilis*. A primeira poderia ser lida na chave do processo civilizatório, enquanto se poderia assemelhar o segundo ao *Homo clausus* ou indivíduo moderno construído como parte desse processo. Em particular, dois aspectos do trabalho de Elias chamaram minha atenção e serviram-me para pensar os desenvolvimentos implicados nesta pesquisa: a implementação de uma perspectiva de longa duração (entendida por ele em termos de uma evolução social) para a análise das transformações da sociedade Ocidental moderna e a análise do indivíduo moderno como resultado de "uma regulação cada vez mais diferenciada do conjunto do aparato psíquico" (ELIAS, 1987, p. 452).

Para Elias, a análise de longa duração é justificada na medida em que as mudanças que ele percebe tanto no conjunto da sociedade quanto nas estruturas emotivas e de controle dos seres humanos mantêm uma única direção ao longo de uma série de gerações. Enquanto essa direção particular é considerada em função de um aumento no grau de diferenciação e integração, Elias fala de uma evolução. Mas esclarece que se diferencia da ideia metafísica que vincula o conceito de evolução à ideia de uma necessidade mecânica ou a uma finalidade teleológica e, ao contrário, assinala que:

> A evolução social geral da que aqui tomamos uma das suas manifestações centrais, uma onda secular de integração progressiva, um processo de construção do Estado, com o processo complementar de uma diferenciação também progressiva, é uma mudança de composição que, considerado ao longo prazo, no seu ir e vir, nos seus movimentos progressivos e

regressivos, mantém sempre uma única direção ao longo de muitas gerações. Esta mudança estrutural orientada pode demonstrar-se como tal fato que é, com independência da valoração que se lhe dê (ELIAS, 1987, p. 12).

As análises de Foucault tomam outra direção. Ainda que fale de movimentos seculares, de longos processos de "desenvolvimento e afinamento",[81] não se poderiam ler à maneira de processos "evolutivos", no sentido de processos de diferenciação gradual que segue uma única direção determinada. Se tomarmos, por exemplo, o caso dos problemas estudados nos seus cursos *Segurança, Território, População* e *Nascimento da biopolítica*, ainda que resulte evidente uma determinada continuidade entre o que ele denomina de sociedade de soberania, sociedade de disciplina e sociedade de governamento, não existe entre elas uma diferenciação gradual que siga determinada direção. Porém, não se trata de acontecimentos completamente diferentes ou de rupturas radicais: uma forma é condição da outra e sua emergência não implica, necessariamente, um apagamento da anterior, pois até coexistem e funcionam simultaneamente. Ele mesmo assinala:

> De sorte que as coisas não devem de forma nenhuma ser compreendidas como a substituição de uma sociedade de soberania por uma sociedade de disciplina, e mais tarde de uma sociedade de disciplina por uma sociedade, digamos, de governo. Temos, de fato, um triângulo – soberania, disciplina e gestão governamental (FOUCAULT, 2008a, p. 142).

É claro que a genealogia não é a análise da "evolução" de práticas, técnicas ou dispositivos de poder: é a análise da sua emergência, da sua procedência e das distintas forças que as informam e direcionam em determinados sentidos e segundo determinadas táticas e estratégias. Mas os estudos de Elias e Foucault não são incompatíveis e, devido à similitude no período e nas temáticas trabalhadas por ambos os pesquisadores, podem resultar complementares em alguns de seus aspectos. No campo da análise da constituição e desenvolvimento da escola moderna, Varela e Alvarez-Uría (1983, 1991, 1995) têm mostrado algumas das possibilidades da utilização das ferramentas e resultados desses dois autores.

---

[81] "Creio que se forma, assim, com essa institucionalização de uma religião como Igreja, forma-se assim, e devo dizer que muito rapidamente, pelo menos em suas linhas mestras, um dispositivo de poder que não cessou de se desenvolver e de se aperfeiçoar durante quinze séculos, digamos desde os séculos II, III depois de Jesus Cristo, até o século XVIII da nossa era" (FOUCAULT, 2008a, p.196).

No caso particular deste trabalho, considero úteis as contribuições de Elias para compreender aquilo que tenho denominado de "sociedade educativa" e de *Homo educabilis*. Com já disse no primeiro capítulo, acredito que, desde a Modernidade clássica (século XVII) até hoje, assistimos a um processo de constituição de uma sociedade na qual ensinar e aprender foram atividades-chave para o governamento da população. Trata-se de um processo no qual é possível diferenciar, pelo menos, três momentos particulares: um primeiro que tenho chamado de "sociedade do ensino", constituído a partir dos séculos XVI e XVII e outro denominado, seguindo outros autores, "sociedade da aprendizagem" cujo aparecimento aconteceu nos primórdios do século XX. Também nesse processo é possível identificar três formas de ser do sujeito moderno, esse que Elias chama de *Homo clausus*: a primeira delas, correspondente ao momento da "sociedade do ensino" é a que denominei de *Homo docibilis*; a segunda forma, que corresponde ao "Estado educador" ou "sociedade educadora", é a que nomeei de *Homo civilis*; e a terceira, vinculada à "sociedade da aprendizagem" é a que nomeei de *Homo discentis*. Mas, de maneira geral e desde a perspectiva aqui adotada, entendemos o *Homo clausus* de Elias como um *Homo educabilis*, isto é, como um sujeito definido por sua capacidade para ser instruído, educado, formado e por sua habilidade para aprender, características que não resultam incompatíveis com a capacidade de autocoação, autogovernamento e controle emocional que Elias encontra no indivíduo moderno; pelo contrário, são estas últimas fundamento (e resultado ao mesmo tempo) da instrução, educação, formação ou aprendizagem.

Em sentido geral, tanto no *Homo educabilis* quanto no *Homo clausus*:

> Tais controles individuais e automáticos, que têm sua origem na vida comum, por exemplo, no "pensamento racional" ou a "consciência moral", se intercalam de modo mais forte e firme que nunca entre os impulsos passionais e afetivos de um lado e os músculos do outro e impedem com sua maior força que os primeiros orientem os segundos, isto é, à ação, sem uma permissão dos aparatos de controle (ELIAS, 1989, p. 41).

Nos termos de Foucault, trata-se da constituição da "alma" moderna pela ação de determinada tecnologia de poder sobre o corpo, daí que:

> Não se deveria dizer que a alma é uma ilusão, ou um efeito ideológico. Porém, sim que existe, que tem uma realidade, que está produzida permanentemente em torno, na superfície e no interior do corpo pelo funcionamento de um poder que se exerce sobre aqueles que se castiga,

de uma maneira mais geral sobre aqueles que se vigia, se educa e corrige, sobre os loucos, as crianças, os colegiais, os colonizados, sobre aqueles que se sujeitam a um aparato de produção e se controla ao longo de toda a sua existência. Realidade histórica dessa alma, que à diferença da alma cristã, não nasce culpável e castigável, mas que nasce de procedimentos de castigo, de vigilância, de pena e de coação [...] Sobre essa realidade-referência se tem construído conceitos diversos e se tem delimitado campos de análise: psique, subjetividade, personalidade, consciência, etc.; sobre ela se tem edificado técnicas e discursos científicos; a partir dela, se tem dado validez às reivindicações morais do humanismo (FOUCAULT, 2001, p. 3).

Porém, as razões e os procedimentos para gerar os controles individuais são diferentes no caso do *Homo docibilis* e do *Homo discentis*, particularmente porque os saberes e as práticas sobre os quais se constituíram não são os mesmos. A Didática e a *polícia* deram forma ao primeiro, enquanto a Psicopedagogia (francófona e anglo-saxônica), no desdobramento da governamentalidade liberal – como se mostrará em próximo capítulo – formou o segundo.

Docilidade e disciplina

A palavra dócil é derivada do termo latim *doceo* que significa "fazer aprender, ensinar" (MEILLET, 1951). Segundo o dicionário etimológico de Roquefort (1829), *docile* se refere à capacidade de receber instrução, mas também a quem é doce e obediente ou se deixa governar; *docilité* é a qualidade de voltar dócil, submisso ou próprio para ser instruído; também quer dizer disposição para a obediência. Erasmo e Vives já tinham explorado esse conceito nos seus textos. O flamengo, no seu *De pueris statim ac liberaliter instituendis*, tinha assinalado que:

> Apenas existe disciplina para a qual o homem não nasça mais ou menos dócil, se se insiste nos seus preceitos e na sua prática [...]
>
> Para essas coisas pequenas [o hábito de boas obras nas crianças] tem docilidade maior a idade tenra que por sua própria natureza é flexível para qualquer posição, porque ainda não está afetada por aqueles vícios que se compraz em reproduzir se algum se lhe põe diante [...]
>
> Esse afã de mimetismo pode proporcionar a primeira conjectura do seu engenho e da sua docilidade. Assim que o homem nasce, tem atitude imediata para aprender moralidade. E logo que começarem a falar, já é hábil para aprender letras. A principal razão consiste em que possui docilidade (ERASMO, 1956c, p. 936).

Por sua parte, Vives, no seu *Tratado da alma*, também utiliza o termo no mesmo sentido de Erasmo:

> Não lhe basta ao mestre saber bem a disciplina que professa se não pode explicá-la com soltura e não a completa com arte e habilidade. Com tais qualidades um discípulo dócil chegará a obter rápido uma notável instrução. Ajuda à docilidade a diligente atenção, quando o ânimo está completamente absorto no que vê e ouve, sem se torcer nem se afastar com outros pensamentos (VIVES, 1948b [1538], p. 1208).

Comênio continuou nessa linha; porém, falou do homem especificamente como um "animal disciplinável"[82] e por tal termo nós temos que entender duas coisas: de uma parte, e num sentido mais amplo, que – como esclarece Buisson (1911) no verbete correspondente ao termo "disciplina" – diferente dos outros animais nos quais a disciplina é para deformar sua natureza, no homem a disciplina é a condição para formar seu caráter e, assim, desenvolver a sua natureza; de outra parte, é preciso entender a *disciplinabilidade* como docilidade, isto é, como a qualidade de ser dócil, uma capacidade para aprender e ser ensinado vinculada à obediência e submissão.

Considero essas precisões da maior importância na medida em que permitem estabelecer as particularidades do processo de constituição do sujeito moderno definido aqui, em termos gerais, como um *Homo educabilis*. É claro que podemos falar do sujeito moderno como um sujeito educável, mas essa *educabilidade* nem sempre foi entendida do mesmo jeito, isto é, não obedeceu a uma mesma formação discursiva nem foi constituída ou desenvolvida através do mesmo tipo de práticas. Daí que o animal disciplinável de Comênio não é o animal "formável" (ou educável) de Herbart,[83] ainda que ambos possam ser entendidos como formas do *Homo educabilis*.

---

[82] A edição portuguesa da Didática Magna, preparada pela Fundação Calouste Gulbenkian, 2001, traduz o parágrafo de Comênio em questão, assim: "Por isso, e não sem razão, alguém definiu o homem um 'animal educável', pois não pode tornar-se homem a não ser que se eduque" (Cap. VI). Entretanto, a versão espanhola (de Editorial Porrúa, 1994) e a brasileira (de Martins Fontes, 2002) coincidem no emprego das palavras "disciplinável" e "disciplina" que aqui se consideram mais apropriadas. Textualmente elas dizem: "De aquí se deduce que no definió mal al hombre el que dijo que era un Animal disciplinable, pues verdaderamente no puede, en modo alguno, formarse el hombre sin someterle a disciplina" (COMENIUS, 1994a [1631], p. 20). "Por isso, e não sem razão, alguém definiu o homem como animal disciplinável, porque ninguém pode tornar-se homem sem disciplina" (COMENIUS, 2002 [1631], p. 71).

[83] No seu *"Bosquejo para un curso de Pedagogía"*, versão castelhana, Herbart escreveu: *"El concepto fundamental de la pedagogía es la educabilidad del alumno. Observación. El concepto de educabilidad (ductilidad,*

Para os nossos ouvidos contemporâneos a palavra "disciplina" tende a ser entendida no sentido de rudeza, severidade, punição e, talvez por isso, o tradutor português tenha trocado a palavra "disciplinável" por "educável", mas devemos lembrar que Comênio está submerso na tradição da *Paidéia* cristã e, como mostramos anteriormente, a disciplina ocupou nela um lugar central. Também é preciso lembrar a mudança introduzida por Tomás de Aquino na concepção da disciplina, mudança descrita como uma passagem do rigor para a docilidade, ou seja, de uma concepção centrada na ideia da carne corrupta que precisa ser reprimida (Santo Agostinho) para outra na qual se enfatiza a "natureza perfectível" do homem e, portanto, sua *docilidade*, isto é, sua capacidade de aprender e ser ensinado.

Trata-se de uma dulcificação da disciplina da qual se busca afastar sua grande carga punitiva e seus efeitos aflitivos. Comênio chega a falar de uma *schola ludus*,[84] de um *universalis ludus*[85]: "Que os homens aprendam tudo com prazer" (COMENIO, 1992 [1657], p. 153). Daí que afirme: "Não se castigue com azotes por causa do ensino; (Pois se não se aprende não é culpa senão do preceptor, que ou não sabe, ou não procura fazer dócil ao discípulo" (COMENIO, 1994a [1631], p. 80). Anos antes, Ratke já tinha assinalado a mesma ideia nos seus artigos sobre os fundamentos da sua arte de ensinar:

> Tudo, sem coerção. Não se deve bater na juventude para obrigá-la a aprender. Há outros meios a utilizar. Daí resulta que, com a opressão e as batidas, a juventude adquire desgosto do estudo e se torna hostil

---

plasticidad) es de más vasta extensión. Se extiende casi hasta los elementos de la materia. Experiencialmente se le puede seguir hasta en aquellos elementos que intervienen en el cambio material de los cuerpos orgánicos. De la educabilidad volitiva se hallan rastros en las almas de los animales más nobles. Pero la educabilidad de la voluntad para la moralidad sólo la reconocemos en el hombre" (HERBART, s/d [1835], p. 9). Mas, a palavra original utilizada por Herbart é *bildsamkeit* derivada de *bild* (forma) *bildung* (geralmente traduzida por "formação"), *bildsam* (moldeable) e diferente de *Erziehung* que podermos traduzir por educação. Segundo Garcia (1989), para a grande maioria dos especialistas alemães, a formação seria o fim do processo educativo e a educação uma via para atingir esse fim. Por tais razões, seria mais preciso traduzir *formabilidade* no lugar de *educabilidade*.

[84] "*Espontaneidade*", para que ao aprendê-lo todo suavemente e alegremente como se fosse uma brincadeira, se possa dizer que todo o processo de educação é a *escola de brincadeira* ("*schola ludus*") (COMENIO, 1992 [1657], p. 141).

[85] "Toda escola pode se converter num lugar universal de brincadeira (*universalis ludus*) se nos ocuparmos em organizar reta e saudavelmente os instintos naturais quando começam a se manifestar" (COMENIO, 1992 [1657], p. 159).

ao ensino. É também contra a natureza [...]. A inteligência humana é feita assim: o indivíduo deve aprender com alegria (RATKE, 2008 [1612-1633], p. 49).

Em outro parágrafo sobre o método da arte de ensinar, Ratke insiste neste ponto: "O intelecto do ser humano é feito assim: quer e deve ser livre e ativo para tudo o que deve captar. Tudo o que ele faz sem alegria e por pressão enfraquece sua natureza, sua sensibilidade, suas forças e não guarda bem" (p. 96).

No ensino tudo deve ser fácil e prazeroso, mas para isso, é preciso primeiramente voltar submisso e obediente ao aluno, pois só assim poderá ser ensinado e aprender. No primeiro fundamento "para ensinar e aprender com facilidade" diz Comênio:

> [...] agem como inexperientes aqueles que, encarregando-se da formação de crianças já crescidas e de adolescentes, não começam pela educação moral, para que, domando-lhes as paixões, os tornem aptos para as restantes coisas. É bem sabido que os domadores primeiro domam o cavalo com o freio e tornam-no obediente e só depois lhe ensinam a tomar esta ou aquela posição. Sêneca disse com razão: "Primeiro aprende a moral e depois a ciência, pois esta aprende-se mal sem aquela" [2]. E Cícero escreveu: "A filosofia moral prepara os espíritos para receber a boa semente" [3] (COMENIUS, 2001 [1631], p. 80).

A docilidade implica, então, submissão e obediência, que devem ser adquiridas como parte de um processo de disciplinamento, cuja meta final é o domínio de si mesmo:

> Mas como as crianças não possuem (pelo menos não todas) um juízo sólido e racional, será de grande ajuda ensinar-lhes a fortaleza e o domínio de si, habituando-as a fazer mais a vontade dos outros que a sua, ou seja, a obedecer imediatamente aos superiores em todas as coisas (COMENIUS, 2002 [1631], p. 265).

Se disciplina é, finalmente, autocontrole, este só pode ser atingido como parte de um processo (educativo), que por sua vez tem alicerces na submissão e obediência, e estas duas não são simplesmente o efeito da repressão ou coerção dos adultos, mas sim a condição para que a criança aprenda o domínio de si; isso significa que são condição para atingir o autocontrole e autogovernamento. No momento de obedecer ao adulto, a criança não só está submetendo-se; também e, principalmente, está adquirindo a fortaleza necessária para, mais tarde, governar-se, pois, como afirma Comênio: "Para adquirir fortaleza, é preciso vencer-se a si mesmo" (COMENIUS, 2002 [1631], p. 265).

Foucault já tinha estabelecido essa relação entre disciplina, docilidade, utilidade e obediência em várias partes do seu livro *Vigiar e Punir*:

> A esses métodos que permitem o controle minucioso das operações do corpo, que garantem a sujeição constante das suas forças e lhes impõem uma relação de docilidade-utilidade, é o que se pode chamar de "disciplinas".
>
> O momento histórico das disciplinas é o momento em que nasce uma arte do corpo humano, que não tende unicamente ao aumento das suas habilidades, nem tampouco a fazer mais pesada a sua sujeição, mas à formação de um vínculo que, no mesmo mecanismo, o faz tanto mais obediente quanto mais útil.
>
> A disciplina aumenta as forças do corpo (em termos econômicos de utilidade) e diminui essas mesmas forças (em termos políticos de obediência) (FOUCAULT, 2001, p. 141-142).

Porém, são os estudos de Melton (2002) e Hunter (1998) que oferecem uma visão detalhada do processo de constituição do indivíduo moderno a partir da análise do funcionamento da disciplina no processo de escolarização de amplas camadas da população europeia, nos séculos XVII e XVIII. Eles salientam a importância da "pedagogia cristã" nesse processo, cujo resultado apontava para a conformação de um sujeito capaz de se preocupar pela própria conduta, de exercer uma autocoação, de se "autogovernar". Uma das contribuições interessantes desses autores para a presente análise tem a ver com as antinomias identificadas por Melton (2002) no funcionamento da "pedagogia Pietista" na Prússia e na Áustria, antinomias que remetem àquilo que denominou de paradoxo constitutivo da Modernidade educativa: Melton assinala que a pedagogia Pietista, nos territórios tanto reformados quanto nos católicos que ele analisa, usou e evitou simultaneamente a coerção na procura de garantir a "autodisciplina" e a autonomia dos indivíduos, quer dizer, buscou a autonomia e a "autocoerção" dos indivíduos, no mesmo movimento em que garantia o controle sobre eles.

A concepção pedagógica de August Hermann Francke (1663-1727), líder do movimento de reforma social nos territórios germânicos do norte e impulsionador da educação popular, expressa claramente a chave da nova arte do ensino: "a mera obediência externa, como a piedade aparente, não eram suficientes. O súdito de um lorde ou de um governante tem que obedecer voluntariamente e desde a íntima convicção, ainda na frente de um senhor ou governante injusto" (MELTON, 2002, p. 40). Nesse sentido, a "pedagogia Pietista" (baseada na didática de Ratke e Comênio) contribuiu para a "subjetivação da coerção transferindo sua localização de fora para o interior do indivíduo" (MELTON, 2002, p. 42).

Trata-se de uma economia do poder que, ao deslocar a autoridade exterior para o interior do indivíduo, procurou uma maior eficiência e eficácia no controle dos sujeitos; economia do poder atingida num amplo e lento, mas cada vez mais abrangente processo de disciplinarização da população operada sobre as bases da Didática (de Ratke e Comênio), no interior das escolas e sob o propósito de construir um sujeito dócil, isto é, submisso e obediente num primeiro momento, mas depois, capaz de controlar sua própria conduta, segundo determinados princípios (da ordem religiosa ou civil). Nos termos de Hunter:

> [...] o objeto dessa pedagogia pastoral não foi produzir operários dóceis ou autômatos sociais. No lugar disso, tal como temos visto, foi formar as capacidades requeridas para que os indivíduos se comportassem como pessoas auto-reflexivas que se governassem a si mesmas [...]. Ao criticar a pedagogia por fracassar em converter as disciplinas da liberdade reflexiva em disciplinas livremente refletidas (e ao aspirar a esta meta por si mesma), a crítica educativa não consegue compreender que as capacidades da pessoa reflexiva emergem só depois que os indivíduos têm sido iniciados nas artes da autopreocupação e da autorregulação [...]. Em resumo, ao transmitir as disciplinas da autopreocupação ética e do trabalho ético à vida cotidiana da população laica (ao criar o que Weber chamava de um "ascetismo secular"), a pedagogia cristã foi um meio pelo qual grandes setores da população européia começaram a se comportar como pessoas reflexivas... (HUNTER, 1998, p. 83).

Essa perspectiva de Hunter (e de Melton) deixa claro que não se tratou de uma simples "domesticação" da população para sua melhor exploração. Tratou-se, sim, de uma mais sofisticada extração e utilização das forças do indivíduo em função de um melhor governamento ou, em termos de Foucault, em função de uma economia do governamento; ou seja, "governar menos para governar mais". Essa economia do governamento teve como apoio uma redefinição da disciplina: abrandamento, dulcificação operada no interior de uma nova arte. Desbloqueio da disciplina sob a forma do ensino; arte do ensino como uma das formas modernas da arte de governar.

Ensino e docilidade

O processo civilizatório, segundo afirma Elias, significou uma progressiva organização mental que levou o indivíduo a mudar as formas de se comportar e pensar:

> Para poder se sustentar como adulto nas sociedades de tal estrutura, para poder cumprir nelas uma função de adulto, satisfatória tanto para o indivíduo quanto para a sociedade, é preciso uma muito alta medida de previsão e de contenção dos impulsos momentâneos para alcançar objetivos e satisfações a longo prazo... Em outras palavras, se requer uma alta medida de contenção auto-regulada dos afetos e pulsões (ELIAS, 1998, p. 433).

No entanto, esse controle não é próprio da "natureza humana"; é um sofisticado aparato psíquico construído na relação entre os homens, quer dizer, no processo de socialização. Nesse sentido, poderíamos dizer que é também um produto da educação. Como nenhum outro sujeito na história, os seres humanos, nas complexas sociedades modernas, precisaram de uma educação especializada. Mas se poderia dizer também que as sociedades modernas existiram porque os indivíduos foram submetidos a um exigente e especializado processo educativo.

A escola foi esse lugar especializado na construção do novo tipo de sujeito, como espaço de confinamento das crianças para a instrução, esclarecimento e civilização, que funcionou a partir de um programa complexo de normas para a distribuição e controle de atividades em diferentes momentos e espaços. Horários e calendário escolar não foram apenas formas de distribuição do tempo, mas *cronossistemas* complexos capazes de modificar, alterar ritmos circadianos, criando novas dinâmicas que as crianças aprendiam na sua experiência escolar:

> Os códigos desses cronossistemas se aprendem precisamente pela experiência que têm as crianças do tempo escolar cujos ritmos horários influem na regulação dos ritmos circadianos, tal como têm mostrado os modernos estudos de cronobiologia. A ordem do tempo aprendido na duração escolar seria assim uma espécie de arquitetura superposta aos biorritmos naturais, uma coação civilizatória (ESCOLANO, 2000, p. 22).

Os regulamentos escolares, por sua vez, mostram como o corpo infantil foi regulado (controlado, modelado) dentro da escola: a sala de aula e suas diversas ferramentas e mobiliário eram parte da implantação de uma forma de poder que, enquanto particularizava (individualizava) cada um, normalizava seu comportamento, sua postura, seus movimentos e até suas formas de olhar e pensar através da ação sobre as suas faculdades e potencialidades. Os bancos escolares controlavam a localização das crianças dentro da sala de aula, bem como os seus movimentos, sua postura e seu deslocamento; as formações envolviam o controle do corpo: a distância entre os indivíduos, a postura correta e sua permanência por algum tempo, o lugar a ser ocupado no interior do grupo, como se vestir e a higiene pessoal. O controle do tempo e do espaço, dos movimentos, das posturas corporais, dos gestos, das palavras, do vestuário, do asseio pessoal, das ocupações, bem como do ritmo do ensino e do aprendizado, foram modelando um aparato psíquico como o descrito por Elias; contribuíram de maneira precisa na conformação da 'alma' moderna que refere Foucault.

SEGUNDA PARTE
A constituição das tradições pedagógicas modernas

A invenção da educação e o Estado Educador

O desbloqueio da arte de governar

Ainda que o século XVI seja considerado o tempo das condutas, das direções, do governamento e que o prisma, a lente através da qual se perceberam os problemas da condução seja a instrução das crianças, a arte de governar não se expandiu nem conseguiu consolidar-se antes do século XVIII (FOUCAULT, 2008a), por várias razões. Em primeiro lugar, razões históricas, como as grandes crises do século XVII: a Guerra dos Trinta Anos[86] (1618-1648), que envolveu a Europa em violentas confrontações por motivos religiosos, comerciais, dinásticos e territoriais; as revoltas camponesas e urbanas de meados desse século e a crise financeira e de artigos de subsistência, que atingiu as monarquias no final do século XVII. Em segundo lugar, razões que têm a ver com "estruturas mentais"[87] e institucionais; em particular, Foucault faz referência ao problema da soberania,[88] à importância de suas instituições e à concepção do exercício do poder como

---

[86] A Guerra dos Trinta Anos começou como conflito religioso e terminou como uma luta pela hegemonia europeia. Para ela confluíram as tensões existentes entre as nações católicas e as protestantes, entre os representantes dos Estados territoriais e os príncipes, entre as cidades imperiais e o imperador, entre os Hansburgo e a dinastia francesa (KINDER, HILGEMANN, HERGT, 2006).

[87] Foucault esclarece que não gosta muito dessas palavras, mas não propõe outras no seu lugar. Sobre esse ponto, ver a aula do dia 1º de fevereiro de 1978 do seu curso *Seguridade, Território, População*.

[88] Nesse sentido, segundo Foucault (2006), de maneira simultânea, acerca de muitas questões diferentes e com múltiplos aspectos, aparecem crises, que vão da ordem do governo de si mesmo, do governo das almas e das condutas até o governo das crianças. Emerge aqui a grande problemática da pedagogia tal como aparece e se desenvolve no século XVI: com a Reforma, cai a unidade da fé cristã e a autoridade religiosa, porém, com a Contrarreforma, renova-se o espírito do catolicismo, numa ofensiva ao protestantismo, e tem lugar um rigoroso controle da atividade intelectual, iniciado pelo Santo Ofício e pelas ações pedagógico-educativas da Companhia de Jesus.

exercício da soberania. É o caso do mercantilismo,[89] que ainda assinala o primeiro limiar de racionalidade da arte de governar ou a primeira racionalização do exercício do poder como prática do governamento; tem como objetivo o poderio do soberano e os seus instrumentos, leis, ordenanças, regulamentos, isto é, os mesmos da soberania; assim, o mercantilismo tentou inscrever as possibilidades de uma arte meditada de governar na estrutura mental e institucional da soberania (FOUCAULT, 2008a).

Por outro lado, a arte de governar no século XVI e XVII esteve sujeita ao modelo da família e, nesse sentido, sua preocupação foi como fazer para que o governante pudesse governar o Estado da forma tão precisa e meticulosa como um pai governa sua família; em outras palavras, como aplicar a economia da família para governo do Estado. E aqui é preciso lembrar que nessa época, a economia não fazia referência a outra coisa além da gestão da família e da casa, daí que a arte de governar ficara aprisionada entre o marco do Estado e do soberano, por uma parte, e à casa e ao pai de família, pela outra: bloqueio da arte de governar que só até o século XVIII encontrará condições favoráveis para seu desdobramento e expansão com o surgimento do problema da população.

Antes do século XVIII, a população era entendida de duas formas diferentes (FOUCAULT, 2008a): em primeiro lugar, em sentido negativo, como aquilo oposto à não população, isto é, a *despopulação*; assim, população significava o movimento por meio do qual, depois de algum desastre, guerra, epidemia ou escassez, um território era novamente povoado. Em segundo lugar, em sentido positivo, a população era entendida como um dos fatores, um dos elementos do poderio de um soberano. Para que fosse poderoso, era preciso que o soberano reinasse em um território extenso, que tivesse grandes tesouros e, claro, uma vasta população que se expressava

---

[89] O "mercantilismo", que emergiu nos séculos XVI e XVII, orientou a produção e os circuitos comerciais segundo o princípio de que, "primeiro, o Estado deve se enriquecer pela acumulação monetária; segundo, deve se fortalecer pelo crescimento da população; terceiro, deve estar e se manter num estado de concorrência permanente com as potências estrangeiras" (FOUCAULT, 2008b, p. 8). Dessa forma, o mercantilismo inscreve-se no desenvolvimento das condições financeiras necessárias para o absolutismo: as aduanas e os impostos direitos (=*taille*) e não direitos (sobre o consumo) servem para manter o exército, a administração central, bem como para pagar os gastos da Corte. Trata-se de uma regulação que procura a baixa do preço de venda dos grãos, do ingresso dos camponeses, do custo de compra para as pessoas e do salário. Esse é o princípio político elaborado e organizado sistematicamente durante o período que podemos chamar de mercantilista (KINDER, HILGEMANN, HERGT, 2006).

em numerosas tropas, cidades densamente povoadas e mercados muito frequentados. A partir do século XVII, com a vigência do cameralismo[90] e do mercantilismo, a população chegou a ser um elemento fundamental, um elemento que condiciona os outros, pois é a população que subministra braços para a agricultura (garantindo a abundância de colheitas) e para as manufaturas (evitando a necessidade da importação); enfim, mão de obra disponível que garante a existência de salários baixos. Em outras palavras, a população, como força produtiva, no sentido estrito da expressão, era a preocupação do mercantilismo (FOUCAULT, 2008a).

No século XVIII, os fisiocratas[91] inauguraram uma noção diferente de população. Enquanto para os cameralistas e mercantilistas a população – fundamento da riqueza – era considerada como o conjunto dos súditos e, portanto, submetidos a uma série de leis e regulamentos, aos quais deviam obedecer pontualmente, para os fisiocratas a população deixou de ser um conjunto de sujeitos de direitos, um conjunto de súditos que deviam obediência à vontade do soberano e passou a pensar-se como um "conjunto de processos que é preciso administrar no que têm de natural e a partir do que têm de natural" (FOUCAULT, 2008a, p. 92). A população aparece, então, como possuidora de uma "naturalidade" que será preciso levar em conta para sua adequada direção, portanto, já não

---

[90] Como cameralismo se conhece uma das doutrinas mercantilistas desenvolvida na Europa dos séculos XVII e XVIII. Segundo ela, o poder econômico de um Estado poderia ser aumentado com o aumento da sua riqueza monetária e a acumulação de metais preciosos. Ainda que o conceito Cameralismo não seja muito usado nas discussões atuais da economia, ele é reconhecido como uma variante do mercantilismo desenvolvido na Áustria e na Alemanha no decorrer do século XVIII. Esse conceito remete a um amplo sistema de administração pública e organização dos negócios financeiros, no qual os cameralistas, na contramão dos mercantilistas ingleses (que privilegiavam a expansão comercial), defendiam a centralização industrial. Isso significava aumento da população como forma de incrementar o produto nacional e estímulo do mercado interno mediante incentivos ao consumo de produtos locais; estratégia que permitia depender menos das importações (KINDER, HILGEMANN, HERGT, 2006).

[91] Por fisiocracia conhece-se o pensamento econômico que emergiu na França do século XVIII sob uma leitura científica da prática econômica. A *Tableau économique*, de François Quesnay (1758), é considerada o ponto de emergência dessa doutrina econômica que se opunha ao mercantilismo, doutrina vigente nesse momento. Os fisiocratas acreditavam na "autorregulação" do mercado sob existência de uma lei natural e, portanto, na necessidade de uma política econômica de *laissez-faire* (ou de não intervenção pública na economia); desse modo, de forma natural, se produzia uma sociedade próspera e virtuosa. Nessa perspectiva, a agricultura era o único setor produtivo capaz de criar riqueza, enquanto o comércio e a indústria só permitiam a distribuição dessa riqueza. Os fisiocratas estavam contra as políticas de comércio internacional mercantilistas, que favoreciam o protecionismo (KINDER, HILGEMANN, HERGT, 2006).

pode ser submetida à obediência, pois ela é um fenômeno da natureza que não se pode mudar por decretos ou regulamentos, mas influindo nas variáveis das quais depende. A naturalidade da população significa que ela obedece a leis naturais e que está relacionada a uma série de variáveis que é preciso conhecer e manusear para poder intervir sobre ela. Graças à estatística (que até então havia funcionado dentro dos marcos administrativos da soberania, isto é, ao serviço das administrações monárquicas), se reconhece na população certas regularidades que lhe seriam próprias:

> Seu número de mortos, seu número de doentes, suas regularidades de acidentes. A estatística mostra igualmente que a população comporta efeitos próprios da sua agregação e que esses fenômenos são irredutíveis aos da família: serão as grandes epidemias, as expansões epidêmicas, a espiral do trabalho e da riqueza. A estatística mostra [também] que, por seus deslocamentos, por seus modos de agir, por sua atividade, a população tem efeitos econômicos específicos. (FOUCAULT, 2008a, p. 138).

Dessa maneira, o que acontece a partir do século XVIII é a aparição de uma técnica muito diferente da anterior: trata-se não de obter a obediência dos súditos à vontade do soberano, mas de influir sobre as coisas que, ainda aparentemente distantes da população, podem – segundo o cálculo, a análise e a reflexão – atuar sobre ela. Pode-se dizer que muda o eixo da obediência, no sentido de que, desde então, é o soberano que deve obedecer à naturalidade própria da população, deve conhecer e respeitar as leis naturais para, assim, conseguir governar a população. Nesse sentido, o antigo critério da legitimidade do governo (problema do direito) se desloca para o critério do êxito do governo: já não se julgarão os atos de um governante segundo sua legitimidade, quer dizer, segundo sua adequação às leis, mas segundo seu êxito ou fracasso (FOUCAULT, 2008b) e só haverá êxito quando se conheça e respeite a naturalidade.

Vinculada à naturalidade da população, Foucault salienta que, apesar da diversidade de indivíduos que a compõem, existe pelo menos uma invariante, que é o motor da ação da população: trata-se do desejo; é este o elemento que vai propulsar a ação de todos os indivíduos. Assim, enquanto para a anterior forma de governo o soberano era a pessoa capaz de dizer não ao desejo de qualquer indivíduo, para a nova forma da ação governamental o problema é como dizer sim a esse desejo, isto é, como promover a ação, como garantir sua direção por meio da regulação dos seus desejos. Mas, na medida em que o governo está articulado ao desejo, ele mexe com interesses:

> O governo, em todo caso o governo nessa nova razão governamental, é algo que manipula interesses.
>
> Mais precisamente, podemos dizer o seguinte: os interesses são, no fundo, aquilo por intermédio do que o governo pode agir sobre todas estas coisas que são, para ele, os indivíduos, os atos, as palavras, as riquezas, os recursos, a propriedade, os direitos, etc. [...].
>
> A partir da nova razão governamental – e é esse o ponto de deslocamento entre a antiga e a nova, entre a razão de Estado e a razão do Estado mínimo, a partir de então o governo já não precisa intervir, já não age diretamente sobre as coisas e sobre as pessoas, só pode agir, só está legitimado, fundado em direito e em razão para intervir na medida em que o interesse, os interesses, os jogos de interesse tornam determinado indivíduo ou determinada coisa, determinado bem ou determinada riqueza, ou determinado processo, de certo interesse para os indivíduos, ou para o conjunto dos indivíduos, ou para os interesses de determinado indivíduo confrontados ao interesse de todos, etc. O governo só se interessa pelos interesses. (FOUCAULT, 2008b, p. 61).

Outro elemento-chave no processo do aparecimento da população e, portanto, do desbloqueio da arte de governar, está vinculado ao novo lugar que ocupa a família: de modelo de governamento que era nos séculos XVI e XVII, a família passa a ser instrumento privilegiado para o governamento das populações. As amplas campanhas biopolíticas dos séculos XVIII e XIX (sobre a mortalidade, o matrimônio, as vacinações, as inoculações, a higiene pessoal, o alcoolismo, etc.) tiveram a família como aliada e como alvo. Assim, o governamento por meio das famílias implicou a expansão do modelo familiar burguês nas camadas inferiores da população, processo de "familiarização" que logo delineou a figura materna moderna e contribuiu com a consolidação de uma nova concepção da infância.[92]

Como parte desse processo de desbloqueio da arte de governar e de aparecimento do problema da população, Foucault assinala nos seus cursos *Segurança, território, população* e *nascimento da biopolítica* outros três elementos essenciais para a compreensão das transformações na arte de educar, que estudaremos na seção seguinte. O primeiro deles é a relação entre a "nova" concepção de população e a noção, também nova, de "espécie humana": trata-se da passagem do "gênero humano" para a

---

[92] Sobre o governamento através da família, *vide* Donzelot (1980). Para o caso particular da Colômbia, *vide* Noguera-Ramírez (2003). Sobre a constituição da figura materna moderna e a correspondente concepção de infância, *vide* Badinter (1985).

"espécie humana", momento em que a população se inclui no campo das outras espécies viventes, momento em que o "homem" se apresenta na sua inserção biológica primordial (FOUCAULT, 2008a).[93] Pensada como espécie, a Humanidade aparece mais próxima dos outros seres viventes e, portanto, está submetida às mesmas leis naturais que regem os processos de crescimento e desenvolvimento dos animais, processos que – como veremos – levaram a repensar o problema da "educação". Buffon[94] (autor em que Rousseau se apoia em vários dos seus escritos) escrevia:

> [...] o homem é, de fato, a grande e derradeira obra da criação. Não cansarão de nos dizer que a analogia parece demonstrar que a espécie humana seguiu a mesma evolução e data do mesmo tempo das outras espécies, que ela até mesmo se difundiu mais universalmente e que, embora a época da sua criação seja posterior à dos animais, nada prova que o homem não tenha se submetido às mesmas leis da natureza, sofrido as mesmas alterações, as mesmas mudanças. Conviremos que a espécie humana não difere essencialmente das outras espécies por suas faculdades corporais e que, sob esse aspecto, sua sorte foi praticamente a mesma das outras espécies; mas podemos acaso duvidar que não nos diferenciamos prodigiosamente dos animais pelo raio divino que o ser soberano se dignou de nos propiciar? (BUFFON *apud* FOUCAULT 2008a, p. 113).

Em segundo lugar e ligado ao anterior, está aquilo que Foucault nomeia de "esquema técnico dessa noção de meio" (FOUCAULT, 2008a, p. 28), com o qual assinala ainda não existir o conceito de "meio" – formulado por Lamarck no início do século XIX – existia uma "estrutura pragmática" que o prefigurava e que estava presente na forma como os urbanistas tentam refletir e modificar o espaço urbano:

> O meio vai ser, portanto, aquilo em que se faz a circulação. O meio é um conjunto de dados naturais, rios, pântanos, morros, é um conjunto de dados artificiais, aglomeração de indivíduos, aglomeração de casas, etc.

---

[93] Na sua *História da sexualidade*, diz Foucault que antes que uma moral ascética, aquilo que esteve ligado ao desenvolvimento do capitalismo nos países ocidentais "foi nada menos que a entrada da vida na história – quero dizer a entrada dos fenômenos próprios da vida da espécie humana na ordem do saber e do poder –, no campo das técnicas políticas" (FOUCAULT, 1985, p. 171).

[94] Georges Louis Leclerc, Conde de Buffon (Montbard, Francia, 1707 - Paris, 1788). Naturalista francês, nomeado em 1739 administrador dos Reais Jardins Botânicos e encarregado de elaborar o catálogo da documentação sobre história natural pertencente às coleções reais. Esse trabalho lhe permitira preparar sua *Histoire naturelle, générale et particulière* que apresentava um estudo geral e sistemático dos conhecimentos da época em história natural, geologia e antropologia (http://www.buffon.cnrs.fr/).

> O meio é certo número de efeitos, que são efeitos de massa que agem sobre todos os que aí residem. É um elemento dentro do qual se faz um encadeamento circular dos efeitos e das causas, já que o que é efeito, de um lado, vai se tornar causa, do outro [...] O meio aparece como um campo de intervenção em que, em vez de atingir os indivíduos como um conjunto de sujeitos de direito capazes de ações voluntárias – o que acontecia no caso da soberania, em vez de atingi-los como uma multiplicidade de organismos, de corpos capazes de desempenhos, e de desempenhos requeridos como na disciplina, vai-se procurar atingir, precisamente, uma população (FOUCAULT, 2008a, p. 28).

Veremos que esse esquema técnico do meio será importante nas novas reflexões educativas: o meio será uma variável que incidirá na educação. Pode-se pensar, por exemplo, que para Rousseau a cidade não era um bom "meio" para educar, mas o campo sim. O último elemento a salientar é o problema da liberdade. No seu curso *Nascimento da biopolítica*, Foucault mostra como a liberdade ocupou lugar central na nova forma da razão governamental no século XVIII, mas com isso, o professor esclarece que não significa que entre os séculos XVIII e XIX a "quantidade de liberdade" aumentou, pois quando fala em liberdade não faz referência a um universal que apresentaria através do tempo uma consumação gradual ou variações quantitativas ou, ainda, amputações mais ou menos graves: trata-se de uma particular relação entre governantes e governados, em que a prática governamental, antes que respeitar ou garantir determinada liberdade, precisa dela; isto é, uma prática governamental liberal é consumidora de liberdade, pois só pode funcionar se há, efetivamente, uma série de liberdades: liberdade de mercado, liberdade do vendedor e do comprador, liberdade de discussão, livre exercício do direito à propriedade, liberdade de expressão, etc. Nesse sentido, diz Foucault que a nova razão governamental tem necessidade de liberdade, a nova arte governamental consome liberdade e, por isso, está obrigada a produzi-la (FOUCAULT, 2008b). A liberdade é, então, um produto das novas práticas governamentais que Foucault chama de liberais: "O liberalismo não é o que aceita a liberdade. O liberalismo é o que se propõe fabricá-la a cada instante, suscitá-la e produzi-la [...]" (FOUCAULT, 2008b, p. 88).

Todavia, a liberdade funciona paradoxalmente, pois ao mesmo tempo em que deve ser fabricada e consumida, dever ser regulada, controlada; quer dizer, a liberdade só funciona no marco de uma série de coações e regulamentações e se recordará aqui que a produção dessa liberdade acontece na era das disciplinas, no marco da chamada sociedade disciplinar descrita pelo próprio Foucault em *Vigiar e punir*. Esse paradoxo acontece porque as tecnologias de governamento não são como momentos ou etapas da evolução das práticas governamentais, em que o aparecimento de uma implica o apagamento da precedente. Elas coexistem e operam se articulando. Nesse sentido, devemos lembrar que:

> De sorte que as coisas não devem de forma nenhuma ser compreendidas como a substituição de uma sociedade de soberania por uma sociedade de disciplina, e mais tarde de uma sociedade de disciplina por uma sociedade, digamos, de governo. Temos, de fato, um triângulo – soberania, disciplina e gestão governamental –, uma gestão governamental cujo alvo principal é a população e cujos mecanismos essenciais são os dispositivos de segurança (FOUCAULT, 2008a, p. 142).

O surgimento da "educação"

Ao contrário do que se possa pensar, o conceito de educação é relativamente recente na linguagem do saber pedagógico. Teve sua aparição no fim do século XVII e sua delimitação acontece nos séculos XVIII e XIX. Vários autores permitem corroborar essa asseveração. René Hubert, no seu *Tratado de pedagogia geral*, afirma o seguinte:

> Segundo o dicionário geral de Hatzfeld, Daimesteter e Thomas, [o termo *éducation*] não encontramo-lo na língua francesa antes de 1527. Está em todos os léxicos a partir de 1549, assim como no dicionário francês-latino de Robert Estienne, onde é relacionado com a alimentação.[95] Porém, ele só aparecerá raramente nos textos. Além disso, etimologicamente não é mais que uma transcrição do latim, devido aos humanistas do Renascimento. O latim empregava a palavra correspondente sem deferência para o cultivo das plantas, o cuidado dos animais, a nutrição e a instituição dos seres humanos. Em 1649 [1694], a Academia Francesa não conhece ainda mais que a primeira acepção dessa palavra. Só entende a educação como a formação do espírito e do corpo, e a faz consistir na instrução[96]:

---

[95] "Educatio: *Nourrissier*. Educatrix. Educatrix, pen. prod. Verbale foem. gen. Colum. *Nourrisse*. Educatio, Verbale. Cic. *Nourriture, Education*. EDUCO educis, pen. prod. eduxi, eductum, educere. *Tirer ou Mener hors*. Colores educere. Catul. *Produire fleurs de diverses couleurs*. Educere cirneam vini. Plaut. *Tirer hors*" (ESTIENNE, 1552, p. 453).

[96] "Education. s. f. Le soin qu'on prend de l'instruction des enfants, soit en ce qui regarde les exercices de l'esprit, soit en ce qui regarde les exercices du corps. *Bonne education. mauvaise education. l'education des enfants. prendre soin de l'education des enfants. il se sent bien de la bonne education qu'il a euë*. EFF" (ACADÉMIE FRANÇAISE, 1694).

> "o cuidado que se tem com a instrução das crianças, seja no que se refere aos exercícios do espírito, seja no que se refere aos exercícios do corpo" (HUBERT, 1952, p. 13).

Para Compayré (1897), a palavra *éducation* é relativamente nova na língua francesa e talvez tenha sido Montaigne quem a utilizou pela primeira vez nos seus *Ensaios*, embora utilizasse habitualmente a expressão *institution des enfants* (como mostrei no capítulo anterior), de onde procede a palavra *instituteur*. Os escritores do século XVI diziam *nourriture* (alimentação, nutrição) e só depois do século XVII o termo *éducation* ingressou na linguagem corrente para designar a arte de erigir (elevar, melhorar, aperfeiçoar) os homens. Compayré assinala também que a educação é própria do homem e, portanto, convém reservar só ao homem essa "bela palavra" (p. 10), pois os animais se adestram, e as plantas se cultivam: "Só o homem é susceptível de educação porque só ele é apto para se governar a si mesmo, para devir uma pessoa moral" (p. 10).

Segundo Corominas (1954, p. 216), em castelhano a palavra *educación* data do século XVII, pois "até então se tinha dito sempre *criar*, que é a voz que emprega ainda Cipr. de Valera na sua tradução da Bíblia, nos finais do século XVI, ali onde Scio, séculos mais tarde, escreveu *educar*". Cunha (1986) também assinala o século XVII como o momento de aparecimento da palavra "educação" na língua portuguesa. Porém, talvez fosse *Some thoughts concerning education* (1693) de Locke – escrita em uma língua vernácula e não em latim – o texto em que se inaugurou o termo *education* e, mais importante ainda, em que se estabeleceram os seus fundamentos. Devemos lembrar, neste momento, que, apesar de existirem em latim os termos *educatio* e *educationis*, os humanistas (Vives, Erasmo, Montaigne) preferiram utilizar outro termo latim, *institutio*, na constituição do seu discurso.

Também é preciso reconhecer que, se o interesse de Comênio (e da sua Didática), antes que pela *institutio*, foi pela *eruditio* (termos cujos significados diferenciamos no capítulo anterior), a *education* de Locke não é a simples transposição para a língua inglesa do termo latim *educatio*, e sim uma atualização vernácula da noção de *institutio* elaborada pelos humanistas da Renascença. Dessa forma, considero que, nos "pensamentos sobre a educação" de Locke, há uma virada significativa que muda o sentido da *institutio* e que constitui o novo sentido da *education*: trata-se do deslocamento da vontade para o entendimento, quer dizer, da primazia dos problemas gnoseológicos sobre os problemas morais. Até Locke, os princípios da moral deviam se estabelecer sobre a análise da vontade como aquela faculdade que tem o mando sobre os nossos atos (LORENZO, 1992), mas a partir de Locke, o entendimento e, portanto, os conhecimentos ocuparão tal lugar de privilégio:

> O meio ao que um homem acode em ultima instância para dirigir os seus atos é seu entendimento: porque, ainda que ao distinguir as faculdades da mente, concedamos o mando supremo sobre os nossos atos à vontade (como se fosse a sua agente), a verdade é, porém, que o sujeito mesmo (que é o verdadeiro agente) se decide a essa ou aquela ação voluntária baseando-se nalgum conhecimento prévio, ou aparência de conhecimento, procedente do entendimento (LOCKE, 1992 [1697], p. 3).

O homem é o verdadeiro agente e, portanto, tanto a vontade quanto o entendimento são como operações do agente, potências do agente. A vontade seria, então, a potência de agir ou não agir, de escolher uma coisa ou outra, mas essa potência depende, segundo a dinâmica mental estabelecida por Locke, de outra potência, que é o entendimento. Este – que é como o olho da mente que nos permite perceber todas as coisas – trabalha com as ideias e só estas, ao oferecerem informação a nossa mente, constituem o fundamento para o ato de escolha, para a ação:

> [...] na realidade, as ideias e as imagens nas mentes dos homens são os poderes invisíveis que constantemente os governam, e aquilo ao que todos em geral concedem uma submissão imediata. É, portanto, do maior interesse o enorme cuidado que deveríamos dedicar ao entendimento para guiá-lo corretamente na procura do conhecimento e na elaboração dos seus juízos (LOCKE, 1992 [1697], p. 5).

A decisão de uma ação moral não depende, então, da vontade, mas do conhecimento, das ideias presentes no entendimento e que governam os homens, daí a importância de uma adequada "condução" do entendimento na busca do conhecimento e na elaboração dos juízos. Esse é um ponto central do seu pensamento e suas consequências educativas marcaram uma ruptura com a tradição do momento. Com a criação do conceito de entendimento, Locke se afasta da antiga doutrina das faculdades da alma, pois considera que a referência a elas "tem iludido muitos na confusa noção de vários agentes distintos em nós, com suas províncias e autoridades, que comandam, obedecem e executam várias ações, como muitos seres distintos" (LOCKE, 1999 [1690], p. 116). Para evitar essa confusão, Locke esclarece que só o homem é o verdadeiro agente e o que anteriormente se chamavam faculdades são só poderes ou habilidades; por exemplo, o poder de perceber (que corresponde ao entendimento) e o poder de preferir ou escolher (que corresponde à vontade).

Locke também se afasta da discussão sobre o livre arbítrio, quando afirma que a pergunta sobre se a vontade do homem é livre ou não é uma pergunta irracional, pois sendo a liberdade um poder pertencente só aos agentes, daí que seja impróprio considerá-la como um atributo da vontade que, por sua vez, é outro poder, e os poderes são relações, e não agentes: "Desde que poderes são relações e não agentes, o que possui ou não o poder para operar implica que apenas isto é ou não livre, e não o poder em si mesmo. Pois a liberdade, ou não liberdade, não pode pertencer a nada, exceto o que tem ou não tem um poder para agir" (LOCKE, 1999 [1690], p. 118).

O verdadeiro agente é o homem, mas agir implica liberdade e conhecimento. Liberdade que é do homem, e não da vontade. Conhecimento que é possessão de ideias, mas é preciso cuidar das ideias que adquirimos e produzimos, pois não temos ideias inatas que nos garantam atingir a verdade. E aqui novamente Locke se afasta das anteriores formas de pensamento. Segundo ele, não há princípios inatos na mente, não existem verdades impressas na alma, pois as crianças e os idiotas, enquanto possuem alma e mente dotada dessas impressões, inevitavelmente as perceberiam: se existem noções impressas, pergunta o filósofo, "como podem ser desconhecidas? Afirmar que uma noção está impressa na mente e, ao mesmo tempo, afirmar que a mente a ignora e jamais teve dela conhecimento implica reduzir tais impressões a nada" (LOCKE, 1999 [1690], p. 38).

Será preciso aqui lembrar que embora Comênio seja considerado "sensualista", sobretudo porque citou na sua Didática a comparação de Aristóteles da alma com uma "tábula rasa" na qual nada há escrito, sua posição sobre esse ponto é mais bem ambígua, pois também ele faz referência nesse texto à concepção inatista quando afirma que: "Nada, pois, necessita o homem tomar do exterior, senão que é preciso tão só desenvolver o que encerra oculto em si mesmo e assinalar claramente a intervenção de cada de seus elementos" (COMENIO, 1994a [1631], p. 12). Kulesza (1992) esclarece que frente a esse ponto, Comênio optou por uma posição intermediária que apresenta em sua obra *Didática analítica* de 1648 e que denominou método *sincrítico*, no qual combinava os métodos analítico e sintético introduzidos pelos gregos, de tal forma que, quando refere a Aristóteles, "ele o faz num contexto de plena utilização do método sincrítico, onde compara a mente humana com a terra, um jardim e posteriormente com a cera e sua versátil moldabilidade, nunca a tomando no sentido radical de Locke" (p. 96).

Se não há ideias ou princípios inatos, todo conhecimento procede, então, dos sentidos? A dinâmica do conhecimento é mais complexa e para compreendê-la melhor é preciso esclarecer a própria noção de conhecimento que propõe Locke: "parece-me, pois, que o conhecimento nada mais é que a percepção da conexão e acordo, ou desacordo e rejeição, de quaisquer de nossas ideias" (LOCKE, 1999 [1690], p. 211). Por sua vez, uma ideia é qualquer coisa objeto do entendimento, "qualquer coisa que pode ser entendida como fantasma, noção, espécie, ou tudo o que pode ser empregado pela mente pensante" (p. 33). E se a mente é parecida a um papel em branco desprovida de todos os caracteres, como ela é suprida? Como ela adquire os materiais da razão e do conhecimento?

Locke responde a essas perguntas com uma palavra: "a experiência". Por ela entende Locke tanto a sensação como a reflexão: existem, então, ideias de sensação quando os sentidos levam à mente as distintas percepções das coisas segundo os vários meios pelos quais aqueles objetos os impressionam, e ideias de reflexão quando, por meio das suas operações, a própria mente supre as percepções. Pode-se compreender como esses conceitos de "entendimento", "conhecimento" e "experiência" levaram a pensar a educação. Nessa perspectiva, seria possível analisar a educação como experiência ou a experiência como educação, na medida em que ambas permitem conhecer, isto é, oferecem ideias (de sensação ou de reflexão) para o entendimento. Mas esse será um assunto que outro anglo-saxão desenvolverá dois séculos depois e sobre o qual trataremos na última parte deste trabalho.

Sem dúvida, Locke foi um homem do século XVII, mas a ideia da sua arte de educar é como uma porta, como um limiar entre a antiga *institutio* dos humanistas e o "novo" conceito de educação (*éducation*, Rousseau; *Erziehunt*, Kant) desenvolvido no fim do século XVIII. Sua consideração sobre a importância do "hábito e do controle rigoroso do corpo" e das "inclinações e desejos", assim como sua preocupação pelo "hábito na conduta do entendimento" o colocam na tradição do século XVII e no que, com Foucault, poderíamos denominar como o tempo da "governamentalidade[97] disciplinar". Mas sua rejeição da psicologia das

---

[97] Sobre este aspecto, *vide*: Noguera-Ramírez (2010).

faculdades, do inatismo e, sobretudo, sua consideração do homem como o verdadeiro agente (e não da vontade), sua ênfase no entendimento e na experiência como fonte do conhecimento o afastam dessa tradição e o colocam como no limiar da nova "governamentalidade liberal". Foi por esse motivo que decidi iniciar esta segunda parte do meu trabalho analisando a ideia de educação de Locke.

Não é casualidade que Locke tenha se dedicado a escrever um texto sobre o problema da "conduta do entendimento", justo naquela época em que Foucault descreve como a era das condutas, a era das direções, a era dos governamentos. Trata-se de uma forma particular, específica e inédita de "condução": como conduzir o entendimento, como dirigir o entendimento para conhecer e para conseguir a virtude. Porém, a pergunta sobre a conduta (ou condução[98]) do entendimento (*the conduct of the understanding*) não é diferente da perguntas sobre como conduzir-se a si mesmo ou como conduzir os filhos, pois, como diz Locke, as ideias são os poderes invisíveis que governam os homens: "*the invisible powers that constantly govern them*" (LOCKE, 1992 [1697], p. 4). Se as ideias governam os homens, é preciso cuidar da experiência, já que ela é a fonte das ideias do entendimento, daí que o problema da condução do entendimento seja um problema pedagógico.

Lorenzo (1992) menciona uma polêmica sobre o possível caráter pedagógico de *Of the conduct of the understanding*. Na verdade, pouco importa se Locke teve propósitos pedagógicos no momento em que elaborou esse escrito ou se foram interesses gnoseológicos que conduziram sua escritura; da perspectiva em que construí neste trabalho, o problema da conduta do entendimento (e, portanto, da conduta de si mesmo e dos outros) é um típico problema da "arte da educação", assim como os argumentos de quem apoia a tese do caráter pedagógico desse texto são coerentes com as ideias apresentadas por Locke no seu escrito; assim, não seria descabido dizer que a "condução do entendimento" é uma parte central da *education*.[99]

---

[98] Sobre o conceito de conduta, diz Foucault: "Pois, afinal de contas, essa palavra – 'conduta' – se refere a duas coisas. A conduta é, de fato, a atividade que consiste em conduzir, a condução, se vocês quiserem, mas é também a maneira como uma pessoa se conduz, a maneira como se deixa conduzir, a maneira como é conduzida e como, afinal de contas, ela se comporta sob o efeito de uma conduta que seria ato de conduta ou de condução" (FOUCAULT, 2008a, p. 255).

[99] Digo que "é uma parte" porque a ideia de educação, como têm assinalado todos os historiadores da educação e da pedagogia, abrange também o problema da saúde e fortalecimento do corpo. *Vide*: Monroe (1970); Eby (1976); Messer (1927); Mallinson (1978), entre outros.

Nas primeiras páginas do seu texto, Locke afirma que supõe em todos os homens as mesmas capacidades naturais e que as diferenças entre eles, às vezes bem marcadas, se devem à distinta motivação oferecida ao seu entendimento no momento de prepará-los para recompilar dados e proporcionar ideias, noções e observações sobre as quais se formam seu entendimento. Em outras palavras e, como afirmou em seus *Pensamentos sobre a educação*, "de todos os homens com que topamos, nove partes de dez são o que são, bons ou maus, úteis ou inúteis, pela educação que receberam" (LOCKE, 1986 [1693], p. 31). Nessa mesma perspectiva, assinala que nascemos com faculdades e capacidades para quase tudo, mas só o exercício dessas potencialidades é o que nos dá a habilidade e a destreza e nos conduz à perfeição (p. 4) e isso Locke chama de "hábito", potência central na condução do entendimento: "Não nego que a disposição natural pode dar com frequência o primeiro impulso [...], porém nunca leva a ninguém longe demais sem o hábito e o exercício; e é só a prática que leva às potencialidades da mente, assim como às do corpo, a sua perfeição" (LOCKE, 1992 [1697], p. 25). Em geral, diz o filósofo, os homens têm se descuidado desse aspecto, a tal ponto que são poucos aqueles que desde sua juventude se acostumam a razoar estritamente, a observar detalhadamente as conexões entre as coisas, a encontrar os princípios das coisas pesquisando uma longa série de consequências e, como isso requer treinamento, exercício assim como as destrezas para dançar, pintar, escrever ou esgrimir, nada melhor que as matemáticas para tal efeito; por isso, considera que as matemáticas devem ser ensinadas a quem disponha de tempo e oportunidade, não para que sejam matemáticos, mas para fazê-los seres racionais:

> Tenho falado das matemáticas como uma forma de fixar na mente o hábito de razoar concisa e ordenadamente. Não é que eu acredite necessário que todos os homens sejam profundos matemáticos, senão que é suficiente que cheguem a dominar o tipo de razoamento que esses estudos proporcionam sempre à mente para que sejam capazes de trasladá-lo para outras partes do conhecimento, de se apresentar a ocasião (p. 45).

Esse aspecto das ideias educacionais de Locke gerou uma forte polêmica entre alguns historiadores anglo-saxônicos, no que se denominou "a doutrina da disciplina formal" em educação (EBY, 1976), isto é, a doutrina segundo a qual o fator importante e determinante na educação é mais o processo de aprender (*learning*) do que a coisa apreendida. Como diz Monroe:

A concepção disciplinar toma uma grande variedade de formas. Mas, substancialmente, elas se unem num só ponto, a saber: uma atividade ou experiência determinada, especialmente de caráter intelectual, quando bem escolhida, gera uma capacidade ou habilidade em completa desproporção com a energia despendida. Tal capacidade ou habilidade, quando devidamente desenvolvida, seria utilizável nas mais dessemelhantes experiências ou atividades, seria aproveitável em qualquer situação e aplicável à solução dos problemas apresentados em qualquer matéria (MONROE, 1970, p. 232).

Não foi Locke que inventou essa via educativa; houve anteriormente outros partidários dela, aqueles que enfatizaram a lógica (a escolástica) ou as línguas clássicas (os jesuítas e os humanistas) como fornecedoras de um treino formal para as diversas faculdades da mente. Sua característica era a atribuição de um valor peculiar a essa matérias de maneira independente de sua relação com a vida ou de sua aprendizagem final ou uso pelo aluno (MONROE, 1970). Porém, a novidade de Locke é a eleição da matemática como a disciplina mais a propósito para produzir a disciplina mental, capaz de transferir-se às demais faculdades da mente. Ainda que a polêmica mencionada por Eby (1976) date dos primórdios do século XX e que esteja referida a um pensamento do século XVII, talvez não tenha sido abandonada ou apagada do pensamento pedagógico contemporâneo. A atual discussão sobre as competências é uma mostra disso.

Pelo momento, voltemos à análise dos *Pensamentos sobre a educação* de Locke. Segundo ele, o assunto central em relação com o conhecimento não é aperfeiçoar quem aprende em todas ou algumas das ciências, mas proporcionar à sua mente a liberdade, a disposição e os hábitos que o capacitem para atingir qualquer parte do conhecimento a que se aplique ou de que possa precisar no transcurso futuro da sua vida. Em palavras do filósofo, o objetivo da educação não é "fazer-lhes perfeitos nalguma das ciências senão abrir e preparar a sua mente o melhor possível para que sejam capazes de qualquer coisa quando seja seu propósito" (LOCKE, 1992 [1697], p. 87).[100] Pode-se dizer que a educação de Locke significa uma economia do ensino (sobretudo se compararmos com a "didática comeniana", que pretendia um método infalível para ensinar tudo a todos)

---

[100] Em *Pensamentos sobre a educação* diz: "Para concluir neste ponto e sobre os estudos do jovem cavalheiro, eu diria que seu preceptor deve lembrar-se que seu papel não é tanto ensinar-lhe todas as ciências conhecidas, como inspirar nele o gosto e o amor da ciência e pô-lo em estado de adquirir novos conhecimentos quando tenha o espírito para isso" (LOCKE, 1986 [1693], p. 254).

sobre a base de uma vasta exercitação da mente (e do corpo): ensinar o mínimo e exercitar-se ao máximo seria sua fórmula. E isso significava mais atividade do aluno e menos do mestre ou preceptor. De outro lado, a *education*, na esteira da *institutio* dos humanistas, tinha como alvo privilegiado menos a erudição que a virtude. Daí que para o preceptor:

> Não é necessário que seja um perfeito erudito, nem que possua a perfeição de todas as ciências,[101] mas que é suficiente que dê ao jovem cavalheiro um ligeiro tom, mediante pontos de vista gerais ou num desenho abreviado [...] A grande tarefa do preceptor é a de moldar a conduta e formar o espírito; estabelecer no seu discípulo os bons hábitos, os princípios da virtude e da sabedoria[102] (LOCKE, 1986 [1693], p. 131).

Em outros trechos dos seus Pensamentos sobre a educação, o filósofo reafirma a preponderância da virtude na educação:

> É, pois, a virtude somente, a única coisa difícil e essencial na educação, e não uma atrevida petulância, ou uma habilidade para desenvolver-se. Todas as demais considerações e qualidades devem ceder e propor-se a essa. Esse é o bem sólido e substancial que o preceptor deve converter em objeto de suas leituras e de suas conversações, e a tarefa e a arte da educação devem encher disso o espírito, e consagrar-se a consegui-lo e não parar até que os jovens sintam nisso um enorme prazer e coloquem nisso a sua força, sua glória e alegria (p. 102).

> Surpreender-vos-á, quiçá, que fale eu da instrução[103] [*learning*] no último lugar, sobretudo se vos direi que é a que trato com menor extensão. Isso pode parecer esquisito na boca de um homem de estudo, e o paradoxo a

---

[101] Para Comênio, também não é preciso que o mestre seja erudito, ainda que deva conhecer bem o método que guia tanto o ensino como a aprendizagem, mas como o assunto do preceptor de Locke não é o ensino, então também não é importante um método particular.

[102] Em inglês diz Locke *wisdom*, diferente de *scholarship*, por exemplo, que é conhecimento resultante de um campo de estudo particular.

[103] Resulta interessante salientar aqui a palavra *instrucción* que utiliza o tradutor para o castelhano da expressão *learning* de Locke. No vocabulário moderno da Pedagogia, tal vocábulo seria traduzido por "aprendizagem" que seria o oposto a ensino (*teaching*) ou instrução (*instruction*). Evidentemente, o uso daquele termo por parte de Locke não corresponde ao conceito de aprendizagem desenvolvido no fim do século XIX na psicologia educacional anglo-saxônica. No vocabulário pedagógico do século XVII, o termo *learning* parece funcionar como na Idade Média funcionaram os termos "doutrina" e "disciplina", quer dizer, pode significar tanto o ensino como seu resultado (ensinamento), daí que o tradutor para castelhano utilize *instrucción*, que significa tanto ação de instruir quanto cabedal de conhecimentos adquiridos. A definitiva separação dos termos *teaching* e *learning*, como seus correspondentes em francês (*enseignement e apprentisage*), espanhol (*enseñanza e aprendizaje*) e português (ensino e aprendizagem), foi assunto da Pedagogia moderna, particularmente da linha anglo-saxônica, a partir do século XIX.

faz maior; o fato que a instrução [*learning*] é ordinariamente o assunto, senão o único, que se tem em conta quando se fala de educação (p. 207) [...] A leitura, a escritura, a instrução [*learning*], creio tudo necessário, porém não acredito que seja a parte principal da educação. Imagino que tomaríeis por um louco ao que não estimasse infinitamente mais um homem virtuoso e prudente [*virtuous or a wise man*] que um escolar[104] [*scholar*] perfeito [...] A instrução [*learning*] é necessária, porém não deve colocar-se senão em segundo lugar, como um meio para adquirir qualidades maiores. Procurai, pois, alguém que saiba formar discretamente os costumes de seu discípulo; ponde, pois, vosso filho em tais mãos que possas, na medida do possível, garantir a sua inocência, desenvolver e alimentar as suas boas inclinações, corrigir docemente e curar as más e fazer-lhe adquirir bons hábitos. Esse é o ponto importante. Conseguido isso, a instrução [*learning*] pode ser adquirida como acréscimo, e, no meu juízo, nas condições fáceis, que é simples (LOCKE, 1986 [1693], p. 208).

Considero que com as citações anteriores fica claro que a *education* se encontra mais na esteira da *institutio* de Erasmo, Vives e Montaigne do que na *eruditio* de Comênio (da didática). Porém, e como afirmei anteriormente, Locke continua também preso ao dispositivo disciplinar de tal forma que sua educação, apesar da ênfase no "agente" que aprende, no entendimento e não na vontade, apesar de conceber o governamento de si, a virtude como o fim da *education*, ainda opera dentro de uma lógica disciplinar ou, para ser mais exato, funciona articulada, vinculada, atravessada por essa "governamentalidade disciplinar".[105] Só a partir de Rousseau, cujas reflexões se basearam no pensamento do filósofo inglês, poderíamos falar da educação propriamente moderna, isto é, de uma educação que se vincula à emergência de outra forma de "governamentalidade" e que é atravessada pela que podemos chamar de racionalidade educativa "liberal".

---

[104] Evidentemente a tradução de *scholar* pelo termo castelhano *escolar* não é afortunada.

[105] Sobre o aspecto "disciplinar" dos pensamentos educacionais de Locke, os historiadores da educação têm insistido bastante. Além da importância atribuída ao hábito e ao exercício permanente (tanto físico como mental), basta lembrar a perspectiva moral da submissão dos desejos: por exemplo, no § 33 dos seus *Pensamentos*: "E o grande princípio ou fundamento de toda virtude e mérito encontra-se nisso, em que um homem seja capaz de negar-se à satisfação de seus próprios desejos de ir à contramão de suas próprias inclinações e seguir somente o que dita como melhor sua razão, ainda o apetite o incline no outro sentido" (LOCKE, 1986 *[1693]*, p. 66). O no § 36: "A diferença não consiste em ter ou não ter paixões, senão em poder ou não governar-se; contrariar-se na sua satisfação. Aquele que não tivesse adquirido o hábito de submeter sua vontade à razão dos outros quando jovem, terá grande trabalho em submeter-se a sua própria razão quando tenha idade de fazer uso dela" (p. 68).

Uma nova racionalidade educativa

> *Meu assunto era totalmente novo após o livro de Locke,*
> *e temo muito que continue sendo depois do meu*
> ROUSSEAU, 1999 (1762), p. 4.

Utilizo aqui a expressão "racionalidade" no sentido instrumental com que Foucault emprega esse termo, isto é, no sentido de modos de organizar os meios para atingir um fim. Assim, a racionalidade não é o oposto à irracionalidade, e não existiria um processo de "racionalização" em geral (da sociedade, por exemplo), mas sim múltiplas formas de racionalização de práticas específicas, pois "não há 'práticas' sem um determinado regime de racionalidade" (FOUCAULT, 1994 *apud* CASTRO, 2009, p. 375). Ao falar, então, em nova racionalidade educativa, faço referência às formas, aos meios e aos fins particulares que emergiram na segunda metade do século XVIII vinculados aos conceitos de educação, natureza e liberdade, mas que foram desenvolvidos principalmente entre o fim do século XIX e os primórdios do século XX, com a consolidação das psicopedagogias de corte francófono e anglo-saxônico.

A frase que abre esta seção pertence ao prefácio do *Emílio* e parece exprimir a certeza que Rousseau tinha sobre a novidade do problema que havia formulado, sobre o seu caráter extemporâneo. Ainda que Locke empregasse pela primeira vez aquele termo de education – sete décadas antes – é a partir do *Emílio* que essa palavra adquire o significado propriamente moderno, daí que em sentido estrito – e contrariamente à afirmação de Narodowski (1995, 2001) – possamos dizer que é o *Emílio*, e não a *Didática Magna*, a obra fundante da "Pedagogia moderna".[106] Concordo com Narodowski no caráter transdiscursivo da Didática comeniana,[107] mas na esteira da sua análise diria que com o *Emílio* se constitui outro "paradigma transdiscursivo" a partir do qual e mediante a incorporação da

---

[106] Mais uma vez é necessário insistir que, em sentido estrito, é possível falar não de uma "Pedagogia moderna", mas de três tradições pedagógicas modernas (francófona, germânica e anglo-saxônica) que se constituíram no desdobramento do conceito rousseauniano de educação e do conceito alemão de *Bildung*.

[107] Sobre esse aspecto, Narodowski afirma: "De fato, Comênio está implantando um paradigma transdiscursivo, que será o núcleo de ferro do discurso pedagógico moderno. Essa transdiscursividade refere-se ao fato de que o núcleo comum instalado pela obra comeniana será compartilhado – em que pesem as suas diferenças teóricas e ideológicas – pelos pedagogos e pelas pedagogias da Modernidade" (2001, p. 16).

tradição didática se desenvolveram as três tradições pedagógicas modernas. Sem dúvida, a *Didática magna* é a obra fundante da *Didática*, mas, a partir das elaborações dos autores da tradição germânica nos primórdios do século XIX, ela ficará integrada dentro da *Pädagogik* ou ciência da educação.[108] Dessa forma, a educação e seu desenvolvimento – e já não só o ensino – estiveram no âmago dos discursos pedagógicos.

Voltando às palavras de Rousseau transcritas no início desta seção, devemos aceitar que ele tinha razão quando temia que o seu assunto permanecesse como novidade depois do seu livro, pois suas elaborações só serão plenamente desenvolvidas no fim do século XIX com as psicopedagogias francófona e anglo-saxônica. Em outras palavras, considero aqui que o *Emílio* é como o esboço de um novo "regime de veridição"[109] no campo do saber pedagógico; esboço que só será plenamente atualizado e desenvolvido um século depois, com a constituição das psicopedagogias baseadas fundamentalmente na Biologia e na Psicologia experimental. Nesse sentido, é preciso salientar que a constituição de um novo "regime de veridição" não é assunto de um autor ou uma obra em particular; ela implica um processo anônimo que envolve (que cria) autores e obras, que funcionam como suas superfícies de emergência e desenvolvimento. O *Emílio* é essa primeira superfície de emergência de novos enunciados ou regras de verdade para o discurso pedagógico moderno liberal, que só até os primórdios do século XX funcionará como um "regime de veridição" propriamente dito.

Interessante também é observar que esse novo pensamento aparece justamente no momento de expansão das disciplinas, no momento da consolidação da sociedade disciplinar (FOUCAULT, 2001), de tal forma que poderíamos dizer que é o próprio dispositivo disciplinar que, na sua

---

[108] Em particular, como analisarei mais adiante, desde Herbart com sua proposta de uma "educação através do ensino", ainda que posteriores propostas tenham considerado a possibilidade de falar de uma Didática ou Teoria da Formação humana no lugar da "pedagogia" (*vide*, por exemplo, Willmann, 1948 [1882]), se tratava de uma recomposição da didática clássica que, sobre a base do conceito de *Bildung* (formação), estendeu o problema da erudição na direção da educação (*institutio*). Esses aspectos serão analisados com mais detalhe em próxima seção. De outro lado, a Didática continuou se desenvolvendo como campo específico de saber sobre os problemas do ensinar e aprender constituindo, por exemplo, uma Didática geral (*allgemeine Didaktik*) e específica (*Fachdidaktik*).

[109] "[...] o regime de veridição não é uma certa lei da verdade, [mas sim] o conjunto das regras que permitem estabelecer, a propósito de um discurso dado, quais enunciados poderão ser caracterizados, nele, como verdadeiros ou falsos" (FOUCAULT, 2008b, p. 49).

atualização, produz uma nova disposição de saber/poder. O funcionamento social dos dispositivos, isso que chamaríamos da sua atualização social, constitui as condições de possibilidade para novos dispositivos e, por isso, os dispositivos não são estruturas fixas ou sólidas, mas disposições que mudam enquanto se expandem. A mudança é imanente a cada dispositivo. Assim, o "dispositivo de soberania" em sua expansão social estabeleceu as condições para o aparecimento do "dispositivo disciplinar", e sua atualização produziu por sua vez condições para o novo "dispositivo de seguridade". Por isso, Foucault fala não em termos de apagamento ou abandono de um dispositivo por outro, mas de ênfases e articulações múltiplas e móveis ou de superposições entre uns e outros. Para o caso que estamos analisando, veremos que a emergência das tradições pedagógicas modernas (as pedagogias modernas) não significou nem o esquecimento da Didática, nem o apagamento das práticas disciplinares. Pelo contrário, e seguindo essa perspectiva de Foucault, uma consequência do aparecimento da arte liberal de governar (e de educar, digo eu):

> [...] é a formidável extensão dos procedimentos de controle, de pressão, de coerção que vão constituir como que a contrapartida e o contrapeso das liberdades. Insisti bastante sobre o fato de que as tais grandes técnicas disciplinares que se ocupam do comportamento dos indivíduos no dia-a-dia, até em seus mais ínfimos detalhes, são exatamente contemporâneas, em seu desenvolvimento, em sua explosão, em sua disseminação através da sociedade, da era das liberdades. (FOUCAULT, 2008b, p. 91).

Voltando para o *Emílio* diríamos, então, que com ele se inaugura aquilo que segundo as análises de Foucault poderíamos chamar de "governamentalidade liberal" no saber pedagógico. Porém, é preciso esclarecer que o *Emílio* não é um tratado de educação, nem um tratado de pedagogia; é um texto filosófico escrito ao modo antigo, quer dizer, escrito como um texto literário, uma espécie de romance em que a vida de *Emílio* se confunde com sua educação. O *Emílio* é, então, não o primeiro livro sistemático de Pedagogia, mas o livro em que os conceitos de "educação" (*éducation*) e de "infância" assumem seu sentido propriamente moderno, contribuindo na constituição das tradições pedagógicas modernas, da mesma forma como os conceitos "erudição" – instrução – "método de ensino" e "escola" contribuíram para a constituição da Didática.

Em apoio à minha tese sobre o caráter educacional da Modernidade, é preciso esclarecer que o *Emílio* não é um livro a mais na ampla produção intelectual de Rousseau, que cobre temas tão amplos e diversos (política, economia, artes, ciências, literatura, história, filosofia). O próprio Rousseau reconhece que seu *Emílio* é sua melhor obra e a mais importante: "Nenhuma outra obra teve tantos e tão grandes elogios, nem tão pouca aprovação pública. O que me disseram e me escreveram as pessoas mais capazes de julgá-la confirmou que aquela era a melhor das minhas obras bem como a mais importante" (*apud* STRECK, 2004, p. 37). E isso é assim porque na educação de Emílio está desenvolvido o principal do seu pensamento filosófico (o Contrato social, os seus Discursos sobre a desigualdade e sobre as artes e as ciências, a religião, a família, a infância, a liberdade, a felicidade). Mas, qual é essa *éducation*? Qual é a novidade desse conceito?

No início do seu livro, Rousseau assinala que a palavra educação antigamente significava alimento e cita uma frase de Varrão: *educit obstetrix, educat nutrix, instituit paedagogus, docet magister*.[110] Daí que educação, instituição e instrução constituíam três coisas distintas no seu objeto, como os termos governanta, preceptor (ou aio) e mestre faziam referência a três atividades diferentes: criar, instituir e instruir ou ensinar. Mas Rousseau considera que tais distinções fazem confusão, pois para que a criança seja bem dirigida, não deve ter mais que um único condutor, e esse deve ser o *gouverneur*: "prefiro chamar de *gouverneur* e não *précepteur* o professor dessa ciência, pois se trata menos, para ele, de instruir do que de dirigir. Não deve dar preceitos, e sim fazer com que eles sejam encontrados" (ROUSSEAU, 1999 [1762], p. 29). A educação é mais direção e condução do que instrução ou ensino e, nesse sentido, o conceito fica mais próximo das ideias de Locke (e por aí, da *institutio* dos humanistas) que da eruditio da Didática, pois para formar o "homem" não é preciso um ensino das ciências. Em várias oportunidades ao longo do seu livro, Rousseau (1984 [1762]) esclarece este ponto:

> Não se trata de ensinar-lhe as ciências senão de inspirar-lhe a afeição por elas, e de dar-lhes métodos para que aprendam elas quando se desenvolva melhor sua afeição. Há aqui certamente o princípio fundamental de toda boa educação (p. 118).
>
> Considerar-vos primeiro, que rara vez deveis propor-lhe aquilo que ele há de aprender; ele deve desejá-lo, indagá-lo, encontrá-lo; vós deveis pô-lo no seu alcance, fazer com manha que nasça esse desejo, e dar-lhe meios para que lhe satisfaça (p. 125).

---

[110] "Tira à luz a parteira, educa [alimenta] a nutriz, institui o aio, ensina o mestre" (ROUSSEAU, 1978c [1749], p. 5).

> Tem [Emílio] um espírito universal, não pelas luzes senão pela faculdade de adquiri-las; um espírito despojado, inteligente, apto para tudo, e como diz Montaigne, senão instruído, instruível. Basta-me com que saiba encontrar o para quê serve em tudo quanto faça, e o porquê em tudo quanto cria; porque repito que não é meu objetivo dar-lhe a ciência, senão ensinar-lhe a que adquira ela quando a necessite [...] (p. 150).

No seu Discurso sobre as ciências,[111] já havia assinalado sua indisposição com as ciências (e com a erudição) quando escrevia: "'Depois que os sábios começaram a surgir entre nós', diziam os próprios filósofos, 'eclipsaram-se as pessoas de bem'. Até então os romanos tinham se contentado em praticar a virtude; tudo se perdeu quando começaram a estudá-la" (ROUSSEAU, 1978c [1749], p. 341). O problema das ciências é que foram criadas pelos vícios humanos, e não pelas suas virtudes: "A astronomia nasceu da superstição; a eloquência, da ambição, do ódio, da adulação, da mentira; a geometria, da avareza; a física, de uma curiosidade infantil; todas elas, e a própria moral, do orgulho humano. As ciências e as artes devem, portanto, seu nascimento a nossos vícios" (p. 343).

Todavia, apesar da sua aproximação às ideias do filósofo inglês, a educação de Rousseau inaugura um novo momento para o saber pedagógico. Locke, com a sua ênfase na disciplina do entendimento, na constituição de hábitos, na importância do exercício, na repetição, inscreve-se no marco da "governamentalidade disciplinar", enquanto Rousseau – com sua ideia de educação – inaugura, no discurso pedagógico, a "governamentalidade liberal", isto é, estabelece uma nova forma de educação, condução, direção (governamento) do "homem", fundamentada nas ideias de natureza, liberdade e interesse (ou desejo) do agente que aprende (a criança) em um "meio" especialmente adaptado para tal fim (meio que já não é a casa paterna, como no caso do *gentleman* de Locke ou da escola, como no caso de Comênio). Mas, em que consiste a novidade dessa *éducation* rousseauniana?

Em primeiro lugar, trata-se de uma educação natural. Sabemos que esse conceito de natureza é central no pensamento de Rousseau, e toda a historiografia educacional e a história da filosofia em geral têm se debruçado extensamente sobre esse ponto. Apesar disso, considero possível uma aproximação diferente baseada nas análises de Foucault (2008b) e

---

[111] Este texto foi apresentado por Rousseau à Academia de Dijon como resposta à pergunta dela (1750) se o restabelecimento das ciências e das artes tinha contribuído para aprimorar os costumes. A resposta de Rousseau a essa pergunta foi negativa e com aquele texto, ganhou o prêmio oferecido.

Hadot (2006b). Pode-se compreender o naturalismo de Rousseau como parte do "naturalismo governamental", segundo a expressão utilizada por Foucault para caracterizar a nova arte de governar que apareceu na segunda metade do século XVIII:

> Se retomarmos as coisas de um pouco mais longe, se as retomarmos na sua origem, vocês verão que o que caracteriza essa nova arte de governar de que lhes falava é muito mais o naturalismo do que o liberalismo, na medida em que, de fato, essa liberdade de que falam os fisiocratas, Adam Smith, etc., é muito mais a espontaneidade, a mecânica interna e intrínseca dos processos econômicos do que uma liberdade jurídica reconhecida como tal para os indivíduos (FOUCAULT, 2008b, p. 83).

A ideia da educação natural é justamente abrir passo para a espontaneidade, permitir que a mecânica interna do indivíduo atue livremente, deixar de fazer, deixar de intervir para deixar operar a natureza. A nova razão educativa fundada por Rousseau precisou de liberdade, isto é, só podia funcionar se existisse liberdade, precisava dela, como diria Foucault, consumia liberdade, portanto tinha que produzi-la. Mas também precisou de uma natureza particular, uma nova natureza para o sujeito; nesse sentido, o *Emílio* não foi o esboço ou o descobrimento das leis "naturais" do desenvolvimento da criança, como acreditava Claparède.[112] Foi o desenho de uma nova gramática no saber pedagógico, um conjunto de regras a partir das quais se produziria adiante o discurso pedagógico e, particularmente, desde o fim do século XIX, o discurso das psicopedagogias, tanto na sua vertente anglo-saxônica quanto na francófona. Temos, então, liberdade e natureza como os conceitos mais gerais e, ligados a eles, interesse, crescimento, desenvolvimento, maturação e meio: todos eles, conceitos da nova linguagem que, desde então e até hoje, estarão no âmago dos discursos pedagógicos.

De outro lado, utilizando as análises de P. Hadot (2006b), pode-se examinar o naturalismo de Rousseau como a expressão de uma atitude órfica perante a natureza. Na sua particular história sobre a noção de "natureza", o filósofo Pierre Hadot realiza um seguimento das metáforas

---

[112] No seu livro *A educação funcional* se inclui o artigo intitulado "J. J. Rousseau e a concepção funcional da infância" (1912), no qual tenta mostrar que o filósofo tinha expressado claramente no seu *Emílio* as cinco leis da concepção funcional da infância: lei da sucessão genética, lei do exercício genético-funcional, lei da adaptação ou de utilidade funcional, lei da autonomia funcional e lei da individualidade. *Vide*: Claparède (2007[1931]).

construídas no Ocidente em torno da fórmula de Heráclito *Physis kryptesthai philei* – geralmente traduzida por "a Natureza ama ocultar-se" –, que leva à ideia de que a Natureza tem segredos, guarda segredos, oculta segredos aos homens, fórmula que utilizada desde a Antiguidade, acompanha toda a história do pensamento ocidental. Perante os segredos da natureza, Hadot assinala a existência de, pelo menos, duas atitudes: uma que seria a atitude socrática, cuja característica é a recusa do saber sobre a natureza, seja porque existem coisas que ultrapassam o homem ou que são inacessíveis a seu pensamento, seja porque têm importância nenhuma, pois o principal é conduta moral e política. A outra atitude, pelo contrário, considera que o homem é capaz de desvendar os segredos da natureza e aqui haveria, pelo menos, duas vias:

> Se o homem experimentar a natureza como uma inimiga, hostil e ciumenta, que lhe resiste ocultando seus segredos, então haverá oposição entre a natureza e a arte humana, fundada na razão e na vontade humanas. O homem buscará, com a técnica, afirmar seu poder, sua dominação, seus direitos sobre a natureza.
>
> Se, ao contrário, o homem se considerar parte da natureza, porque a arte já está presente, de um modo imanente, na natureza, não haverá mais oposição entre a natureza e a arte, mas a arte humana, sobretudo em sua finalidade estética, será de algum modo o prolongamento da natureza, e não haverá mais relação de dominação entre a natureza e o homem (HADOT, 2006b, p. 114).

A primeira via é o caminho da ciência, que Hadot define como o "modelo judiciário" enquanto submete o processo natural a procedimentos jurídicos de inquisição, via que supõe uma relação hostil com a natureza. O melhor exemplo dessa opção é a postura de Bacon, que afirmara que "os segredos da natureza se revelam mais sob a tortura dos experimentos do que no seu curso natural". Mas, antes de Bacon, já existia esse modelo fundado no direito da razão humana sobre a natureza, modelo que a própria revelação bíblica confirmava no Gênesis quando ordenava a Adam e Eva crescer, multiplicar-se e dominar a terra. Parece ser também o modelo de Comênio, segundo o qual o triplo fim do "homem" é ser criatura racional, criatura dona e senhora das demais criaturas e criatura imagem e deleite do seu Criador. E ser dono e senhor das criaturas consiste em poder conhecê-las para melhor dispor delas, conforme seu fim legítimo e utilizá-las no seu próprio proveito (COMENIO, 1994a). Essa via também é analisada por Hadot ao modo de uma "atitude prometeica", cujo interesse é descobrir com astúcia e violência os segredos da natureza ou os segredos dos deuses, como já fizera Prometeu,"que segundo Hesíodo roubou aos deuses o segredo do fogo, a fim de melhorar a vida dos homens, e que, segundo Ésquilo e Platão, trouxe à humanidade os benefícios das técnicas e da civilização" (HADOT, 2006b, p. 118).

A segunda via corresponde ao "modelo da contemplação", que, afastando-se do uso de técnicas para modificar artificialmente a percepção das coisas, utiliza apenas o raciocínio, a imaginação, o discurso ou a atividade artística como uma maneira "ingênua" para compreender a natureza. Aqui Hadot fala da existência de uma "atitude órfica" para aludir ao poder de sedução que, segundo a lenda, tinha o canto e o tocar da lira de Orfeu sobre os seres e as coisas: "Não é pois com violência, mas com melodia, ritmo e harmonia que Orfeu penetra os segredos da natureza. Enquanto a atitude prometeica é inspirada pela audácia, pela curiosidade sem limites, pela vontade de poder e pela busca da utilidade, a atitude órfica, ao contrário, é inspirada pelo desinteresse e pelo respeito ao mistério" (HADOT, 2006b, p. 118).

A natureza de Rousseau, ou melhor, a atitude de Rousseau perante a natureza foi evidentemente uma atitude não judiciária mas contemplativa. Ele acreditava nos segredos da natureza e considerava tal atitude de encobrimento uma forma de proteger o "homem" de certos perigos como a "metalurgia". No seu Discurso sobre a desigualdade entre os homens, assinala que essa arte significou não só uma grande revolução para a humanidade mas também sua perdição, pois dela nasceram outras artes, como a agricultura, que trouxe a ambição, a exploração, a propriedade privada e as guerras. Levando em conta esses perigos, a natureza tinha se encarregado de colocar as minas de ferro em terrenos áridos desprovidos de árvores e plantas, onde não seria provável que, por exemplo, um incêndio conseguisse fundi-los, mostrando aos homens o segredo fatal. Então, com certeza, foi por causa de um acidente, talvez um vulcão vomitando matérias metálicas em fusão, que o segredo se ofereceu aos homens observadores, que depois imitaram essa operação da natureza.

Assim, a "educação negativa"[113] de Rousseau deriva da sua "atitude órfica": como não conhecemos a natureza infantil, é melhor não fazer

---

[113] Pois se tratava de não ensinar nada, de perder tempo, de deixar passar: "Atrever-me-ei expor aqui a regra maior, a mais importante, a mais útil de toda a educação? Pois não é o ganhar tempo, senão o perdê-lo" (ROUSSEAU, 1978c [1749], p. 49).

nada, ou talvez, fazer a única coisa certa: observar para conhecer. Observar pacientemente. O *Emílio* é um livro de observação, o primeiro livro de observação da criança. Não é um livro científico nem pretendia sê-lo, mas com sua atitude despretensiosa, com sua admiração pela natureza, com sua aguda contemplação, com sua dedicada observação dos "procedimentos da natureza", Rousseau consegue que ela "desvende" diante dos seus olhos os segredos da infância: o processo de crescimento, as modificações nos interesses, as características formas de agir em cada etapa, o processo de constituição da razão desde o funcionamento dos sentidos, passando pelos sentimentos para chegar finalmente à razão racional (por oposição à razão sensitiva das primeiras etapas do desenvolvimento).

Desse interesse de Rousseau por revelar os segredos da natureza humana – ele mesmo escreve, "nosso verdadeiro estudo é o da condição humana" (ROUSSEAU, 1999 [1762], p. 14) – aparece a ideia da perfectibilidade como uma das duas (a outra é a liberdade) características que permitiriam diferenciar claramente o homem dos animais:

> Mas, ainda quando as dificuldades que cercam todas essas questões deixassem por um instante de causar discussão sobre a diferença entre o homem e o animal, haveria uma outra qualidade muito específica que os distinguiria e a respeito da qual não pode haver contestação – é a faculdade de aperfeiçoar-se, faculdade que, com o auxílio das circunstâncias, desenvolve sucessivamente todas as outras e se encontra, entre nós, tanto na espécie quanto no indivíduo (ROUSSEAU, 1978b [1755], p. 243).

É verdade que antes de Rousseau, ora pela *institutio*, ora pela *eruditio*, acreditava-se na possibilidade do melhoramento do "homem", mas a *perfectibilité* implica uma mudança na própria natureza, tanto do indivíduo quanto da espécie. O homem natural não é da mesma natureza que o homem social, pois a sociedade instalou uma espécie de segunda natureza, e não é possível voltar ao estado primitivo. Mas essa faculdade de perfectibilidade que separa o homem dos animais tem, para o filósofo, um sentido paradoxal: ao mesmo tempo que permitiu a humanização e civilização, significou a deterioração e a depravação da espécie. O homem primitivo era bom, tinha o que precisava, e seus desejos estavam equilibrados com suas forças, de tal forma que era feliz. A sociedade, forma que se opõe à natureza e que foi o resultado dessa perfectibilidade humana, torno mau o homem, depravou sua inocência e sua felicidade originária, desequilibrando a relação entre os seus desejos e as suas forças, tornando-o, com o tempo, tirano de si mesmo e da própria natureza (ROUSSEAU,

1978b [1755]). Contudo, se as desgraças humanas têm sua origem na sua faculdade de aperfeiçoamento, também ali se encontra o segredo da sua felicidade futura. A crítica de Rousseau à civilização, à razão e seus produtos (as artes e as ciências) não é uma tentativa de restabelecer para a humanidade o reino do homem primitivo, não é a busca por um retorno do homem selvagem nem um abandono do estado social: é uma tentativa de, seguindo os procedimentos da natureza, devolver ao homem o estado de felicidade e liberdade perdido com a civilização. Para isso, seria preciso o estabelecimento de um novo pacto social.

Sobre esse ponto, devemos lembrar que, embora Rousseau se negue a formar Emílio para um ofício particular, embora considere que a única profissão dele seria ser homem, Emílio deverá ser um cidadão. Primeiro homem, mas depois, cidadão, quer dizer, indivíduo respeitoso de um pacto social, sujeito de um contrato social: o surgimento do *Homo civilis*. A garantia efetiva do melhoramento da sociedade, a única possibilidade para redimir, para regenerar a humanidade é o estabelecimento de um novo pacto social, mas esse novo contrato só poderá funcionar sob a base de uma educação fundamentada na natureza. Nesse sentido, o *Emílio* não é só um livro de educação; é também um texto político que está na esteira da *República*, de Platão. Digamos que, com o *Emílio*, o saber pedagógico moderno traspassa seu limiar político, permanecendo como um saber especializado no governamento de si e dos outros.

Voltando para a noção de perfectibilidade, haveria ainda dois aspectos a analisar: ela se confunde com a "educabilidade", pois o homem só pôde se aperfeiçoar quando teve necessidade de educação, isto é, quando necessitou comunicar aos outros suas intenções, seus pensamentos, e isso aconteceu no momento em que necessitou dos outros e precisou viver em comunidade. Essa faculdade de ser educado foi o que diferenciou radicalmente o homem dos animais, "pois o animal, pelo contrário [do homem], ao fim de alguns meses, é o que será por toda a vida, e sua espécie, no fim de milhares de anos, o que era no primeiro ano desses milhares" (ROUSSEAU, 1978b [1755], p. 243). Pode-se dizer, então, que essa "educabilidade" permitiu (e permite) o desenvolvimento da espécie humana e do indivíduo humano, sua transformação, seu progresso, mas também sua decadência. Graças a essa faculdade e por efeito de um longo e lento processo, o homem abandonou seu estado primitivo e alcançou a civilização, processo que se deu em distintas etapas sucessivas em que os resultados de uma foram condição para a seguinte.

Na explicação desse processo, Rousseau introduz uma interessante virada que será uma das características centrais do seu pensamento: os alicerces desse desenvolvimento encontram-se nas paixões. Estas tinham sido identificadas pelos moralistas como sinais de imperfeição, de inferioridade, de animalidade e, portanto, desprezadas e destinadas a ser submetidas e apenas toleradas como inevitáveis. Para Rousseau, pelo contrário, elas ocupam um lugar de destaque:

> Apesar do que dizem os moralistas, o entendimento humano muito deve às paixões que, segundo uma opinião geral, lhe devem também muito. É pela sua atividade que nossa razão se aperfeiçoa; só procuramos conhecer porque desejamos usufruir e é impossível conceber por que aquele, que não tem desejos ou temores, dar-se-ia a pena de raciocinar. As paixões, por sua vez, encontram sua origem em nossas necessidades e seu progresso em nossos conhecimentos, pois só se pode desejar ou temer as coisas segundo as idéias que delas se possa fazer ou pelo simples impulso da natureza; o homem selvagem, privado de toda espécie de luzes, só experimenta as paixões desta última espécie, não ultrapassando, pois, seus desejos a suas necessidades físicas (ROUSSEAU, 1978b [1755], p. 244).

No *Emílio* afirma também:

> Nossas paixões são o principal instrumento de nossa conservação; portanto, é uma tentativa tão vã quanto ridícula querer destruí-las; é governar a natureza, é reformar a obra de Deus [...] Ora, eu acharia aquele que quisesse impedir que as paixões nascessem quase tão louco quanto quem quisesse destruí-las, e aqueles que acreditam que tenha sido esse o meu plano até aqui com certeza entenderam-me muito mal (ROUSSEAU, 1999 [1762], p. 273).

O outro aspecto interessante que a ideia de aperfeiçoamento traz para a análise é a relação entre a perfectibilidade da espécie e do indivíduo: parece ser a infância, no seu processo de desenvolvimento e crescimento que percorre – nas suas linhas gerais – o processo de desenvolvimento da espécie humana. A vida de Emílio não é um repasse da vida da humanidade certamente; mas as linhas gerais do desenvolvimento de Emílio parecem corresponder em grande parte ao processo de constituição da espécie humana, com a diferença de que Emílio nunca chega a se degenerar. E isso acontece porque, diferentemente da humanidade, o processo de aperfeiçoamento de Emílio tem seguido a própria natureza, e esse processo é justamente o que Rousseau chama de "educação natural" ou "educação negativa".

A espécie humana desnaturou-se, afastou-se da natureza e constituiu a civilização, que degenerou sua humanidade primitiva. Esse processo, que tem como ponto de início o homem natural, inocente, ingênuo, que vivia em pequenos grupos, sem linguagem, sem morada fixa e cujos desejos se ajustavam a suas capacidades, submetido inteiramente à natureza, seguiu um longo caminho onde, pouco a pouco e sobre a base de reduzidos instintos, o homem desenvolveu sua razão e criou a sociedade com todas as suas vantagens, mas também com todas as sequelas negativas que levaram a espécie à sua degeneração (ROUSSEAU, 1978b [1755]).

A criança, assim como o homem primitivo, parte só dos seus limitados instintos, comparados com os animais, e vai, pouco a pouco, desenvolvendo a razão. Mas, por efeito da corrupção da sociedade em que mora e cresce, esse aperfeiçoamento será em realidade o caminho da sua perdição. Só uma criança como Emílio, afastada dessa sociedade corrupta, educada (aperfeiçoada) segundo as leis naturais, deixando operar a própria natureza, atingirá a verdadeira perfeição possível para um ser humano. Como diz Rousseau, Emílio será, sobretudo e antes de tudo, um homem, mas seu destino é a sociedade: Rousseau não quis formar um selvagem, não quis criar um homem primitivo. Ele sabia que Emílio não poderia viver isolado, ele teria que amadurecer, casar-se e formar parte de uma sociedade, mas para chegar lá com sucesso, era preciso educação. Não qualquer educação: uma educação fundamentada na natureza, e isso significa principalmente uma educação centrada na liberdade e nos interesses da criança.

Até aqui mostrei uma primeira característica da *éducation* rousseauniana, isto é, seu caráter natural ou sua consideração da natureza como fundamento. Em seguida, passarei para o seu outro aspecto-chave: a liberdade. Ela é o princípio e o instrumento, a condição e, ao mesmo tempo o meio para sua realização, daí que poderíamos nomear a educação de Emílio de "educação liberal". Porém, com isso não me estou referindo a uma educação fundamentada nos princípios de alguma ideologia liberal; também não quero, com isso, colocar a educação rousseauniana como oposta a um tipo de educação que poderia se considerar "conservadora". Aqui entendo por educação liberal uma ação educativa, na qual a liberdade volta a ser um assunto estratégico: só será possível educar desde a liberdade e para a liberdade. Nas palavras de Rousseau (1999 [1762], p. 55): "O espírito dessas regras é dar às crianças mais verdadeira liberdade e menos domínio, deixar que façam mais por si mesmas e exijam menos dos outros. Assim, acostumando-se cedo a limitar os seus desejos às suas forças, pouco sentirão a privação do que não estiver em seu poder".

Várias coisas estão envolvidas na afirmação anterior. Primeiro: é preciso dar liberdade, deixar as crianças agirem ou deixar agir a natureza nas crianças. Nesse sentido, a liberdade inicialmente é uma liberdade de movimento em função do crescimento e da maturação dos órgãos, elementos fundamentais no processo de desenvolvimento. Esse ponto é reconhecido em muitos dos estudos sobre o pensamento de Rousseau e constitui um elemento central da atividade educativa para a primeira infância, descrita no primeiro livro do *Emílio*. Seu objetivo é o fortalecimento do corpo, pois só um corpo forte pode obedecer à alma: "Quanto mais fraco é o corpo, mais ele comanda; quanto mais forte ele é, mais obedece. Todas as paixões sensuais habitam os corpos afeminados; quanto menos podem satisfazê-las, mais se excitam com elas" (ROUSSEAU, 1999 [1762], p. 32). Aqui, Rousseau assinala a importância do crescimento, do desenvolvimento, processos naturais que se devem respeitar, processos que têm sua própria temporalidade e que dão sentido à existência da infância como etapa inicial, na qual o homem se fortalece e aprende tudo o que precisa e que não foi dado nos instintos pela natureza: "Respeitai a infância e não vos apresseis em julgá-la, quer para bem, quer para mal [...] Deixai a natureza agir bastante tempo antes de resolver agir em seu lugar, temendo contrariar suas operações" (ROUSSEAU, 1999 [1762], p. 112). É preciso respeitar essa temporalidade. Rousseau chama a atenção para valorizar esses anos da infância, pois eles não são tempo perdido. A natureza precisa desse tempo para agir e, por isso, clama para que os adultos abandonem a pressa e sejam pacientes: o crescimento e o desenvolvimento são lentos, e parece que os adultos gostariam de apressá-los demais, daí a preocupação com o ensino das crianças, como se o método de ensino ou a ação do adulto pudessem substituir a ação da natureza.[114]

Segundo: o chamado a respeitar a infância é o chamado a deixar que as próprias crianças (e nelas, as forças da natureza) ajam. Respeitar o princípio de atividade, que é constituinte do sujeito, princípio que leva em si mesmo uma economia da ação: deve-se economizar a ação do adulto em função da própria ação da criança, pois será sempre mais

---

[114] "As instruções da natureza são tardias e lentas; as dos homens são quase sempre prematuras" (ROUSSEAU, 1999 [1762], p. 277).

eficaz, porque conta com o desejo e o interesse do sujeito, em lugar de opor-se a ele. Porém, deixar agir a criança (e a natureza), não ensinar nada, é um assunto que exige tempo, que requer muito tempo, pois além de amadurecer a criança precisa exercitar-se e ter experiências diversas, aprender por si mesma, motivo pelo qual deve errar e tentar muitas vezes antes de conseguir aprender. Eis o princípio ativo de que fala Rousseau, que é mais forte na infância e vai se apagando na velhice. Enquanto ser ativo, tem potência para querer ou desejar e força para executar as ações: "O princípio de toda ação está na vontade de um ser livre [...] O homem, portanto, é livre em suas ações e, como tal, animado de sua substância imaterial [...] Se o homem é ativo e livre, ele age por si mesmo" (ROUSSEAU, 1999 [1762], p. 378).

O *Homo docibilis* da Didática, como mostrei em capítulo anterior, não era um sujeito meramente passivo, mas sua docilidade, quer dizer, sua capacidade de aprender e ser instruído implicava uma ação direta do exterior: o ensino exercido pelo mestre mediante o método; pelo contrário, Emílio deve aprender sem ser ensinado (pelo menos diretamente), deve aprender o que tem que aprender por si mesmo, isto é, pela sua própria atividade, pois deve usar sua própria razão e não a alheia, deve exercitá-la para desenvolvê-la da mesma forma que acontece com o corpo, por causa do trabalho e da fadiga.[115] E já que podemos entender esse processo como o próprio processo educativo, pode-se dizer que Emílio, antes que um *Homo docibilis*, é um *Homo civilis*, isto é, um tipo de subjetividade constituída através da educação e na perspectiva da sua participação no "contrato social". Trata-se, então, do aparecimento de outra forma de subjetivação: constituição de uma subjetividade através da educação.

Terceiro: todo o anterior deve levar à felicidade: "É preciso ser feliz, caro Emílio, tal é o fim de todo ser sensível; é o primeiro desejo que a natureza imprimiu em nós, e o único que nunca nos abandona" (p. 623). Porém, não é fácil ser feliz, a felicidade exige valor, pois está em

---

[115] "Esta maneira de proceder exige uma paciência e uma circunspeção de que poucos professores são capazes, e sem a qual o discípulo nunca aprenderá a julgar. Se, por exemplo, quando ele se engana quanto à aparência do bastão quebrado, para lhe mostrar seu erro vós vos apressais a tirar o bastão da água, talvez façais com que deixe de se enganar. Porém, o que lhe ensinareis? Nada além daquilo que ele logo aprenderia por si mesmo. Oh, não é isso que se deve fazer! Trata-se menos de ensinar-lhe uma verdade do que mostrar-lhe como se deve agir para sempre descobrir a verdade. Para melhor instruí-lo, não devemos desenganá-lo tão cedo" (ROUSSEAU, 1999 [1762], p. 265).

íntima relação com a liberdade e não somos livres se não conseguimos dominar os desejos e as paixões. No início da vida, as necessidades de Emílio são superiores às suas forças, por isso precisa da ajuda dos adultos. Ainda que o princípio ativo seja nele muito intenso, a natureza compensa essa intensidade com a debilidade das suas forças: "Como homem, ele seria fraquíssimo; como criança, é muito forte" (p. 201). Quando chega à adolescência, a relação muda e terá forças em excesso: "Esse intervalo em que o indivíduo pode mais do que deseja, embora não seja o período de sua maior força absoluta, é, como já disse, o de sua maior força relativa" (p. 202). Todavia, quando chega a puberdade, e a paixão amorosa aparece junto com outros múltiplos desejos, fruto do trato social, então a situação muda radicalmente, e eis onde é preciso a maior fortaleza, pois, aprendendo a desejar, pode tornar-se escravo dos seus próprios desejos. Até então, Emílio tinha permanecido no reino da natureza submetido às suas leis, mas de agora em diante ingressará no mundo social, e aí, é preciso o aprendizado mais difícil: libertar-se do império de paixões artificiais que impõe a sociedade com seus luxos, comodidades e demais seduções. E é esse o momento da verdadeira liberdade: "Até agora só eras livre em aparência; tinhas somente a liberdade precária de um escravo a quem nada foi ordenado. Sê, agora, livre de fato; aprende a te tornares teu próprio senhor; governa teu coração, Emílio, e serás virtuoso" (p. 627). A verdadeira liberdade deve levar à felicidade, que não é mais que a prática da virtude, o governamento de nós mesmos pela razão.

Contudo, essa educação liberal não propõe uma liberdade total, mas uma liberdade regulada. Lembremos que a educação é uma forma de condução e direção, daí que podemos entender a educação liberal (a educação propriamente moderna) como uma forma de governar os indivíduos mediante a produção e regulação da sua liberdade.[116] Como diria Foucault (2007a), governar menos para governar mais; em nossos termos, educar menos para educar mais. E na educação de Emílio, educar (governar) menos quer dizer intervir diretamente menos, fazer menos para

---

[116] "Tentaram-se todos os instrumentos, menos um, exatamente o único que pode dar certo: a liberdade bem regrada. Não se deve tentar educar uma criança quando não se sabe conduzi-la para onde se quer unicamente através das leis do possível e do impossível. Sendo-lhe a esfera de um e de outro desconhecida, nós a ampliamos ou a estreitamos à sua volta à vontade. Prendemo-la, empurramo-la, detemo-la, unicamente com o laço da necessidade, sem que a criança reclame. Tornamo-la flexível e dócil somente pela força das coisas, sem que nenhum vício nela possa germinar, pois nunca as paixões se animam enquanto têm um efeito nulo" (ROUSSEAU, 1999 [1762], p. 89).

que o outro faça mais. A educação liberal é uma economia da educação. Mas isso não significa uma educação fraca nem uma educação escassa. Pelo contrário, a educação liberal é uma educação intensiva, permanente, constante, pois é uma educação da natureza, dos homens e das coisas.[117] É uma educação que renuncia ao governamento para governar mais; em palavras do próprio Rousseau (1999 [1762], p. 132):

> Nas educações mais cuidadas, o mestre manda e acredita governar; na verdade, é a criança quem governa [...] Tomai com vosso aluno o caminho oposto; que ele sempre acredite ser o mestre, e que sempre sejais vós. Não há sujeição mais perfeita do que a que conserva a aparência de liberdade [...] Sem dúvida ela sempre deve fazer o que quer, mas só deve querer o que quereis que ela faça.

Nesse sentido, a educação liberal exige mais trabalho do preceptor (ou *gouverneur*, como preferia Rousseau), pois ele não só deve estar presente e atuante em todo momento, desde o nascimento até a maturação e ingresso na vida social senão, além disso, deve evitar que sua presença e ação sejam muito evidentes.[118] Para isso, a educação dos homens deve, se possível, ser substituída pela educação das coisas, fato que nos leva para outro dos aspectos-chave dessa educação liberal: o controle do "meio". Assim, quando Rousseau convida para nada fazer, significa nada fazer diretamente, mas mediante a manipulação do meio, que é uma forma de incitar a ação da criança e das coisas sobre ela: a arte da educação liberal é a arte de acondicionar o meio para conduzir a ação das crianças. Rousseau dá vários exemplos dessa arte ao longo da educação de Emílio. No início, trata-se mais de um acompanhamento e de uma escassa intervenção à espera de que sejam as próprias consequências das ações de Emílio que sirvam de

---

[117] "O desenvolvimento interno de nossas faculdades e de nossos órgãos é a educação da natureza; o uso que nos ensinam a fazer desse desenvolvimento é a educação dos homens; e a aquisição de nossa própria experiência sobre os objetos que nos afetam, é a educação das coisas" (ROUSSEAU, 1999 [1762], p. 9).

[118] "Não podeis imaginar como, aos vinte anos, Emílio pode ser dócil. Como pensamos de maneira diferente! De minha parte, não consigo conceber como ele pôde sê-lo aos dez anos, pois que autoridade eu tinha sobre ele naquela idade? Precisei de quinze anos de trabalhos para obter essa autoridade. Na época, eu não educava, preparava-o para ser educado. Agora ele é o bastante para ser dócil; reconhece a voz da amizade e sabe obedecer à razão. É verdade que lhe concedo uma aparência de independência, mas nunca esteve tão submetido a mim, porque o está porque quer. Enquanto não pude apoderar-me de sua vontade, permaneci senhor de sua pessoa; não o deixei por um instante. Agora deixo-o às vezes entregue a si mesmo, porque o governo a todo instante" (ROUSSEAU, 1999 [1762], p. 457-58).

lição e oportunidade de aprendizagem. Mas, com o passar do tempo, com o crescimento de Emílio, a ação do preceptor se faz cada vez mais presente e exigente: não basta deixar que as próprias ações e suas consequências operem; é preciso criar situações que sirvam como meio educativo.

No Livro Segundo, o preceptor de Emílio prepara as condições para que seu discípulo aprenda a noção de "propriedade": partindo do desejo de Emílio por querer cultivar um jardim, escolhe um terreno (conhecendo que não é baldio e pertence ao vizinho) e lavra a terra para semear; Emílio, empolgado, toma posse do jardim semeando umas favas; todos os dias eles vão para regá-las e vêm germiná-las; o preceptor lembra que pertencem a Emílio para aumentar sua empolgação, mas um dia ele chega, regador em mão, e descobre que todas as favas foram arrancadas, e todo o terreno está revirado: "Ah! Que aconteceu com meu trabalho, com minha obra, o doce fruto dos meus zelos e de meus suores? Quem me tirou o que era meu? [...] O jovem se revolta; o primeiro sentimento de injustiça vem verter nele seu triste amargor; as lágrimas correm como riachos" (ROUSSEAU 1999 [1762], p. 99). Foi o vizinho quem, indignado, alega o fato deles terem semeado na sua propriedade e exige o respeito do seu direito: "Neste ensaio da maneira de inculcar nas crianças as noções primitivas, vemos como a idéia da propriedade remonta naturalmente ao direito do primeiro ocupante pelo trabalho" (p. 101).

Rousseau menciona outro exemplo, ainda não diretamente com Emílio, mas com outro discípulo seu: trata-se de um menino rebelde e impetuoso, que gostava de manipular os demais para conseguir satisfazer seus desejos. Um dia, pediu a Jean Jacques que o acompanhasse para dar uma volta e, como Jean Jacques se negou, o menino ameaçou ir sozinho, e Jean Jacques respondeu que não haveria problema. Pediu, então, a seu lacaio que o seguisse, mas, já avisado do "ensaio", ele se nega, argumentando estar muito ocupado. Desconcertado com a resposta, mas disposto a fazer sua vontade, o rapaz decidiu sair de casa. Duvidoso no início consegue afastar-se da casa, mas é seguido de perto – sem perceber – por um amigo da família, que também conhecia o ensaio. Algumas pessoas da vizinhança também foram informadas e falavam para o rapazinho sobre os inconvenientes de andar sozinho pela rua. Depois de algum tempo, e de ser alvo de burlas e zombarias de outros rapazes maiores ele se sente perdido e é resgatado pelo amigo que o leva de volta para casa: "Para terminar o desastre de sua expedição, exatamente no momento em que o menino voltava, seu pai descia para sair, e o encontrou na escada. Teve de dizer de onde vinha e porque eu não estava com ele. O pobre menino preferiria estar a cem pés por baixo da terra" (p. 139).

Manipular o meio, acondicionar o meio, preparar o ambiente em função de suas possibilidades educativas – essa é a nova tarefa do preceptor. Sua ação, oposta à ação didática, não deve ser direta; ele deve intervir, mas só através do meio, pois quem melhor ensina são as próprias coisas e a natureza. Nesse sentido, pode-se dizer que a educação é uma espécie de autorregulação, e não um disciplinamento, isto é, a ação do indivíduo em um meio (natural, artificial ou social) cujo resultado é o seu crescimento, seu desenvolvimento, sua maturação e sua aprendizagem. O disciplinamento, próprio da didática, implicava uma submissão ao método e à ação de ensino do mestre; portanto, operava sob a forma de uma regulamentação (do espaço, dos movimentos, do tempo). A educação liberal não pretende fundamentalmente disciplinar nem regulamentar, mas regular; ela opera mediante a liberdade de ação do sujeito em um meio que estabelece os seus limites e as suas possibilidades. Por isso, atua sob a forma de uma autorregulação da conduta.

Digamos que, enquanto a disciplina e a regulamentação são exteriores e artificiais, a regulação é interior (ao sujeito e à relação do sujeito com o meio) e natural.[119] Em outras palavras, para a educação liberal, a regulamentação é inútil, pois a regulação só é eficaz na medida em que se corresponde com o curso próprio das coisas, com a natureza delas. A disciplina pode criar sujeitos obedientes, mas essa obediência só será aparente ou relativa enquanto não for uma obediência à própria natureza, uma submissão às leis naturais, e não aos desejos de outro (o mestre, por exemplo). Rousseau mostra claramente a ideia de regulação quando, a propósito da emergência das paixões na puberdade, afirma:

[119] Sobre este assunto, Caruso esclarece: "É verdade que nos processos de disciplinamento dos corpos se encontra um poder 'exterior', o qual deve garantir e vigiar o exercício da repetição de rotinas de ordem tais como a disposição analítica do tempo e do espaço, a concentração e os desenvolvimentos. Mas a biopolítica está ancorada em processos que se desenvolvem no 'interior' do sujeito. Ela se caracteriza 'por levar em conta a natureza dos processos em jogo'. Isto é, a biopolítica se apoia em um saber sobre os processos vitais das pessoas e pressupõe a existência deles em função da sua direção e condução. No caso das disciplinas, pelo contrário, não se percebe essa característica fundamental de considerar a natureza dos processos 'dados' ou, pelo menos, a consideração deles não determina a lógica da intervenção disciplinária. Essa intervenção biopolítica, que não vem do 'interior' do sujeito, mas que ao mesmo tempo leva em conta essa 'interioridade', recebeu na obra de Foucault a denominação de 'regulação'. Em contraste com a estratégia de controle, a regulação representa uma racionalidade diferenciada da intervenção do governo" (CARUSO, 2005, p. 46).

> Como é preciso ser limitado para não ver nos desejos nascentes de um jovem mais do que um obstáculo para as lições da razão! De minha parte, vejo neles o verdadeiro meio de torná-lo dócil a essas mesmas lições. Só conquistamos autoridade sobre as paixões através das paixões; é por seu poderio que devemos combater sua tirania, e é sempre da própria natureza que devemos tirar os instrumentos próprios para ordená-la (ROUSSEAU, 1999 [1762], p. 449).

É da própria natureza que se devem tirar os instrumentos para a educação (para o governamento): essa é a verdadeira educação. Educação natural que é claramente uma educação biopolítica, pois não busca só preservar as crianças mas também fazer com que elas vivam:

> Só se pensa em conservar o filho; isto não é suficiente [...]. Por mais que tomeis precauções para que ele não morra, morrerá, no entanto, necessariamente; e, mesmo sua morte não sendo obra de vossos cuidados, eles seriam mal compreendidos. Trata-se menos de impedi-lo de morrer do que fazê-lo viver. Viver não é respirar, mas agir; é fazer uso de nossos órgãos, de nossos sentidos, de nossas faculdades, de todas as partes de nós mesmos que nos dão o sentimento de nossa existência (ROUSSEAU 1999 [1762], p. 15).

Educar, nessa nova perspectiva e, então, fazer viver utilizando para isso todas as forças e possibilidades da própria natureza humana e das coisas e, nesse sentido, o *Emílio* é uma incitação, um convite a fazer as crianças viverem e já não só conservá-las. Num outro sentido, poderíamos dizer também que o *Emílio* desenha a infância moderna, mas não é do meu interesse me aprofundar nesse aspecto, pois a historiografia da infância tem se debruçado amplamente nele.[120] Gostaria, sim, de remeter aqui o leitor a dois trabalhos particularmente interessantes, por sua proximidade com as minhas análises: o primeiro deles é o livro *Infância e poder*, de Narodowski (1994), no qual se estuda em detalhe a constituição da concepção moderna de infância no saber pedagógico, particularmente no pensamento de Comênio e Rousseau. O segundo trabalho é uma pesquisa de Marín-Díaz (2009), em que se realiza um amplo balanço dos estudos sobre a infância moderna e se apresenta – utilizando a noção de governamentalidade de Foucault desenvolvida nos seus cursos *Segurança, território, população e nascimento da biopolítica* – um instigante estudo sobre a constituição do que ela denomina as duas concepções de infância na Modernidade: a infância clássica e a infância liberal.

---

[120] Sobre este ponto remeto ao balanço elaborado por MARÍN-DÍAZ (2009).

Finalmente, gostaria de salientar dois aspectos sobre a análise da educação proposta por Rousseau, não menos dignos de consideração, ainda que pouco estudados: o caráter feminino da primeira educação e a importância do amor na relação educativa. Sobre o primeiro, no prefácio do seu *Emílio*, Rousseau esclarece que a obra foi iniciada para agradar a uma boa mãe. Já nas primeiras linhas do Livro I, deixa claro que se está dirigindo às mães e insta aos seus colegas a falar "sempre de preferência às mulheres em vossos tratados sobre educação" (ROUSSEAU 1999 [1762], p. 7), pois elas, por "natureza" e por seu próprio interesse, estão mais envolvidas com a educação dos filhos. Essa recomendação será levada muito a sério por Pestalozzi que, como assinala acertadamente Streck (2004, p. 66) "substitui o preceptor de Rousseau por Gertrudes, uma mãe virtuosa, no papel de educadora. Ela não educa apenas uma criança, mas todas as crianças do povoado com incansável doação materna e, através delas, regenera toda a comunidade".[121] Esses postulados estão associados à invenção da família moderna e da mulher-mãe, estudados por Donzelot (1980) e Badinter (1985), mas também ao processo que alguns têm chamado de "feminização do magistério", isto é, do processo através do qual a educação pública das crianças nas séries iniciais chegou a ser um assunto particularmente feminino.[122]

Intimamente vinculado a esse aspecto, teríamos o segundo, aquele que poderíamos de chamar com Saldarriaga (2003; 2006) de "amor pedagógico". Como ele mesmo diz:

> Não é um grande descobrimento dizer que a Pedagogia foi uma das formas de ritualização das relações eróticas mais difundidas entre as sociedades ocidentais e ocidentalizadas, de modo que uma das possíveis definições de Pedagogia seria como: dispositivo destinado a juntar as relações entre o amor e o conhecimento, fazendo passar elas pelo ensino (2006, p. 45).

Ainda que Rousseau não se tenha debruçado nessa temática, é claro que o amor está presente em todo o processo da educação de Emílio, e talvez sejam estas emotivas palavras do final do seu livro que permitam perceber melhor o significado desse amor pedagógico:

---

[121] Lembre-se que entre os dois mais importantes escritos de Pestalozzi estão os livros: *Leonardo e Gertrudes* (1781) e *Como Gertrudes ensina suas crianças* (1801).

[122] *Vide:* Primer Congreso Internacional sobre los Procesos de Feminización del Magisterio (2001).

> Quantas vezes, contemplando neles [Emílio e Sofia] a minha obra, sinto-me tomado de um arrebatamento que faz palpitar meu coração! Quantas vezes junto suas mãos às minhas, abençoando a providência e dando longos suspiros! Quantos beijos dou nessas mãos que se apertam! Com quantas lágrimas de alegria eles sentem que as cubro! Também "se enternecem por seu lado, compartilhando meus arroubos" (ROUSSEAU, 1999 [1762], p. 680).

A obra educativa é uma obra de amor, e a relação pedagógica é uma relação amorosa. Deveríamos voltar sobre esse assunto, que é como um novo limiar do erotismo pedagógico, o limiar moderno da erótica pedagógica a partir da qual seria possível, por exemplo, explorar as relações entre o amor e a "governamentalidade liberal", isto é, estudar o amor (da mãe pelos filhos, do mestre para os seus alunos) como princípio da subjetividade moderna (SÁENZ; SALDARRIAGA; OSPINA, 1997). Mas, pelo momento, essa possível análise arquigenealógica terá que ser adiada, pois o caminho traçado para esta pesquisa tenta seguir as pegadas que levaram o saber pedagógico pela linha da sua epistemologização.

A *Bildung* como "formação" do Homem

O conceito de *Bildung* ofereceu uma tripla dificuldade para sua abordagem neste trabalho: em primeiro lugar, no contexto latino-americano (particularmente no caso colombiano e brasileiro, marco da realização desta pesquisa), a tradição pedagógica germânica é pouco conhecida, portanto sua presença no campo intelectual e nos processos de formação de professores foi muito limitada (diferentemente do que acontece, em ambos os países, com as tradições francófona e anglo-saxônica). Em segundo lugar, meu desconhecimento completo da língua alemã impediu a revisão das poucas traduções disponíveis sobre o tema. Contudo, era impossível deixar de lado uma aproximação a esse conceito central na constituição do pensamento pedagógico moderno e, ainda que o aparecimento de vários estudos sobre a tradição germânica na última década não substitua a comparação direta com as próprias fontes (fato que mostra o crescente interesse na temática, tanto na América Latina quanto na Europa não germânica e no mundo anglo-saxão) – constituiu um grande apoio para esta minha pesquisa.[123] Em terceiro lugar, é preciso assinalar o grande

---

[123] Nesse sentido é preciso destacar especialmente os trabalhos de Lüth e Horton-Krüger (2000), Klafki (2000), Ipland (1998), Vilanou (1998a, 1998b, 2001), Ginzo (1998) e Weber (2006). Vale

número de autores (entre eles, Humboldt, Herder, Schelling, Hegel, Kant, Herbart, Pestalozzi, Fröebel, Willmann, Natorp, Dilthey, etc.) e textos produzidos sobre esse problema da "formação", cuja análise supera amplamente as minhas possibilidades. Por último, estão as dificuldades próprias do significado do conceito de *Bildung* e sua tradução, pois não se trata de um conceito claramente delimitado, mas de elaborações de diversos autores que, baseados em distintas perspectivas, contribuíram na sua construção. Gieseck (*apud* IPFLING, 1974, p. 162) afirma o seguinte: "A palavra formação (*Bildung*) é talvez o conceito mais confuso que existe no uso linguístico pedagógico da atualidade. Encontra-se guarnecido de tantos matizes de significado e entrou em tantas diferenças históricas que já não é possível utilizá-lo de modo inequívoco". Ipland (1998), por exemplo, assinala o caráter polêmico da definição de *Bildung* e o leque de possibilidades que oferece e menciona a existência de pelo menos três tendências importantes na sua evolução: o Pietismo, o Iluminismo e o movimento *Sturm und Drang*.[124] Por sua parte, Weber (2006) também insiste na polissemia do conceito e fala de três modelos da *Bildung*: o clássico (Johann Winckelmann, W. Von Humboldt, entre outros), o romântico (movimento *Sturm und Drang*) e o trágico (Hölderlin e Nietzsche).

Contudo, além das diferenças, é possível estabelecer um conjunto de elementos que estiveram na base da constituição de tal conceito e algumas características gerais compartilhadas pelas diferentes posturas intelectuais ligadas ao seu desenvolvimento. Klafki (1987; 2000) – um dos *experts* alemães na teoria da *Bildung* – menciona três tendências que, entre os últimos decênios do século XVIII e os primeiros do século XIX, contribuíram na conformação de uma teoria da *Bildung*: o começo do estabelecimento de

---

a pena também assinalar a importante contribuição que desde várias décadas atrás tem realizado o Instituto de Colaboração Científica Tübingen/Madrid com a publicação em versão castelhana da Revista "Educación".

[124] Pode-se traduzir como "Tempestade e Impulso", movimento literário alemão da segunda metade do século XVIII, que se exprimiu particularmente no teatro como oposição à *Aufklärung*, isto é, à excessiva valorização da razão salientando, portanto, a natureza e as paixões. Goethe, Schiller e Herder fizeram parte deste movimento. Sobre tal movimento diz Weber (2006, p. 121): "Em fins do século XVIII, a Alemanha é marcada por uma dupla reação à cultura francesa – uma negativa e outra positiva – assim caracterizadas: a reação negativa expressa, nos movimentos literários *Sturm und Drang* e no Romantismo, pela rejeição tanto da supremacia das letras francesas, bem como dos valores e dos costumes franceses, servindo também como crítica da superficialidade das cortes alemãs que se submetiam ao domínio do gosto francês, contentando-se em imitá-lo; a reação positiva é expressa na anuência aos princípios da revolução".

uma sociedade burguesa em luta pela abolição da sociedade feudal e do absolutismo, principalmente com a Revolução Francesa e todas as suas contradições, dificuldades e desenvolvimentos; os estádios primitivos do desenvolvimento técnico-industrial e suas consequências sociais; o processo de secularização fortemente promovido pelo Iluminismo, processo que, contudo, não significou uma hostilidade contra a religião, mas sua justificação frente à razão e à secular experiência humana.

Porém, na esteira da perspectiva que venho desenvolvendo, houve dois acontecimentos particularmente importantes e muito próprios do contexto germânico desse período que agiram como condição de possibilidade para uma teoria da *Bildung*: por uma parte, o movimento "cameralista" que, iniciado no século XVI, levou à constituição, durante o século XVIII, das chamadas "ciências do Estado" (*Staatswissenchaften*); por outra parte, o movimento neo-humanista do final do século XVIII, que se opôs tanto à concepção mecanicista quanto à utilitária do homem predominante no Iluminismo e nas "ciências do Estado". O cameralismo foi um movimento próprio dos países germânicos, inicialmente referente à rotina dos escritórios (em latim *camĕra* ou *camăra*) nos quais os empregados governamentais, principalmente dos departamentos fiscais, faziam seu trabalho (GUERRERO, 1988).[125] Foi uma tática e, por sua vez, um saber sobre a administração; seu propósito era aumentar o poder do Estado e, ao mesmo tempo, o bem-estar da população. Essa técnica e esse saber constituíram nos países germânicos uma "ciência" ou conjunto de ciências sobre assuntos do Estado: economia, administração, política. Para sua implementação e seu desenvolvimento, tais ciências necessitaram formar um amplo contingente de funcionários públicos para quem se abriram cadeiras nas universidades de Halle e Frankfurt, que com o tempo constituíram um estrito sistema de formação com professores especialistas, exames e estágios.

---

[125] É preciso aqui salientar a estreita vinculação entre este movimento e o Pietismo. Sobre esse aspecto diz Melton (2002, p. 140): "O Pietismo influiu pedagogicamente de maneira não desprezível devido a que focalizou assuntos tratados pelos escritores cameralistas e pelos funcionários do Estado. Como vimos, os cameralistas denunciaram a escassez de trabalho na indústria têxtil devido ao ethos de subsistência dos lares protoindustriais. A Pedagogia pietista, por sua parte, prometeu transformar esse ethos. A concepção Pietista do trabalho como obrigação moral onipresente deu para o trabalho uma significação além do mero cumprimento das necessidades de subsistência subvertendo o ethos da mera subsistência e impondo nos indivíduos a obrigação moral produzir além das suas necessidades imediatas; dessa maneira removeu os limites para a autoexploração".

Willmann (1948 [1882]) atribui a Lorenz von Stein (1815-1890) – economista, sociólogo, professor da Universidade de Kiel, mas sobretudo, especialista em Ciências do Estado (*Staatswissenchaften*) – a fundação da teoria da *Bildung*, fato que resulta interessante para os nossos propósitos, pois o que para Willmann constitui um reproche para a Pedagogia e os pedagogos serve para nos mostrar a estreita vinculação entre a arte de governar e a arte de educar. Vimos antes como na educação de Emílio, ainda que referida a um indivíduo e sem ser de caráter público (estatal), um dos seus objetivos era evidentemente político, na medida em que buscava preparar Emílio para, depois de atingir sua condição de "homem", ser um verdadeiro cidadão: esse indivíduo que aceitava voluntária e cientemente cumprir o novo contrato social (o *Homo civilis*). Já no caso alemão, a *Bildung* aparece estreitamente vinculada aos assuntos próprios do Estado. Para Stein, por exemplo, a regulação da vida espiritual, segundo determinados limites e categorias, exigia a intervenção do Estado, pois a "formação" (*Bildung*) era o processo de produção de bens da vida espiritual.

O ponto de partida das análises de Stein era o conceito de propriedade, o bem espiritual que estava conformado pelos conhecimentos e pelas destrezas produzidos pelo trabalho espiritual e a aplicação econômica. A formação é inicialmente um assunto do indivíduo e vincula-se à personalidade, mas, na medida em que cada indivíduo precisa para sua própria formação da colaboração dos outros, a *Bildung* aparece como elemento orgânico da vida social. Stein distingue três domínios da "formação pública": elementar, que corresponde à escola primária; profissional, dividida em culta, econômica e artística; e geral, que compreende tudo aquilo que se vincula aos distintos ramos profissionais e encontra seu órgão na imprensa e suas instituições, nas academias, bibliotecas, coleções e teatros. Dessa forma:

> Stein atribui à Pedagogia uma zona de investigação própria, que ele define com a missão de determinar "os princípios e leis, segundo os quais cada indivíduo conquista os bens espirituais graças à cooperação ativa dos outros", enquanto que a teoria das Ciências econômico-administrativas [*Staatswissenchaften*] ocupa-se do "aspecto e ordem extremos e concretos das ramificações, órgãos e instituições da Formação, graças aos quais realiza a Administração a atividade formativa com uma missão da comunidade para com ela mesma" (WILLMANN, 1948 [1882], p. 63).

Segundo essa perspectiva, Teoria da Formação e Ciências do Estado aparecem como elementos indissociáveis da, na e para a arte de governar:

governamento de si que implica uma dupla atividade ética e cognitiva e governamento dos outros em função do "bem comum", segundo fins morais, políticos e econômicos. Como resposta à expansão e à consolidação das "ciências do Estado", no final do século XVIII e começo do XIX, uma nova geração de intelectuais, inspirados nas fontes da Grécia Clássica, questionou as visões utilitaristas predominantes em nome de um humanismo cuja pretensão era alcançar o verdadeiro desenvolvimento de todas as potencialidades humanas, cerceadas pelos interesses utilitários do Estado. O homem do Iluminismo estava centrado na razão e a serviço do Estado e da sociedade: o desenvolvimento do novo homem deveria ser independente de qualquer finalidade e utilidade. Como dizia Humboldt: "O verdadeiro fim do homem, ou aquilo que é prescrito pelos ditados da razão eternos e imutáveis e não por vagos e transitórios princípios é o mais alto e harmonioso desenvolvimento de seus poderes para uma completa e consistente totalidade" (*apud* WESTBURY, 2000, p. 24).

Segundo essa perspectiva, foi possível uma transformação educativa que se concretizaria no conceito de *Bildung*. Derivada do termo alemão *bilden*, que significa "formar", a palavra poderia ser traduzida como "formação" nos seus dois sentidos: formação da personalidade como unidade e como produto ou resultado dessa formação. *Bildung* refere-se, então, ao conjunto de instituições, disposições e meios que auxiliam o indivíduo na sua incorporação e assimilação de determinados conhecimentos, pontos de vista gerais e habilidades de caráter fundamental e universalmente válido como elementos fecundos, livremente disponíveis da vida espiritual, para atingir com isso um grau de capacitação ética e espiritual. Nas palavras de Willmann (1948 [1882], p. 51), a *Bildung*:

> Designa simultaneamente uma atividade – formar – e um estado – a adaptabilidade de uma forma – e as composições derivadas se incluem bem numa bem noutra de ambas as acepções (Formação, instituição formativa, finalidade formativa, etc., ou bem: grau de formação, aquisição formativa, fonte de formação, etc.). Sua fundamental significação sensorial – conformação ou forma de uma sustância material – tem tardado muito em ser abandonada e só realizou-se sua introdução no domínio do espiritual depois que teve recolhida a herança de outras mais antigas expressões, como erudição, formação, cultura espiritual, ilustração, etc.

Na tentativa de compreender melhor o significado do conceito de Bildung, é importante retomar as análises de Klafki (1987, 2000) segundo o qual são quatro as características centrais das teorias clássicas da *Bildung*.[126] Em primeiro lugar, a *Bildung* é expressa mediante os conceitos de autodeterminação, liberdade, emancipação, autonomia, maioridade, razão, autoatividade. Nesse sentido, significaria capacitação para a autodeterminação racional, e a autoatividade é a forma central de realização do processo formativo. Sobre esse aspecto, Kant (*apud* KLAFKI, 1998, p. 45) escrevia: "Melhorar-se a si mesmo, cultivar-se a si mesmo, [...] criar moralidade em si, é isso o que o homem deve fazer".

Em segundo lugar, a *Bildung* pode ser entendida como desenvolvimento do sujeito no mundo do objetivo-universal; porém, isso não deve ser entendido como uma perspectiva subjetivista, pois para as teorias clássicas da *Bildung*, o sujeito consegue atingir a racionalidade como parte de um processo de apropriação e discussão crítica da cultura que não se reduz a um plano de estudo, mas que é uma formação não conclusiva que abarca a totalidade da vida. Se a condição da formação é a existência de uma cultura humana anterior, o conceito de *Bildung* privilegia, então, as produções humanas, os ganhos civilizatórios na satisfação de necessidades, o conhecimento sobre a natureza e sobre o mundo humano, as ações políticas, os sistemas de normas e ações éticas, as formas de vida social, os produtos estéticos, etc. Aqui os conceitos centrais são humanidade, homem, humano, mundo, objetividade, universal.

Em terceiro lugar, a *Bildung* implica uma relação "dialética" entre individualidade e a coletividade, isto é, a formação da individualidade é a maneira particular como se concretiza, em cada caso, a objetividade geral (mundo, cultura), e tal concretização só é possível mediante a apropriação e discussão crítica do objetivo geral. Porém, isso não representa uma limitação, senão a condição prévia para o desenvolvimento da plenitude que em potência encerra, em cada caso, o geral. Em outras palavras, a formação implica uma relação dialética entre a capacidade de autodeterminação e um conteúdo objetivo geral prévio. Além do mais, é preciso entender aqui a individualidade não só como referente a um sujeito específico: as nações, os povos e as culturas são considerados dentro das teorias clássicas

---

[126] É importante salientar o uso do plural por parte de Klafki, pois se trata de uma análise das diversas perspectivas sobre a *Bildung*, e não de uma teoria em particular. Sobre esse aspecto, ele mesmo esclarece que a determinação dessas quatro características constitui não uma reprodução, mas uma interpretação comparativa e sinóptica dos conceitos dos diversos autores.

da "formação" como "individualidades coletivas", isto é, como expressões inconfundíveis de possível humanidade dentro do processo histórico. Daí a importância formativa da filosofia da história (Herder, por exemplo), enquanto se perguntava pelos ganhos, pelas limitações e pelos erros dessas distintas individualidades coletivas; daí também a idealização que os neo-humanistas fizeram dos gregos como modelo normativo, como exemplo de humanidade não repetível e que se exprimia na expressão *bilde dich griegisch* (forma-te como um grego).

Em quarto lugar, Klafki assinala o acordo nas teorias clássicas sobre a existência de pelo menos três dimensões da atividade humana (correspondentes à divisão básica da filosofia kantiana) que devem ser alvo da *Bildung*: a dimensão moral, a cognitiva e a estética. No caso de Humboldt, trata-se da "formação geral do homem"; para Pestalozzi, essas dimensões corresponderiam à tripla formação da "cabeça, o coração e mão" e no caso de Herbart, seria a formação do "interesse múltiplo" ou multiplicidade do interesse. Especificamente na dimensão moral, as teorias clássicas da "formação" consideram-na um despertar da responsabilidade moral autodeterminada, da disposição para a ação moral e da faculdade de ação. Na dimensão intelectual, do conhecimento ou do pensamento, a formação nas teorias clássicas jamais deveria, diz Klafki, fomentar a racionalidade instrumental sem vinculação com a reflexão racional sobre o sentido humano, sobre a responsabilidade das suas possibilidades de aplicação. Nesse sentido, para compreender melhor o que isso significa, torna-se útil a diferenciação estabelecida por Kant entre intelecto (*Verstand*) e razão (*Vernunft*):

> "Intelecto" designa, no sentido estrito da palavra, a racionalidade instrumental por meio da qual, num processo que não se pode concluir, produzem-se saber e conhecimento que logo podem encontrar aplicação técnica, num princípio para qualquer finalidade; "razão", pelo contrário, se refere a esse modo reflexivo de racionalidade segundo a qual nos perguntamos, por um lado, pelos quesitos dos conhecimentos fundados no intelecto e, por outro, pela fundamentação das metas perseguidas com a aplicação de saber e os conhecimentos; no contexto das teorias clássicas da educação [*Bildung*] isso significa o seguinte: perguntar-se pelas possibilidades e limites da racionalidade instrumental para uma existência humana do homem (KLAFKI, 1987, p. 55).

Segundo as análises de Klafki, a ênfase que durante o século XIX teve essa dimensão cognitiva constituiu um dos aspectos da decadência do conceito de *Bildung*, na medida em que apagou o valor de, por exemplo, a dimensão estética, cuja ampla extensão nas teorias clássicas abrangeu conceitos como: formação da "sensibilidade" (no sentido de aperfeiçoamento da faculdade sensitiva) diante dos fenômenos da natureza e da expressão humana; desenvolvimento da faculdade imaginativa ou fantasia; desenvolvimento do gosto e da faculdade do gozo e juízo estéticos; capacidade para a brincadeira e para a sociabilidade. A formação estética, nesse sentido, não era entendida como formação na grande literatura, teatro, música ou artes plásticas, mas na ideia de uma estética do cotidiano, isto é:

> [...] desde a bijuteria ao desenho de móveis, desde o vestido à música popular; compreende igualmente o baile, os jogos, as festas, abarcando todas as formas de trato entre os homens e todos os estilos da sociabilidade, incluindo também o erotismo – Schiller, por exemplo – enquanto o cultivo estético da sexualidade natural. Uma vez mais podemos apreciar que os enfoques teóricos daquela época sobre a educação vão muito além do estreito marco da educação escolar (KLAFKI, 1987, p. 57).

Schiller foi quem deu maior importância ao problema estético na teoria da formação, e sua filosofia foi uma tentativa de solucionar o problema deixado pela estética kantiana.[127] Entretanto, sua concepção da experiência estética foi ambígua na medida em que era considerada tanto um meio quanto um fim da educação: meio ou elo metódico no caminho da educação da faculdade racional político-moral do homem; fim enquanto possibilidade humana qualitativamente específica e com valor próprio, isto é, enquanto experiência da felicidade, da satisfação humana e da ideia de plenitude e esperança de uma boa vida futura por realizar-se (KLAFKI, 1987).

Até aqui temos uma perspectiva geral da procedência e abrangência do conceito de *Bildung* nas teorias clássicas, porém, para uma maior compreensão do seu significado, talvez seja útil uma comparação com o conceito de *éducation* estudado anteriormente. Apesar de sua proximidade – e ainda que muitos tradutores prefiram o termo "educação" (tanto em francês quanto em português ou castelhano) para traduzir o vocábulo

---

[127] "[...] a filosofia kantiana para Schiller parece carecer de um acabamento: a *Crítica do juízo*, que abalara toda a estética de até então, não conseguira elevá-la à condição de *doutrina* do gosto. A estética kantiana parece ter permanecido uma mera 'propedêutica' – à maneira que 'preparou os fundamentos' – à teoria da arte, e concordando neste ponto com toda a filosofia pós-kantiana, Schiller propõe-se como tarefa *completar o sistema* entrevisto por Kant" (SUZUKI, 2002, p. 8).

Bildung – há diferenças significativas que é preciso salientar na perspectiva de apreciar as particularidades culturais envolvidas na construção desses conceitos; particularidades que, no caso do saber pedagógico, aparecem intimamente vinculadas à constituição de determinadas tradições intelectuais que aqui denominei como tradições pedagógicas francófona, anglo-saxônica e germânica.

Bildung e educação: os alicerces das tradições pedagógicas modernas

No campo da história da educação e das teorias pedagógicas, o termo *Bildung* tem se traduzido pelos vocábulos "formação" e "educação", disponíveis tanto em inglês como nas línguas românicas. Concordo com a utilização do termo "formação", apesar das dificuldades que pode apresentar, mas discordo completamente com a utilização de "educação" como sinônimo ou substituto para *Bildung*. Da perspectiva que desenvolvi até aqui, posso assinalar várias diferenças significativas da constituição de cada conceito que impedem a identificação de um com o outro. A primeira diferença entre os conceitos de *Bildung* e educação pode ser marcada usando a análise de Ipfling (1974), que estabelece a relação dessas noções com outros dois conceitos mais antigos, *educatio* e *eruditio*:

> Enquanto que *educatio* significa literalmente criação, educação, englobando, portanto, as preocupações biológico-fisiológicas e as medidas disciplinadoras e civilizantes, a *eruditio* deve traduzir-se por ensino, formação sábia; *eruditio* significa a cultivação do espírito, da alma e relaciona-se especialmente com a linguagem, as artes e as ciências. Educação e erudição assinalam assim, em sentido estrito, já no plano terminológico uma diferença qualitativa, que evidentemente se passa por alto de muitos modos (IPFLING, 1974, p. 163).

Nos termos deste trabalho de pesquisa e lembrando as análises do capítulo anterior, a "educação" estaria localizada na tradição da *institutio*, enquanto a *Bildung* seria uma espécie de atualização da *eruditio*, proveniente da Didática do século XVII. Contudo e para compreender melhor as diferenças desses dois conceitos e sua constituição nas duas formas de governamento do indivíduo moderno, elaboradas no pensamento e nas práticas pedagógicas desde fim do século XVIII, temos que lançar mão de outros conceitos intimamente ligados à *Bildung* e à educação: trata-se dos conceitos de natureza, civilização, cultura e mundo (*Welt*).

Segundo Gadamer, a palavra *Bildung* afastou-se, no século XVIII, do seu sentido de aparência externa (forma) e se vinculou estreitamente ao conceito de cultura para designar "antes de tudo, especificamente, a maneira humana de aperfeiçoar suas aptidões e faculdades" (GADAMER, 1998, p. 48), particularmente com Kant e Hegel. No caso de Humboldt, a *Bildung* está em intima relação com sua crítica às ciências (sem dúvida, em sintonia com o discurso de Rousseau sobre as artes e as ciências), na medida em que esse autor considerava que o desenvolvimento delas não tinha contribuído para o melhoramento da humanidade. Dessa forma, a *Bildung* seria a oportunidade para colocar a ciência na direção da formação, portanto do aperfeiçoamento da humanidade.

Essa *Bildung* supõe o homem como agente ou, em outros termos, supõe como seu fundamento, a atividade a capacidade de agir (agência) do ser humano.[128] Por meio do exercício do pensamento, das ações, da atividade externa, o homem compreende suas operações racionais e faz sua vontade livre e independente. No âmago do ser humano está seu poder inato de ação, que se manifesta mediante diversas faculdades receptivas e ativas em permanente interatividade. Trata-se de uma energia ou força – *Kraft* – que mantém unido o universo e que se manifesta em cada ser como um desdobramento, um aperfeiçoamento, daí que *Bildung* signifique formação das forças individuais (IPLAND, 1998). Mas Lüth (2000, p. 66) acrescenta que, para Humboldt:

> O foco não está unicamente dirigido para os poderes da humanidade, senão também para os resultados obtidos mediante a atividade [*agency*] desses poderes. Mediante tais resultados, as tendências da humanidade adquirem valor e continuidade, qualidade e quantidade. O mundo, processado pelo pensamento e a ação não é mais considerado simplesmente como conteúdo, mas como aquilo onde a realização humana pode ser atingida.

Esse mundo não é só o mundo físico; Lüth assinala que Humboldt utiliza os termos *Natur* (natureza) e *Welt* (mundo) como intercambiáveis sem diferenciá-los claramente, mas parece que sua ideia de mundo é mais abrangente e com ela refere-se à sociedade, à história, aos produtos culturais e a outras pessoas. Assim, o mundo ou a cultura são a referência central da *Bildung* por oposição à natureza, que é a referência da

---

[128] Uma análise sobre o aparecimento da ideia de "agência" encontra-se em Popkewitz (2008).

educação de Rousseau. A *éducation* devia seguir a natureza para atingir sucesso, enquanto a *Bildung* tinha como modelo a cultura, perceptível na história da humanidade.

De outro lado, a educação de Rousseau aparece, num primeiro momento, como oposta à civilização (esta representa a corrupção humana que deve ser superada por meio da educação), mas constitui, por sua vez, a possibilidade de uma redenção do homem civilizado, de tal forma que de uma ou outra maneira, educação e civilização aparecem vinculadas nas suas análises. Pelo contrário, a *Bildung* não faz referência à civilização – termo este próprio das culturas anglo-saxônica e francófona – e sim, ao conceito de cultura. Nesse sentido, as elaborações de Elias (1987, p. 58) resultam esclarecedoras:

> O conceito francês e inglês de "civilização" pode referir-se a fatos políticos ou econômicos, religiosos ou técnicos, morais ou sociais, enquanto que o conceito alemão de "cultura" remete-se substancialmente a fatos espirituais, artísticos e religiosos, e mostra uma tendência manifesta para traçar uma clara linha divisória entre os fatos desse tipo e os de caráter político, econômico e social. O conceito francês e inglês de "civilização" pode referir-se às realizações, aos logros, porém também se refere à atitude, à "*behaviour*" dos seres humanos, com independência de si têm realizado algo ou não. Pelo contrário, no conceito alemão de "cultura" praticamente tem desaparecido a referência à "*behaviour*", isto é, aos valores que possa ter um ser humano, por seu mero existir e seu mero comportar-se, com independência de suas realizações; o significado especificamente alemão do conceito de "cultura" se revela em toda sua pureza no seu derivado, o qualificativo "cultural", que não designa o valor do ser de um homem, senão o valor e o caráter de certos produtos humanos. Essa palavra, no entanto, o conceito de "cultural", não é traduzível diretamente para o francês ou para o inglês.

Natureza e civilização aparecem na educação como termos opostos: uma representa o ponto de partida, a origem, a ideia de bem; a outra, o desvio, a degeneração, o mal. O homem natural, inocente e bom transformou-se no homem civilizado, artificial e mau. É preciso, por isso, retomar o caminho da natureza, deixar que ela aja, procurar não intervir, daí que a educação de Emílio não tenha conteúdos específicos, só a espontânea e progressiva relação entre ele e seu meio determinarão aquilo que deve ser aprendido. Trata-se, ademais, de uma educação centrada no indivíduo, pensada como um processo de natural desenvolvimento e crescimento do indivíduo. Pelo contrário, a *Bildung* precisa de conteúdos, pois a formação não pode ser um ato espontâneo, e precisa de referentes que não são a natureza mas o mundo (*Welt*) ou a cultura.

Se, para Rousseau, a história da humanidade tinha um papel "educativo" enquanto servia de guia do processo de desenvolvimento da criança, para os teóricos da *Bildung*, a história da humanidade tinha um papel "formativo" enquanto forma de ordenar e hierarquizar os ideais de humanidade presentes nos diferentes momentos e culturas. A filosofia da história (Kant, Herder, Humboldt) era como uma tentativa de construir uma História Universal como história formativa da humanidade (IPLAND, 1998); a história da humanidade funcionou como uma força formadora (*bildende Kraft*) (WEBER, 2006).

A *Bildung* é, então, formação mediante um conteúdo ou uns conteúdos particulares que são os próprios produtos culturais dos diversos povos na história, e nisso se aproxima à instrução. Mas, como assinala Willmann,

> [...] excede à simples aquisição de conhecimento ou de destreza no sentido de que converte a matéria transmitida num elemento livremente disponível e fecundo espiritualmente. O conteúdo instrutivo de um objeto reside na sua contribuição à ampliação do saber; seu conteúdo formativo consiste no incremento que comunica à força plástica espiritual, ainda quando seu veículo em grande medida tenha sido esquecido. O primeiro é uma possessão; o segundo é, além, uma determinação ulterior da personalidade, um hábito (WILLMANN, 1948 [1882], p. 52).

De outro lado, e como reconhece Ipfling (1974), ainda que a *Bildung* esteja próxima da antiga *eruditio*, irá se afastando de um conhecimento enciclopédico, da ideia de ensinar tudo a todos e, com isso, da antiga Didática. No fim do século XIX, Willmann já dá conta desse afastamento:

> Erudição em todas as direções, investigação enciclopédica, são conceitos que se tem feito contraditórios em si mesmos, porque só concebemos a investigação científica referida a um setor bem delimitado e negamos todo caráter científico a um recorrido pela *"orbis doctrinae"* [...]. Uma Didática que pretenda ser como a arte de ensinar renascentista, um *"artificium omnes omnia docendi"*, parece-nos medida com a atual rasura, como um extravio, como uma empresa sem base e incluso sem finalidade (WILLMANN, 1948 [1882], p. 109).

Considero até aqui mostradas, ainda que de maneira geral, as particularidades do conceito de *Bildung* e suas diferenças centrais com o conceito de educação. Restaria só insistir na importância desses dois conceitos próprios do pensamento moderno europeu, quer dizer, conceitos construídos em particulares condições geopolíticas e segundo específicas trajetórias históricas. Sobre o primeiro – *Bildung* ou "formação" – a seguinte afirmação de Gadamer (1998, p. 47) pode ser suficiente: "O conceito de formação, que naqueles tempos elevou-se a um valor dominante, foi, sem dúvida, o mais alto pensamento do século XVIII, e justamente esse conceito caracteriza o elemento em que vivem as ciências do espírito do século XIX, mesmo que elas não saibam justificar isso de forma teórico-cognitiva". Em outras palavras, poderíamos dizer que foi o problema da "formação", sua formulação e seus desenvolvimentos, aquilo que permitiu, no fim do século XIX, a constituição das ciências do espírito ou das chamadas ciências humanas fora do contexto alemão.

Sobre o segundo conceito – *Kultur* – considero que as análises de Elias são as mais esclarecedoras; por tal motivo, passo a transcrever, apesar da sua extensão, suas próprias palavras:

> O conceito de civilização atenua até certo ponto as diferenças nacionais entre os povos e acentua aquilo que é comum a todos os seres humanos ou deveria sê-lo desde o ponto de vista de quem faz uso do conceito. Nele se expressa a consciência de si mesmos que têm povos cujas fronteiras e peculiaridades nacionais faz séculos que estão fora de discussão porque estão consolidadas, de povos que faz muito tempo que têm desbordado suas fronteiras e que têm realizado um labor colonizador além delas.
>
> Pelo contrário, o conceito alemão de cultura põe especialmente de manifesto as diferenças nacionais e as peculiaridades dos grupos. e graças a essa função que cumpre, tem conseguido uma maior significação, por exemplo, no campo de investigação da etnologia e da antropologia, muito por cima do âmbito germânico-falante e de sua situação de origem. Sua situação de origem é a de um povo que, em comparação com os outros povos ocidentais alcançou tardiamente uma unidade e consolidação políticas e em cujas fronteiras desde séculos, e até agora mesmo, tem havido comarcas que se tem estado separando ou ameaçando separar-se. Em lugar de cumprir a função do conceito de civilização, que é a de expressar uma tendência continua à expansão de grupos e nações colonizadoras, no conceito de cultura se reflete a consciência de si mesma que tem uma nação, que tem de perguntar-se sempre: "Em que consiste em realidade nossa peculiaridade?", e que sempre teve de buscar de novo em toda parte suas fronteiras, em sentido político e espiritual, com a necessidade de mantê-las, além. Este processo histórico se corresponde com a orientação do conceito alemão de cultura, com a tendência à delimitação assim como a por de manifesto e elaborar as diferenças de grupo. As perguntas de "o que é o francês?,

o que é o inglês?" faz muito tempo que desapareceram do âmbito de discussão da consciência própria dos franceses e dos ingleses. A pergunta de "Que é o alemão?" não tem deixado de propor-se faz séculos. Num momento determinado, o conceito de "cultura" proporciona uma das várias respostas possíveis para essa pergunta (ELIAS, 1987, p. 58-59).

Não obstante suas diferenças e os problemas de tradução, ambos os conceitos de *Bildung* e educação estiveram na base da constituição das Tradições Pedagógicas da Modernidade, particularmente da germânica, como se verá a partir do que Frederik Herbart denominou de "educação através da instrução" ou *Erziehung durch Unterricht*, proposta essa que marcou, notavelmente, tanto a via francófona quanto a anglo-saxônica.

A constituição das tradições pedagógicas modernas[129]: o limiar político e epistemológico das artes de educar

A proclamação da chamada "crise mundial da educação" (COOMBS, 1971), em meados do século XX, trouxe como consequência a também denominada desde então "mundialização da educação",[130] processo inaugurado com a constituição em 1946 de um organismo internacional de cooperação técnica – a UNESCO –, cujo propósito geral foi contribuir para a paz e a segurança mundial, estreitando a colaboração entre as nações mediante a educação, a ciência e a cultura. A partir desse momento e cada vez mais, as discussões educacionais adquiriram um caráter multinacional, que permitiu a expansão das elaborações, principalmente da tradição anglo-saxônica (mas também de elementos das ciências da educação francófonas) em detrimento da tradição germânica, que por essa mesma época, sofreu também o influxo dos desenvolvimentos das teorias do currículo e da tecnologia educativa de corte anglo-saxônico (LENZEN, 1996; WULF, 1999). Sem dúvida, nesse acontecimento teve muito a ver a vitória dos países aliados contra a Alemanha nazista na Segunda Guerra Mundial.

Tal processo de "mundialização" – posteriormente intensificado com a chamada globalização neoliberal nas últimas décadas do século XX – teve como resultado uma tendência a apagar as diferenças conceituais presentes

---

[129] Devo a passagem da ideia de uma "pedagogia moderna" para as tradições pedagógicas ao professor Alberto Echeverri da Universidade de Antioquia, (Medellín, Colômbia). *Vide* Echeverri (2001).

[130] Sobre este aspecto *vide* Martínez; Noguera-Ramírez; Castro (2003).

no campo do saber pedagógico desde finais do século XVIII, em favor de um discurso mais ou menos homogêneo, exprimido hoje nos conceitos de "currículo", "sociedade de aprendizagem", "aprendizagem ao longo da vida", "educação permanente" ou "educação por competências". Porém e de maneira paradoxal, esse mesmo processo de globalização do discurso educativo tem permitido, na última década, e ainda que de forma marginal em alguns círculos acadêmicos, uma retomada da tradição germânica da *Bildung*, talvez como uma tentativa de quebrar a homogeneidade e abrir o pensamento pedagógico para uma pluralidade cultural. Daí a importância, neste trabalho, de marcar as diferenças entre conceitos que permitam visibilizar a pluralidade dos sentidos envolvidos no saber pedagógico moderno, pelo menos na sua emergência entre o fim do século XVIII e os primórdios do século XX.

Como nos lembra Elias, os conceitos são produzidos em determinadas contextos linguísticos que marcam seu sentido no momento em que se localizam dentro de certas tradições intelectuais. Se até aqui não salientei suficientemente esse aspecto na análise de conceitos como *doctrina*, disciplina, *institutio*, *erudito*, isso se deve, por uma parte, ao caráter panorâmico que defini para este trabalho e, por outra, por causa da preeminência da chamada *Paidéia* cristã durante a Idade Média. Seria preciso realizar outro trabalho mais detalhado na perspectiva de identificar melhor as particularidades do discurso pedagógico entre a Renascença e o Iluminismo, particularmente levando em conta o significado que tiveram os processos de Reforma e Contrarreforma e as especificidades culturais das comunidades linguísticas francófona, germânica e anglo-saxônica. Pelo momento, e utilizando a noção metodológica de governamentalidade elaborada por Foucault, tentei uma aproximação mais geral ao conjunto de transformações operadas no discurso pedagógico (entendido de maneira ampla como a reflexão sobre a arte do governamento de si e dos outros pela "educação") no contexto europeu dos primórdios da Modernidade.

Mas a preeminência de uma *Paidéia* cristã – particularmente exprimida em latim – e ligada aos intelectuais católicos se foi desmanchando a partir do século XVI, com a expansão e o destaque das línguas vernáculas, além das transformações introduzidas pela Reforma protestante. Dessa maneira, no campo discursivo se abriu um leque de possibilidades que permitiu o aparecimento de novos conceitos como *education*, *éducation*, e *Bildung*. A seguir analiso a consolidação de três particulares tradições intelectuais no campo do saber pedagógico como resultado da crescente força que tomou o processo de constituição dos Estados-Nação e das identidades nacionais durante o século XIX. Assim, na tentativa de continuar salientando as diferenças e a pluralidade do que os colegas Zuluaga e Echeverri (2003) denominaram "horizonte conceitual da pedagogia", desenho – ainda que de maneira muito geral e só na perspectiva de estabelecer os alicerces para posteriores estudos mais aprofundados – algumas das características dessas tradições, tal e como se constituíram durante o século XIX.

O conceito de tradições intelectuais procede do campo da sociologia e dos estudos comparativos nas ciências sociais, que para o caso da educação foram utilizados por pesquisadores como Schriewer (1997) e Popkewitz (2003), ainda que de perspectivas distintas. Retomando as palavras do sociólogo Fiedrich H. Tenbruck, afirma Schriewer que:

> As ciências sociais, disse, seguem pautas de institucionalidade acadêmica e de orientações intelectuais que variam de um país para outro. Em contextos nacionais diferentes, o surgimento das ciências sociais produz-se em tempos distintos, baixo a pressão de condições sociais específicas e segundo as tradições intelectuais particulares (SCHRIEWER, 1997, p. 1).

Entretanto, resulta evidente, continua Schriewer, que essa pauta não é privativa das ciências sociais, pois também é válida para as ciências humanas; daí que campos como a educação (pedagogia, teoria educativa ou ciências da educação) estão vinculados a determinadas práticas sociais e ambientes políticos e culturais:

> Neste sentido, a *Pädagogik* à alemã, as *Sciences de l'éducation* à francesa, os *Educational studies* à inglesa, não respondem, dentro das suas especificidades respectivas, nada mais que a uma lógica intrínseca do fenômeno pedagógico. Pelo contrário, a institucionalização de uma ou outra variante das ciências pedagógicas não só é o resultado de uma conjunção de fatos institucionais, conjunturas político-sociais e tradições intelectuais diferentes, senão que além do seu desenvolvimento temporal é o produto de seleções epistemológicas e de exclusões intelectuais, que enquanto favorecem umas opções teóricas, impedem outras (SCHRIEWER, 2000, p. 233).

Popkewitz (2003), mais próximo da perspectiva desenvolvida neste trabalho, aproxima o conceito de tradições intelectuais ao de "epistemologia social", entendido como "a relação do conhecimento, enquanto campo cultural de práticas que se interrelacionam com fenômenos sociais na produção dos princípios de ação e prática" (p. 176). Em outras palavras, aquilo que interessa numa epistemologia social é como os sistemas de ideias constroem, configuram e coordenam práticas a partir dos seus princípios.

Nesse sentido, "o conhecimento é um campo de práticas culturais que tem consequências sociais" (p. 155) ou também um conjunto de regras para "dizer verdade". E aqui esse conceito remete às análises de Foucault na *Arqueologia do saber* sobre as formações discursivas consideradas como práticas produtoras de discursos a partir de um conjunto historicamente determinado de regras de produção (enunciados).

A partir da sua "epistemologia social", Popkewitz analisa a recente invenção do *curriculum* pela sociedade ocidental enquanto conjunto de formas de conhecimento, cuja função consiste em regular e disciplinar o indivíduo. Como uma medida de precaução metodológica na sua análise, salienta Popkewitz que tal invenção teve como marco a "sociedade ocidental", pois "existem exemplos de aprendizagem e de curriculum na *midrash* islâmica e na *yeshiva* judia" (2003, p. 156). Porém, parece conceder ao currículo uma abrangência muito além das suas particulares condições de produção como conceito e ainda que o considere sinônimo do termo "pedagogia", também este último resultaria muito abrangente, pois, como diz até aqui, haveria pelo menos três tradições intelectuais diferentes dentro dessa suposta "pedagogia". Mas caberia aqui perguntar: essas diferenças são tão significativas a ponto de impedir falar de um mesmo campo cultural (nos termos de Popkewitz) ou formação discursiva (nos termos da *Arqueologia*)? O assunto em questão pode parecer ortodoxo demais, embora eu considere que estão em jogo na análise particularidades (sociais, culturais, conceituais) nada desprezíveis, como tentarei mostrar nesta seção.

Em termos gerais, é possível responder ao interrogante afirmando que não se trata de regiões discursivas independentes e que as três tradições conformariam um mesmo "campo discursivo" – ou "transdiscursivo" segundo afirma Narodowski (2001) – que poderíamos convencionalmente chamar de "pedagogia moderna". Contudo e na perspectiva de escapar da homogeneização imposta por esse processo de "mundialização da educação", considero pertinente uma exploração das particularidades ou da "transdiscursividade" do discurso pedagógico moderno. Digo isso, principalmente porque hoje o termo "currículo" tem cobrado uma presença mundial e uma abrangência tal, que com ele se pretende abarcar não só o conjunto das questões relacionadas com as atividades escolares (pedagógicas e de outras ordens, por exemplo, quando se fala de "currículo oculto"), mas também o conjunto das elaborações relativas ao campo do saber pedagógico em geral (por exemplo, quando se lhe equipara com o termo "pedagogia").

O problema da preeminência do currículo é o apagamento da possibilidade de perguntas, questionamentos, reflexões, discussões e pesquisas que poderiam se desenvolver, se levássemos a sério a existência de outras tradições intelectuais. Um dos assuntos mais evidentes nesse sentido relaciona-se com as nossas concepções, essas que estão na base dos processos de formação de professores. Em nosso contexto latino-americano, por exemplo, a preeminência dos enfoques curriculares tem reduzido a formação didática dos professores a uma metodologia, no melhor dos casos. Igualmente tem acontecido com a formação pedagógica, que se dispersou entre as "ciências da educação" e a história das ideias ou modelos pedagógicos. Por tais motivos, insistir na existência de tradições intelectuais no campo do saber pedagógico moderno é uma tentativa de disponibilizar uma variedade de ferramentas conceituais para problematizar o governamento dos sujeitos através dessa arte de governar, que é a educação.

De maneira muito geral e talvez esquemática demais, pode-se caracterizar cada uma das tradições pedagógicas da seguinte forma: no âmago da tradição anglo-saxônica está a preocupação pelo "currículo" como forma de organização dos conteúdos e das atividades de ensino e aprendizagem; no centro da tradição germânica está o problema da *Bildung* ou formação (diferente da educação e da simples instrução) e, a partir dela, a diferenciação entre pedagogia (interessada na educação em geral) e didática (centrada nos assuntos da formação e nos processos de ensinar e aprender); por último, como distintivo da tradição francófona, está a constituição não de uma disciplina, mas de várias "ciências da educação" (particularmente da Sociologia da Educação e da Psicopedagogia), no fim do século XIX e nos primórdios do século XX, na perspectiva de abranger a ampla problemática relativa à educação.

Ainda com essas marcas e como assinalei anteriormente, cada tradição não pode ser considerada como independente e funcionando isoladamente das outras. Efetivamente, elas intersectam-se produzindo significativos intercâmbios entre elas; por exemplo, como nos mostram as histórias da educação, o movimento herbartiano teve grande influência, tanto nos países francófonos quanto nos anglo-saxônicos (em uns mais que em outros, é claro), e a diferenciação entre educação e instrução foi assimilada por todas as tradições. Por sua parte, existiram (e existem) versões francófonas, anglo-saxônicas e germânicas de uma sociologia e uma psicologia da educação.

Alguns estudos mais ou menos recentes têm salientado que as tradições pedagógicas obedecem a particulares condições sociais, culturais, políticas e econômicas. A teoria curricular, por exemplo, pôde ser produzida no marco dos problemas propostos pela questão da criação e da administração eficiente de um sistema de educação elementar de massas, em uma sociedade urbanizada, industrializada e descentralizada, como é o caso dos Estados Unidos da América, no século XIX. Pelo contrário, a consolidação da *Didaktik* só foi possível no contexto de um mundo de pequenas cidades pouco industrializadas e um sistema escolar centralizado, como o da Prússia do século XIX (HOPMANN; RIQUARTS, 2000; WESTBURY, HOPMANN, RIQUARTS, 2000). Embora haja essas diferenças particulares, o elemento comum que aparece intimamente ligado à constituição das três tradições é a criação, nos diferentes países e com ritmos distintos e características próprias, de aparatos governamentais encarregados da administração e inspeção da chamada "instrução pública". Trata-se da expansão da escolarização na população, mas já não como um assunto de interesse das comunidades religiosas ou da Igreja senão claramente como um assunto cada vez mais reivindicado pelo Estado como da sua potestade. Dilthey (1968) analisou esse processo de estatização do ensino público como a constituição de um "Estado Educador" cuja forma primeira foi a Prússia:

> [...] Prússia é o primeiro grande Estado em que se implanta um sistema público de ensino. Era um processo da maior importância para o desenvolvimento da cultura européia. Prússia foi o primeiro país que levou a cabo aquilo que se tinha iniciado em Esparta, na Roma imperial e no império de Carlos Magno: a tarefa de organizar um sistema de ensino do Estado ao serviço das necessidades públicas. As instituições internas dos Estados guardam uma relação muito estreita com suas tendências de poder, e o Estado prussiano dessa época se via impulsionado más que nenhum outro ao desenvolvimento da sua força interior pela contradição existente entre as tarefas gigantescas que tinha que abordar e o escasso poder natural de que dispunha: essa dura necessidade explica entre outras coisas o cuidado consagrado por ele desde muito cedo aos problemas da educação (p. 186).[131]

Dessa forma, teríamos que, se o aparecimento da Didática no século XVII esteve associado à constituição de uma espécie de "sociedade do ensino" (como mostrei na primeira parte deste trabalho), a emergência

---

[131] Sobre as particularidades do precoce processo de extensão da escola pública na Prússia e na Áustria, *vide* Melton (2002).

durante o século XIX das três tradições pedagógicas modernas estará intimamente ligada à constituição de um "Estado Educador" ou, seguindo a linha de análise, de uma "sociedade educadora", caracterizada pela instauração de aparatos estatais encarregados da educação ou instrução pública como peças centrais na constituição dos diferentes Estados nacionais. Levando em conta que essa temática foi amplamente tratada nas histórias da educação, gostaria aqui de seguir outro caminho que, tomando emprestada a expressão de Popkewitz (2003), definiria como uma "cartografia conceitual", cuja pretensão não é aprofundar até caracterizar plenamente os desenvolvimentos de cada uma das tradições; não se trata de uma cartografia conceitual da produção dos diferentes autores ou representantes de cada uma das tradições, tarefa que superaria os objetivos traçados para este trabalho. Trata-se de um assunto mais modesto, ainda que central nos meus propósitos: desenhar um mapa geral a partir da análise de um conceito ou problemática central em cada uma dessas tradições, com o propósito de salientar a fertilidade do campo do saber pedagógico moderno, sua pluralidade e produtividade, apagada sob a ideia da existência – construída pela historiografia pedagógica – de uma suposta "pedagogia moderna".

Na seção seguinte, iniciarei a cartografia da tradição germânica, centrando as análises no conceito de *Bildung* e na formulação da primeira teoria pedagógica propriamente moderna com os trabalhos de F. Herbart (1776-1841). Em seguida, caracterizarei duas tendências significativas na constituição do pensamento pedagógico francófono que desembocaram na constituição, não de uma, mas de várias "ciências da educação". Por último, abordarei alguns textos de autores anglo-saxões, tentando seguir a consolidação do conceito de *curriculum* e de uma particular psicologia educacional centrada no conceito de aprendizagem (*learning*).

A educação através da instrução: o surgimento da *Pädagogik*

> *Seria seguramente melhor se a Pedagogia se concentrasse tão rigorosamente quanto possível nos seus próprios conceitos e cultivasse mais um pensamento independente. Deste modo, tornar-se-ia o centro de um círculo de investigação, já sem correr o perigo de ser regida por um estranho conceito, à semelhança de uma província conquistada e distante*
>
> HERBART, 2003 (1806), p. 13.

A riqueza do saber pedagógico nos primórdios do século XIX encontra sua expressão mais depurada em Herbart, cujo trabalho é reconhecido por alguns historiadores clássicos da educação e da pedagogia como o fundador da "pedagogia moderna" ou como a primeira tentativa de uma "pedagogia científica" (HUBERT, 1976; EBY, 1976; BUISSON, 1911; COMPAYRÉ, 1906). Sua proposta de uma educação através do ensino exprimida na sua "Pedagogia Geral derivada do fim da Educação" – *Allgemeine Pädagogik aus dem Zweck der Erziehung abgeleitet* (1806) – é produto de uma reelaboração das ideias de Rousseau e Kant (dos quais se afasta em vários aspectos) sobre a base da tradição didática do século XVII e das teorias da *Bildung*; daí que sua proposta possa ser considerada com uma articulação entre essas duas tendências nas artes de educar que apareceram nos séculos XVI e XVII, e que caracterizei com os vocábulos latinos de *institutio* e *eruditio*. Todavia, é preciso dizer que o caminho já fora aberto, de uma parte, pelas discussões dos representantes franceses na comissão criada pelos revolucionários para definir os rumos da "instrução pública", particularmente com o informe de Condorcet (2001 [1791]); de outra, por Kant a propósito das suas elaborações sobre a pedagogia, registradas no texto redigido pelo seu discípulo Theodoro Rink – *Über Pädagogik* "Sobre a Pedagogia" – com base nas notas tomadas das lições de pedagogia ministradas pelo filósofo nos cursos de 1776/77, 1783/84 e 1786/87 na Universidade de Königsberg. Por esse motivo e só como uma introdução ao trabalho de Herbart, farei a seguir uma referência panorâmica dessas lições.

Kant, nessas aulas de "Pedagogia", diferencia e articula os conceitos de educação (*Erziehung*), cuidado (*Wartung*) formação (*Bildung*), instrução (*Unterweisung*) e disciplina (*Disciplin*), estabelecendo as bases de um novo vocabulário pedagógico que será retomado e recomposto por Herbart (e claro, por outros mais que se ocuparam do assunto da educação, como Pestalozzi e Fröebel, para citar só alguns integrantes da tradição germânica). Na própria definição de educação, conjuga esses conceitos da seguinte maneira: "O homem é a única criatura que precisa ser educada. Por educação entende-se o cuidado de sua infância (a conservação, o trato), a disciplina e a instrução com a formação" (KANT, 2002 [1803], p. 11). Seguindo suas lições, pode-se chegar a um esquema mais claro, no qual a educação é o conceito mais amplo que abarca o cuidado e a formação que, por sua vez, compreende os conceitos de disciplina e instrução (ou cultura).

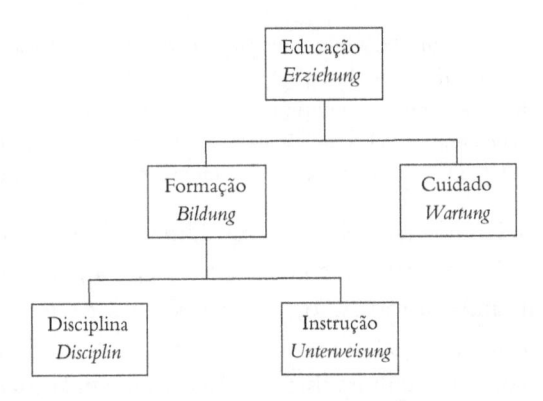

```
                    Educação
                    Erziehung
                   /         \
            Formação          Cuidado
            Bildung           Wartung
           /       \
    Disciplina    Instrução
    Disciplin     Unterweisung
```

"Por cuidados entendem-se as precauções que os pais tomam para impedir que as crianças façam uso nocivo de suas forças" (p. 11). A formação, por sua vez, pode ser "negativa", isto é, que impede os defeitos, correspondendo então à disciplina, ou pode ser "positiva", ou seja, instrução e direcionamento, que também é chamada de "cultura". O papel da disciplina é central na pedagogia kantiana, pois mediante ela, se "impede ao homem desviar-se do seu destino da humanidade" (p. 12) e seu papel consiste em transformar a "animalidade em humanidade" (p. 12). Nesse sentido, a disciplina é puramente negativa, "porque é o tratamento através do qual se tira do homem a sua selvageria" (p. 12). Assim, o filósofo considera que a falta de disciplina é um mal pior que a falta de cultura, "pois esta pode ser remediada mais tarde, ao passo que não se pode abolir o estado selvagem e corrigir um defeito de disciplina" (KANT, 2002 [1803], p. 16). Nesse aspecto, Kant se afasta notavelmente de Rousseau, de tal forma que é possível afirmar que sua arte de educar – ou "governo pedagógico" nos seus termos – corresponde mais a uma forma disciplinar que a uma "liberal" (no sentido do que aqui denominei como governamentalidade liberal). E, ainda que utilize nas suas lições a ideia rousseauniana de "educação negativa", sua educação não é a educação liberal do Emílio, pois, como assinala Vandewalle:

> Nesse aspecto, Kant mostrou uma evolução e distanciou-se desse naturalismo pedagógico (excluir os artifícios educativos que desnaturalizam a criança, seu bom sentido, sua sinceridade), em benefício de um elogio

da disciplina como elemento que pode dominar aquilo que é mau na natureza infantil, a saber, o egoísmo e as inclinações sensíveis (2004, p. 67).

Esse aspecto também é salientado por Cambi (1999, p. 362) nestes termos:

> É justamente a disciplina que, ao lado da educação ética como formação da consciência do dever, adquire um peso determinante na pedagogia de Kant, ao ponto de imprimir-lhe um caráter por vezes quase oposto ao naturalismo e à reivindicação da autonomia da infância típicos de Rousseau, mas também de Locke e de um amplo setor da pedagogia setecentista.

Na distinção que estabelece entre cultura (*Cultur*) física e cultura prática,[132] também é possível perceber esse traço da pedagogia kantiana. A cultura (ou também formação, *Bildung*) física faz referência tanto ao corpo como à alma e é diferente da formação ou cultura prática, que é pragmática ou moral. A cultura física, então, está dividida em cultura livre, que se deve encontrar no aluno e é "semelhante a um divertimento" (Kant, 2002 [1803], p. 59), e a cultura escolástica que "é coisa séria", obrigação e trabalho:

> O homem deve permanecer ocupado, de tal forma que, tendo em conta o fim que almeja, se realize sem sentir-se a si mesmo, e que o seu melhor repouso seja aquele que sucede ao trabalho. E onde a tendência ao trabalho pode ser mais bem cultivada que na escola? A escola é uma cultura obrigatória [...] A educação deve ser impositiva; mas, nem por isso, escravizante (KANT, 2002 [1803], p. 62).

Intimamente vinculada à preocupação pela disciplina, estava essa preocupação pela moralidade, que era o fim específico da educação, mas que era, ao mesmo tempo, aquilo que faltava à sociedade da sua época: "vivemos, dizia o filósofo, em uma época de disciplina, de cultura e de civilização, mas ela ainda não é a da verdadeira moralidade" (p. 28). Daí a consideração de que por meio da educação o homem devia ser: "disciplinado" com o propósito de evitar que "a animalidade prejudique o caráter humano, tanto no indivíduo como na sociedade" (p. 24); "culto", quer dizer, instruído em vários conhecimentos na perspectiva de criar habilidades e capacidades para atingir os fins almejados; "prudente", isto é, respeitoso das normas sociais (sinônimo de civilizado, cidadão), de tal

---

[132] Kant parece utilizar os termos *physische Bildung* e *physische Cultur* como sinônimos. *Vide:* Kant (1803, p. 72).

forma que possa servir-se dos outros homens para seus fins; "moral", na medida em que não é suficiente que possa ser capaz de toda sorte de fins, mas que escolha apenas os bons, isto é, "aqueles fins aprovados necessariamente por todos e que podem ser, ao mesmo tempo, os fins de cada um" (p. 26).

Essa finalidade moral da educação é identificada com a ideia de liberdade, pois a educação poderia ser entendida como a passagem da natureza para a liberdade, daí que diferencia Kant a formação ou cultura física da alma da formação moral ou prática. Em termos de Vandewalle (2004, p. 105):

> A meta da educação prática é dar à criança um alvedrio (ou uma faculdade de determinar-se) que não seja animal (*arbitrium brutum*) senão humano. Isto é sensível (*arbitrium sensitivum*), pois o homem é sempre afetado por impulsos, porém sem que eles determinem-no, e por isso é livre (*arbitrium liberum*). Um alvedrio "bruto", puramente animal, só seria educável, por estar integramente determinado por impulsos sensíveis. A formação moral toma para si o objetivo de dar à criança a capacidade de determinar-se segundo motivos racionais e não de maneira meramente sensível, e portanto de fazer possível uma passagem do alvedrio sensível ao livre alvedrio.

Aqui também fica evidente a diferença nas relações entre liberdade e educação em Kant e Rousseau. Para Rousseau haveria oposição não entre natureza e liberdade, mas entre natureza e civilização ou entre civilização e liberdade. Lembremos aqui as palavras iniciais do seu *Contrato Social*: "O homem nasce livre, e por toda a parte encontra-se a ferros" (ROUSSEAU, 1978a [1762], p. 22). Embora, fosse livre inicialmente, caiu preso das paixões e dos vícios pelo influxo da sociedade, de tal modo que sua educação deve ser como uma nova conquista da sua liberdade. Como assinalei no capítulo anterior, a liberdade no *Emílio* é tanto condição quanto meta, meio e fim, por isso podemos pensar essa liberdade "liberal" mais que como um ideal ou uma mera elaboração teórica, como uma estratégia para o governamento (educação) de si e dos outros. Em Kant, pelo contrário, a liberdade não é condição, senão fim que só pode ser atingido sobre a base de uma sólida disciplina e a partir do exercício pleno da razão.

Até aqui esbocei só os traços principais da pedagogia kantiana sobre a base da análise de suas lições, mas como o propósito deste trabalho é utilizá-las como introdução aos conceitos de Herbart (de tal modo que possamos perceber melhor a procedência das suas elaborações), considero pertinente deixar aqui sua exposição e passar à análise da "educação através do ensino"[133] proposta por Herbart, que afirmava:

> Porém, para salientar o pensamento geral – a educação *através do ensino* – vamos deter-nos no oposto, ou seja, a educação *sem* ensino! Vêem-se frequentes exemplos a esse respeito. Aceitam-se, de um modo geral, educadores e não aqueles que têm maior número de conhecimentos. Há, porém, entre eles (especialmente entre as educadoras) os que, pode-se dizer, nada sabem ou não conseguem fazer uso daquilo que sabem desde um ponto de vista pedagógico, entregando-se, no entanto, com grande diligência à sua tarefa. O que podem eles fazer? Apropriam-se dos sentimentos do educando e, prendendo-o por esse laço, abalam incessantemente a mente do jovem de tal modo que esta não consegue perceber-se a si mesma. Como se pode então formar um caráter? (HERBART, 2003 [1806], p. 17, grifos do autor).

Dois aspectos merecem ser salientados no parágrafo anterior: em primeiro lugar, a importância atribuída ao conhecimento, tanto por parte do educador quanto para o educando; em segundo lugar, a relação da educação e do ensino com a formação do caráter. Sobre o primeiro aspecto, Herbart inicia seu livro questionando a ausência de conhecimento por parte da maior parte de educadores que não têm uma opinião formada sobre o que é a educação. Rousseau, diz, pelo menos definiu um ponto de vista e a ele permaneceu fiel; ele segue a natureza e busca garantir um desenvolvimento livre e alegre de todas as manifestações da vida vegetativa humana, desde o nascimento até o matrimônio. Mas uma educação desse gênero "é demasiado dispendiosa" (p. 8), pois o educador deve sacrificar sua vida para acompanhar ao jovem. Além disso, "criar homens naturais significa, porventura, repetir de novo todos os erros já superados" (p. 11). Não basta, então, seguir a natureza, mas para educar também não é suficiente ter experiência, experimentar, pois "um mestre de escola de aldeia nonagenário tem a experiência de noventa anos de vida rotineira, tem o sentido do seu longo esforço, mas será que também tem o sentido crítico dos seus resultados e do seu método?" (p. 11). Temos, assim, que para o educador na concepção de Herbart não basta a experiência nem um saber superficial; deve possuir uma ciência

---

[133] Para um estudo detalhado da pedagogia de Kant, sugiro o texto de Vandewalle (2004). Sobre as relações e diferenças entre o pensamento de Kant e Rousseau, particularmente analisado a partir da perspectiva da noção de "governamentalidade", sugiro revisar o trabalho de Marín-Díaz (2009).

como condição para a realização adequada da sua atividade educadora. E essa ciência é, justamente, a pedagogia. Esta, por sua vez, depende da filosofia prática e da psicologia: "Aquela mostra o fim da educação; esta, o caminho, os meios e os obstáculos" (HERBART, s/d [1835], p. 9). Mas não é suficiente só com a pedagogia: "a pedagogia é a ciência que o educador precisa para si mesmo. No entanto, ele também tem de possuir conhecimentos que lhe permitam *comunicar*" (p. 16), isto é, precisa conhecer a pedagogia para ensinar e a ciência que vai ensinar ou comunicar. Dessa forma, o educador herbartiano se diferencia do antigo mestre de escola no fato de precisar de ciência, de conhecimentos sólidos e aprofundados e não só de um método geral para desempenhar sua tarefa educadora.

Sobre o segundo aspecto – a relação da educação e do ensino na formação do caráter, Herbart estabelece uma clara diferença entre *Erziehung* (educação) e *Unterrricht* (instrução ou ensino), porém uma não pode estar separada da outra: "Desde já confesso não conceber a educação sem ensino, assim como já referi previamente, pelo menos neste escrito, que não concebo um ensino que não eduque em simultâneo" (2003 [1806], p. 16). Em outra passagem da sua *Pedagogia geral*, refere sobre o assunto:

> O conceito de ensino tem uma característica saliente, pela qual mais facilmente nos vamos orientar. No ensino há sempre qualquer *coisa de terceiro*, com que professor e aluno estão simultaneamente ocupados, ao passo que em todas as outras preocupações da educação é o educando que está diretamente na mente do educador, como o ser em que tem de atuar e que, em relação a si próprio, se deve manter passivo. Portanto, aquilo que em princípio, origina o *esforço* do educador – no primeiro caso a ciência a apresentar, no segundo, o jovem inquieto – dá origem à divisão entre o ensino e a educação propriamente dita (HERBART, 2003 [1806], p. 179, grifos do autor).

É por esta particular forma de relacionar educação e ensino, exprimida na sua fórmula de "uma educação através do ensino", que Herbart consegue vincular as duas tradições do saber pedagógico criadas na Renascença, isto é, a *institutio* e a *eruditio*. Portanto, a instrução ocupa um lugar de destaque na Pedagogia de Herbart, na medida em que sem ela o trabalho educativo não poderá atingir tal fim. Em outras palavras, o ensino (ou instrução) é a chave na formação do caráter, e isto porque o ensino determina em grande medida os conteúdos mentais; então, "é fundamental para o educador saber como se determina o seu modo de pensar [do aluno], uma vez que é a partir do modo de pensar que se formam os sentimentos e, em função destes, princípios e formas de conduta" (p. 16). O governamento pedagógico é, assim, um governamento dos conteúdos mentais que definirão a direção da conduta e, portanto, garantirão a virtude. É essa relação inseparável entre educação e ensino o que define a Pedagogia de Herbart, mas para compreender melhor esta articulação, é preciso uma maior aproximação a seus conceitos.

No âmago do pensamento pedagógico de Herbart, encontram-se cinco conceitos (instrução, governo, disciplina, círculo de ideias, interesse múltiplo) relacionados tão intimamente, que fica difícil compreender um deles sem levar em conta os outros, por isso, como ponto de partida, será preciso arriscar uma definição geral para depois tentar uma apresentação mais particular de cada um deles. Direi, então, que na Pedagogia de Herbart a "instrução" ou ensino constitui o conceito mais importante, pois ao redor dele se articulam os outros quatro.

Segundo esse pedagogo alemão, existem duas fontes iniciais de conhecimento: a experiência e o trato social ou convívio. A primeira faz referência à atividade do indivíduo sobre as coisas, sobre aquilo que o rodeia, sobre o mundo; a segunda, àquela atividade para a qual o fundamental é a interação entre diversos indivíduos. Ambas as atividades oferecem ao indivíduo um conjunto importante de representações a partir das quais, e mediante um processo de expansão, vai se configurando o conhecimento. Mas, segundo Herbart, essas duas fontes iniciais não são suficientes: é preciso que sejam complementadas e, em certa medida, organizadas e, ainda, aumentadas mediante o processo de instrução. Só esta pode articular de forma coerente e ampliar o "círculo de ideias" (representações, percepções) com os dados aportados pela experiência e o convívio, de maneira que constitui a fonte mais importante de todo conhecimento. Por outro lado, a instrução tem como fim imediato a produção do "interesse múltiplo", e como fim mediato a virtude. Mas, para levar a cabo sua tarefa, a instrução precisa primeiramente do "governo das crianças" e posteriormente da "disciplina", pois enquanto o governo só garante a ordem necessária para desenvolver o ensino, a disciplina ajuda a dispor corretamente o espírito da criança para que possa receber a instrução e formar o caráter.

O primeiro capítulo da *Pedagogia Geral* inicia com "o governo das crianças" sobre o qual Herbart (2003 [1806], p. 29) diz:

> Poder-se-ia pôr em dúvida se este capítulo faz ou não efetivamente parte da Pedagogia ou se não deveria incluí-lo nas secções da filosofia prática, que na realidade tratam do governo, uma vez que é seguramente diferente de base a preocupação pela *formação intelectual* daquela que se limita a querer manter a *ordem* (Grifos do autor).

Nesse sentido, esclarece que o governo não tem um fim educativo, mas é necessário para manter a ordem e, assim, poder desenvolver o processo de ensino. Seu fundamento consiste em manter as crianças ocupadas, de tal forma que se evite a desordem, portanto requer uma vigilância constante por parte do educador. A execução do governo (que deve diferenciar-se claramente da disciplina) pode ser através de meios negativos, como são as ameaças e os castigos, ou por meios positivos, como a autoridade (representada na superioridade do adulto tanto em espírito, conhecimento, quanto em corpo) e o amor (HERBART, s/d [1835]).

A disciplina, contrariamente ao governo, tem um claro fim educativo e está em íntima relação com a instrução. Sua missão é cuidar do estado do espírito do aluno para a instrução, isto é, deve cuidar para que não haja interferências no espírito da criança (imagens falazes ou desejos importunos) no momento de receber a instrução. Mas seu fim é a formação do caráter:

> Daqui se pode julgar o que a disciplina pode representar para a educação. Todas as mudanças dos sentimentos que o educando tem de sofrer, são apenas fases necessárias para a determinação da ideologia do caráter. Deste modo, é dupla a relação da disciplina para com a formação do caráter: direta e indireta. Em parte, serve para que possa apresentar o ensino, que vai ter uma influência sobre a posterior formação do caráter do homem já independente, em parte, para que já nesse momento se processe, ou não, um início de caráter mediante a actuação ou não actuação [sic] (HERBART, 2003 [1806], p. 182) (Ortografia segundo o original).[134]

Por sua parte, a instrução (ou ensino) é o complemento superior da experiência e do trato social ou convívio, que são as fontes primárias do conhecimento no homem. Mas:

> [...] o verdadeiro âmago da nossa existência intelectual não pode ser formado com êxito seguro através da experiência e do convívio. Certamente que o ensino penetra mais fundo na oficina das ideias. Pense-se no

---

[134] Desde esta perspectiva, a disciplina em Herbart é diferente da disciplina de Kant que, por seu caráter coativo e repressivo, identifica-se mais com a ideia de "governo das crianças" de Herbart.

poder de todas as doutrinas religiosas! Pense-se no domínio que exerce tão facilmente e quase subitamente sobre o ouvinte atento uma palestra filosófica! Junte-se a força fértil da leitura de romances, porque tudo isto faz parte do ensino, seja ele bom ou mau (HERBART, 2003 [1806], p. 81).

Nesse sentido, a instrução – enquanto oficina das ideias – significa um alargamento do "círculo de ideias", outro dos conceitos-chave de Herbart. Em oposição à ideia da existência de diversas "faculdades da alma", o pedagogo alemão reconhece o funcionamento mental como uma unidade composta de representações, resultado do encontro das coisas com a "alma". Dessa forma, Herbart cria uma nova psicologia que utiliza "modelos explicativos de tipo mecânico e matemático e se articula numa "estática" e numa "dinâmica", isto é, em um estudo dos obstáculos (processos por meios dos quais se elabora o equilíbrio entre as várias representações) e das conexões (ou relações entre as várias representações)" (CAMBI, 1999, p. 433). Em outras palavras, a unidade mental estaria constituída pelas representações que se associam, formando "massas de representações" através do estabelecimento de conexões entre representações previamente experimentadas e novas representações semelhantes às já experimentadas. Essas massas de representações constituem o "círculo de ideias" ou círculo de pensamento que se desenvolve segundo três níveis: "primeiro, o nível de sensações e percepções; segundo, o nível de imaginação e memória; e terceiro, o nível mais alto, que se relaciona com o pensamento conceitual e o julgamento" (EBY, 1976, p. 421).

É função da instrução não só elevar a mente do primeiro para o mais alto nível, mas também, procurar o alargamento do "círculo de ideias", na perspectiva de gerar o que Herbart chama de "interesse múltiplo", outro dos conceitos-chave e até considerado, por alguns historiadores, como o principal na sua Pedagogia (HERNÁNDEZ RUIZ, 1950; EBY, 1976; CAMBI, 1999). Mas não é um conceito de fácil compreensão. Por exemplo, e para começar, o interesse para o pedagogo alemão não é concebido como algo próprio de um indivíduo ou algo da ordem subjetiva. O interesse múltiplo não é característico de um indivíduo, mas é uma característica própria do espírito humano em geral. Porém, não se deve confundir esse interesse múltiplo com o interesse por múltiplas ocupações, pois a multiplicidade, como esclarece Hernández Ruiz (1950, p. 24): "deve prevenir a transformação da divisão do trabalho em causa de amputação da personalidade por confusão da parte - dedicação profissional – com o todo – a vida intelectual e social multiforme e amplia". Ainda que a instrução não deva desconhecer a divisão do trabalho, ela não é, segundo Herbart, o propósito fundamental daquela. A profissão, para a qual é necessária uma particular virtuosidade, é escolha do sujeito, enquanto o alargamento do interesse é assunto da instrução.

O alargamento do interesse tem, assim, uma função educativa que visa à formação do caráter moral para a virtude. Mais que formar o aluno para alguma atividade específica, a instrução procura, sobre a base do alargamento do interesse em múltiplas direções, o desenvolvimento pleno das suas capacidades humanas. Contudo, atingir a multiplicidade do interesse exige algumas condições que, particularmente, a instrução deve atender. Elas são: "clareza" ou capacidade do professor para decompor o objeto de ensino nas suas partes para sua adequada apresentação; "associação" ou "assimilação" (também nomeada de "apercepção") das novas ideias sobre a base das antigas, fato que requer preparação por parte do professor, salientando as semelhanças e as diferenças entre elas; "sistema" ou "generalização" que implica, para o professor, em uma exposição coerente e, para o aluno, a repetição para sua memorização; finalmente, "método" ou "aplicação", que consiste na prática da reflexão metódica do aluno por meio de problemas, trabalhos próprios e suas correções (HERBART, s/d [1835]).

Vemos, assim, a importância da instrução na pedagogia de Herbart. É ela que garante a multiplicidade do interesse e, por aí, a formação do caráter moral como fim último. A experiência e o convívio social, ainda que contribuam na constituição de representações e, dessa forma, permitam a alargamento do círculo de ideias, sua contribuição é desordenada, dispersa e não tem um objetivo claro presente. Pelo contrário, só a instrução – na medida em que deve ser sistemática – garante a integração adequada não só das representações provenientes da experiência e do convívio, mas das representações das ciências que ela mesma apresenta de forma ordenada, e segundo um plano cujo horizonte é a formação do caráter do aluno. Em palavras de Herbart:

> A experiência parece esperar que o ensino a acompanhe para decompor as massas que, acumuladas, lhe lançou aos pés, e reunir e ordenar as partes dispersas dos seus fragmentos informes. Repare-se, pois, o que se passa na cabeça de uma pessoa não instruída! Não há aí um plano superior ou inferior, nem sequer uma série: tudo é confuso (HERBART, 2003 [1806], p. 79).

Não é possível que o indivíduo conforme seu caráter na direção da moralidade sem o auxílio da instrução, o que significa a necessidade de intervenção desse outro agente que é o mestre ou professor. Por outra parte, sem instrução, mais que um interesse múltiplo, se desenvolveria uma multiplicidade de desejos que dispersariam o indivíduo e o afastariam da sua conformação moral. A diferença entre interesse e desejo é que o desejo aspira a algo de futuro que ainda não se possui, enquanto o interesse é sempre presente: "O interesse só transcende a simples percepção, pelo fato de nele a coisa observada conquistar de preferência o espírito e se impor mediante uma certa causalidade entre as outras representações" (p. 69). O interesse se refere, então, sempre a coisas observadas, presentes, próximas ao indivíduo, e não a objetos distantes que se queira atingir.

> Finalmente, só o ensino pode reivindicar a criação harmoniosa de uma multiplicidade global. Imagine-se o esquema de uma aula, de início dividido simplesmente segundo os elementos do conhecimento e do interesse, com total desprezo por *toda classificação* das nossas ciências; na verdade, estas não vêm em questão para a multiplicidade harmoniosa, uma vez que não distinguem *as facetas da personalidade* (HERBART, 2003 [1806], p. 82, grifos do autor).

Segundo essa ideia, a instrução não é uma simples apresentação da ciência. Implica uma organização dos conhecimentos não segundo a estrutura da ciência, mas segundo os princípios da forma de conhecer do indivíduo, segundo a meta do interesse múltiplo e segundo as facetas da personalidade do sujeito que está aprendendo. E esses serão os elementos que estão na base da nova teoria da instrução ou Didática, como a chama o próprio Herbart. A pedagogia, como ciência da educação necessita de uma Didática ou teoria da instrução como uma da suas partes fundamentais e sem a qual não seria possível desenvolver o interesse múltiplo e também conseguir a formação do caráter moral.

Faltaria por analisar o lugar da "formação" (*Bildung*) na pedagogia de Herbart. Até aqui não mencionamos ainda esse conceito, principalmente porque nos dois textos analisados, ele não dedica um capítulo especial para a "formação", como sucede com os seus outros conceitos. Mas o fato de não ocupar um lugar explícito na sua teoria não quer dizer que ele esteja ausente nas suas elaborações. Na esteira de Kant, poderíamos dizer que para Herbart, a formação (*Bildung*) está composta pela disciplina e a instrução, porém devemos lembrar que enquanto para Kant a instrução é a parte positiva da educação e a disciplina é principalmente negativa – coação mecânica que consiste em "domar a selvageria" (KANT, 2002 [1803], p. 25), para Herbart a parte negativa é o "governo das crianças" e a disciplina (pela sua proximidade com a instrução) é um aspecto educativo (positivo) cujo fim é a formação do caráter.

Nos termos de Herbart, a formação (*Bildung*) é a "educação através da instrução" e essa fórmula é muito importante para compreender a tradição germânica, pois permite diferenciar os conceitos de "formação", "educação" e "instrução" com base na sua articulação. Já anteriormente dediquei uma parte para salientar as diferenças entre educação e formação; neste momento, é preciso apenas dizer que a formação não pode se confundir com a simples instrução, ainda que compartilhe com ela o horizonte da cultura, segundo vimos, particularmente com as análises de Willmann (1948 [1882]). Assim, a formação seria uma "instrução educativa" ou uma "educação através da instrução" e ela estaria, ainda sem ocupar um lugar explícito nos dois textos principais de Herbart, no âmago da sua Pedagogia. Não esqueçamos que Herbart inaugura seu *Bosquejo de um curso de Pedagogia* com esta sentença: "O conceito fundamental da pedagogia e a formabilidade do aluno" (HERBART, s/d [1835], p. 9). Infelizmente a versão castelhana desse texto confunde educação com formação e traduz a palavra alemã utilizada por Herbart *bildsamkeit* por "educabilidade". É uma diferença sutil, mas chave para compreender o pensamento pedagógico germânico. Evidentemente o termo *bildsamkeit* deriva de *Bildung*, daí que seja melhor traduzi-la como "formabilidade". Sobre esse conceito diz Herbart:

> O conceito de formabilidade [*bildsamkeit*] tem um alcance muito mais amplo. Ele estende até mesmo para os elementos da matéria. Empiricamente pode ser seguido até nos elementos no metabolismo de corpos orgânicos. Da formabilidade volitiva se encontram vestígios na alma dos animais. Mas, formabilidade da vontade para a moralidade, só reconhecemos no homem (HERBART, 1835, p. 1).

Atentando para a diferença que estabeleci anteriormente entre educação e formação, que remete particularmente à diferença entre *institutio* e *eruditio*, dizer que só o homem é "formável" para a moralidade é dizer que só ele pode atingir a moralidade através da instrução (da cultura). Formabilidade seria, então, a capacidade humana de adquirir determinada forma moral (formação do caráter) através da instrução. Desse modo, a pedagogia de Herbart retoma a tradição didática e, através da

Bildung, atualiza e justifica a instrução ou ensino (e com ela, o papel e lugar do mestre), vinculando-a aos desenvolvimentos da educação. E será essa resposta de Herbart à educação de Rousseau a marca particular da pedagogia moderna, marca que no fim do século XIX é questionada duramente com os desenvolvimentos das psicopedagogias francófonas e anglo-saxônicas as quais, sob a base do conceito de aprendizagem, atualizarão a educação rousseauniana e sua ênfase no sujeito que aprende constituindo toda uma "economia do ensino" e abrindo, assim, a possibilidade para uma educação permanente, ao logo da vida toda, isto é, uma "sociedade da aprendizagem".

Da pedagogia ou ciência da educação para as ciências da educação

No volumoso, detalhado e cuidadoso trabalho sobre as relações entre a "pedagogia moderna" e o governo de si mesmo, dedicado particularmente à análise da constituição do "aluno liceal" em Portugal entre o último quarto do século XIX e meados do século XX, Ramos do Ó (2003) dedica um capítulo para mostrar como as "pedagogias liberais", sob a base de uma moral religiosa e um modelo disciplinar herdado, incorporaram os princípios de autonomia e liberdade que são "a *marca mais distintiva e consensual* da escola pública que a centúria de Novecentos disseminou por todo o nosso planeta" (p. 112, grifos do autor). No entanto, essa nova ideia de uma educação moral fundamentada na liberdade e no autogoverno teve como contraparte a autoridade e a disciplina, de tal forma que "o discurso pedagógico projecta um ideal-tipo de estudante independente-responsável" (p. 112), isto é, se estabelece uma simbiose entre liberdade e autoridade mais que um deslocamento ou apagamento da segunda em favor da primeira. Como parte desse processo e, seguindo autores como Charbonnel (1988) e Nóvoa (1991; 1997), Ramos do Ó reconhece dois momentos na constituição da ciência da educação na França: o chamado "Momento Compayré" (CHARBONNEL, 1988) e o "Momento da Pedagogia Experimental" (NÓVOA, 1991; 1997):

> O *Momento Compayré* teve como balizas a publicação, em 1789, com a assinatura de Gabriel Compayré, da *Histoire critique des doctrines de l'éducation en France*, encerrando-se com os artigos Education et Pédagogie que Durkheim publicou em 1911 no *Nouveau dictionnaire de pédagogie*, dirigido por Ferdinand Buisson. O segundo *Momento* originou-se nas investigações – e muitas delas ainda iniciadas nos últimos anos do século XIX – que foram dissecando o corpo e a alma da criança, até a *constituir* como um

actor social distinto e individualmente diferenciado (RAMOS DO Ó, 2003, p. 113, grifos do autor).

Para efeitos deste trabalho e com o propósito de salientar os aspectos mais gerais e característicos da tradição pedagógica francófona, me concentrarei em dois pontos de análise que, mais do que "momentos" poderiam se caracterizar como duas tendências que em vários momentos conviveram entre si, ainda que expressem elementos opostos. A primeira será a tendência da pedagogia filosófica ou ciência da educação, que encontra em Henri Marion e Gabriel Compayré seus principais representantes; a segunda é a tendência da sociologia da educação, inaugurada com Emile Durkheim no fim do século XIX. O desenvolvimento dessas duas tendências, juntamente com as elaborações da Pedagogia Experimental de Alfred Binet e do suíço Edouard Claparède, estabeleceu as condições para o aparecimento, nos primórdios do século XX, das chamadas ciências da educação, característica central da tradição pedagógica francófona.

A constituição de uma "ciência da educação" ou "pedagogia" na França esteve intimamente ligada com a instauração da chamada "Terceira República" (1870-1940) e em particular com a criação, pelos responsáveis da administração escolar, e como parte do conjunto de reformas dirigidas a organizar o ensino secundário e superior, de um curso universitário de pedagogia na Faculdade de Letras de Bordeaux, em 1882. Seu propósito era a preparação dos futuros professores de instrução moral e cívica, disciplina instituída com motivo da Lei Ferry, de 28 de março de 1882, que substituiu a tradicional instrução moral e religiosa (GAUTHERIN, 1995; 2002). Nos anos seguintes foram abertos outros cursos por impulso do Ministério da Instrução Pública e dentro das Faculdades de Letras de Paris (1883), Lyon (1884), Montpellier (1884) e Toulouse (1887).

O conjunto de reformas iniciadas pelos republicanos apontava fundamentalmente para concretizar os princípios revolucionários de recusa da tradição escolar dominada por conteúdos religiosos e da universalização da escola baseada em uma nova ética civil ou laica. Para Schriewer (1991), esse processo de secularização do ensino e a tentativa de constituir uma moral pública fundamentada nos princípios laicos do novo contrato social marcaram profundamente a constituição da ciência da educação, estabelecendo o problema da moralidade como um dos seus elementos mais centrais, fato que se percebe na presença dessa temática nos trabalhos dos seus mais destacados representantes, como Henri Marion (*De la solidarité moral, 1880*), Ferdinand Buisson (*La Religion, la Morale et la Science et leur conflicts dans l'éducation contemporaine*, 1900) e Emile Durkheim (*L'éducation morale*, 1902, 1903).[135]

A partir de uma perspectiva mais detalhada, pode-se dizer que a colocação do problema moral (da educação moral) no centro das preocupações dos republicanos trouxe como consequência a supervalorização da pedagogia, que afetou tanto a filosofia quanto a psicologia e, posteriormente, a sociologia. No caso da filosofia, podemos afirmar que através da pedagogia vários filósofos (como Marion, Compayré, Buisson) conseguiram um lugar de destaque enquanto professores dos novos cursos da ciência da educação, convertidos, por sua vez, em espaços de atualização dos problemas filosóficos, de acordo com as urgências e as necessidades republicanas do momento. A psicologia, por sua vez, também se beneficiou com a pedagogia, particularmente a "psicologia experimental" de Binet e Claparède, que obteve grandes desenvolvimentos graças a sua ligação com problemas próximos da ciência da educação (a organização e funcionamento da escola primária). A sociologia de Durkheim não ficou fora da onda pedagogicista, pois, como assinala Schriewer (1991, p. 159), ela só consegue entrar no âmbito universitário (da Sorbonne) "pela estreita porta da pedagogia".[136] Assim, antes da constituição das ciências humanas, a ciência da educação parecia ser – como diria Charlot (1995) – uma síntese delas, uma espécie de antropologia geral.

Segunda essa linha de análise e para o caso específico das relações entre pedagogia e psicologia, considero necessário relativizar a chamada "psicologização" da pedagogia, por parte de muitos historiadores, assinalando a existência de um processo paralelo de "pedagogização" da psicologia. Sendo assim, teríamos um mútuo processo de interação e influência a partir da qual ambos os saberes conseguiram ultrapassar o seu limiar epistemológico.

---

[135] Sobre essa "marca" da pedagogia francófona, escrevia Buisson (1911) no verbete *Morale* do seu Dicionário: "A questão é saber se nós podemos criar esse estado da alma por uma educação moral puramente laica, ou seja, por uma moral que não empresta sua força, seu prestígio, autoridade, de nenhuma consideração estranha à ideia moral pura e simples. É sobre a base desta crença que se funda a pedagogia republicana francesa".

[136] Durkheim é nomeado em 1887 professor do curso complementar ministerial de "ciência social e pedagogia" na Faculdade de Letras de Bordeaux. Em 1902 foi nomeado sucessor de F. Buisson na cadeira de "ciência da educação" na Universidade de Sorbonne. Em 1907, essa cadeira se transformou na cadeira de "sociologia e ciência da educação". Fica claro que foi através da ciência da educação que a sociologia durkheimiana obteve presença na universidade.

É claro que os resultados para uma e outra foram diferentes; ambas as partes não se beneficiaram da mesma forma: com a multiplicação das ciências da educação (no caso francófono) e da consolidação da teoria do currículo e da psicologia educacional ou da Aprendizagem (no caso anglo-saxônico), a pedagogia perdeu sua posição dominante,[137] se dispersou em várias disciplinas e só sobreviveu sob a forma de uma psicopedagogia. Neste ponto, resultam esclarecedoras as análises de autores como Houssaye (2004, p. 16), que assinala que "nos anos 1880, são de fato os filósofos que reduzem a pedagogia à psicologia da educação, e o fazem no seio da filosofia. São eles Compayré, Pécaut, Gréard, Marion, Buisson e Thamin. Apesar das nuances, a tentativa dominante consistirá em reduzir a pedagogia a uma ciência da educação como psicologia aplicada, no seio da filosofia". Nas palavras de um daqueles filósofos, o assunto era visto assim:

> Ao dizer verdade, as regras pedagógicas não são mais que a aplicação das leis da psicologia, transformadas em máximas práticas comprovadas pela experiência.
>
> A psicologia é o princípio de todas as ciências práticas que se referem às faculdades morais do homem, porém as outras ciências procedentes da psicologia não tratam mais que de uma parte da alma humana; a lógica, da inteligência; a estética, do sentimento do belo; a moral, da vontade. Somente a pedagogia abraça todas as partes da alma e tem que acudir à psicologia inteira (COMPAYRÉ, 1920 [1885], p. 11-12).

Apesar da subordinação da pedagogia, considero pertinente salientar aqui a centralidade da pedagogia nesse processo de reformas republicanas e na institucionalização e desenvolvimento de novas disciplinas, como a psicologia experimental e a sociologia. Sua prévia institucionalização nas Faculdades de Letras (ainda que como curso complementar), sua íntima vinculação ao projeto republicano, portanto sua ligação com os problemas gerais quando nesse momento se formulava o governamento da população, contribuíram decididamente com a emergência das novas problemáticas sociais e, com elas, das novas disciplinas.

Tendência da pedagogia filosófica ou ciência da educação

O *Dicionário de Pedagogia e de instrução primária* de Ferdinand Buisson, cuja primeira edição se realizou entre 1878 e 1887 e contou com

---

[137] Hameline (2002, p. 591) diz sobre este ponto: "O século XIX – particularmente sua segunda metade na qual todos os países desenvolvidos junto com a escola popular adquirem seu caráter moderno – pode ser chamado de idade de ouro da pedagogia".

uma segunda edição em 1911, constituiu uma superfície de emergência privilegiada do novo discurso sobre a ciência da educação na França. Em palavras de um dos seus estudiosos:

> Na história francesa da construção de um discurso erudito de pedagogia "liberal" e "republicana" teórica e prática, o *Dicionário de Pedagogia e de instrução primária* de Ferdinand Buisson (1878-1887 e 1911) é um ponto de passagem obrigatório: pelas suas dimensões, o número e a autoridade de seus autores, sua abertura para as realidades escolares, mas também as circunstâncias da sua publicação, contemporânea da instalação da República, e suas duas edições no intervalo de trinta anos separados. Monumento literário de uma "ciência da educação" nos seus primórdios, este corpus de textos revela o caráter um pouco eclético e compósito, no contexto de uma visão comum entusiasmada com a potência social da educação (DUBOIS, 2007, p. 3).

Em particular, o *Dictionário* acolhe três posições intelectuais distintas sobre a pedagogia: uma científica de corte positivista (James Guillaume), outra de corte metafísico (Eli Pécaut) e uma última ligada ao espiritualismo filosófico[138] (Henri Marion). As três partilham duas características: a defesa de uma pedagogia "liberal" em oposição a uma pedagogia "dogmática" e "rotineira" e a ideia da possibilidade e necessidade de uma ciência da educação (DUBOIS, 2007). Porém, "são os longos artigos de Henri Marion[139] que, a partir de 1884, impõem dentro do *Dicionário* a ideia e os primeiros conteúdos de uma pedagogia 'erudita' metafisicamente dependente de pressupostos espiritualistas" (DUBOIS, 2007, p. 10).

Marion desenvolve sua proposta de uma ciência da educação como parte do seu curso de ciência da educação criado pelo Ministério da Instrução Pública em 1883, na Faculdade de Letras de Paris. Devido ao caráter de curso imposto à faculdade, Marion teve que defender a nova ciência da educação, tanto em face das outras disciplinas universitárias quanto em face dos educadores profissionais cuja formação, até então, não dependia de um sólido sustento teórico. Para salvar esse duplo problema, Marion define a pedagogia como uma ciência e uma arte, isto é, como uma ciência prática. Nesse sentido, a pedagogia não era uma ciência exata à maneira das matemáticas, isto é, um encadeamento necessário de noções puras, porém,

---

[138] Doutrina filosófica elaborada pelo francês Victor Cousin (1792-1867) como reação ao materialismo revolucionário exprimido no cientificismo positivista.

[139] Henri Marion (1846-1896), filósofo e educador francês foi autor de sete verbetes no *Dictionário*: "Memória", "Método", "Pedagogia", "Filosofia" "Psicologia", "Razão", "Razoamento".

como as ciências físicas e naturais, ela procurava leis ou relações constantes entre os fenômenos, relações de causa e efeito, ainda que de jeito diferente daquelas, pois dado seu objeto, "o mais complexo de todos os seres", não esperava leis que permitissem previsões infalíveis; devido a essa incerteza, ela ficava mais próxima à família das ciências morais (MARION, 1887, p. 2238). "Entre as ciências morais, a pedagogia ocupa um lugar especial. Ela envolve praticamente todas as outras donde toma emprestados os seus resultados e os aplica ao seu próprio objeto. A política faz algo semelhante; é de todas as ciências práticas a mais próxima de pedagogia" (MARION, 1887, p. 2238).

Enquanto ciência prática ou aplicada, a pedagogia precisava fundamentalmente da psicologia para obter sua validade e cientificidade. Ela era entendida como a ciência dos fatos de consciência, enquanto a moral era a ciência dos deveres. A psicologia se interessava em examinar "quem sou eu", minha natureza de ser pensante, por isso estava essencialmente ligada à lógica que estuda as leis do pensamento, a forma de proceder do espírito na busca e demonstração da verdade. A moral regulava o emprego das faculdades e respondia à questão do destino do homem e dos meios de cumpri-los. Com essa íntima ligação da pedagogia com a psicologia, procurava Marion (como Compayré) desenvolver uma concepção "racional" da vida humana tirando, assim, a educação do campo da religião (DUBREUCQ, 2004).

Essa tendência também denominada de "pedagogia filosófica" ou "filosofia pedagógica" (DUBOIS, 2007) tinha se iniciado antes do estabelecimento dos cursos complementares e da publicação do *Dictionário* com os trabalhos de Gabriel Compayré (1843-1913) que, apesar de ter traduzido os textos dos positivistas ingleses Herbert Spencer (*Education. Intelectual, Moral and Phisical*, 1861) e Alexander Bain (*Education as a Science*, 1879), permaneceu fiel aos seus princípios espiritualistas. Na introdução da sua *História das doutrinas da educação na França* (1879), escrevia: "O primeiro resultado deste estudo, alguém justamente observou, 'é o de restituir à nossa grande escola de pedagogia francesa seus títulos e sua classe'. Não vamos acreditar que a pedagogia é de propriedade exclusiva da Alemanha" (COMPAYRÉ, 1911, p. 1) e empreendia uma extensa viagem pela produção pedagógica francófona desde o século XVI com Rabelais, Montaigne e Erasmo, passando pelos jesuítas e jansenistas (Port-Royale), Fénelon e a educação feminina, Madame Maintenon, Madame de Lambert até chegar a Rollin, mostrando a tradição que serviria de base para a constituição de uma pedagogia científica na França. Reconhecia que a tarefa estava em curso, pois os filósofos "ainda não conseguem organizar a educação, a fim de deduzir as leis sobre um plano racional" (COMPAYRÉ, 1911, p. 7), e "a prática da educação é ainda menos avançada do que as concepções dos filósofos: ali frequentemente se segue uma rotina irrefletida ou várias inspirações contrárias" (p. 8).

Contudo, assinalava no seu *Curso de Pedagogia* (1897): "Ninguém põe em dúvida atualmente a possibilidade de uma ciência da educação" (COMPAYRÉ, 1920 [1897], p. 10); mas considerava pertinente salientar o erro comum de confundir pedagogia com educação:

> A pedagogia é, por dizer assim, a teoria da educação e a educação a prática da pedagogia. Assim como se pode ser retórico sem ser orador, pode-se ser pedagogo, é dizer, conhecer no fundo as regras da educação, sem ser educador, ou seja, sem possuir a habilidade de educar praticamente às crianças (COMPAYRÉ, 1920 [1897], p. 11).

Também – retomando as discussões dos revolucionários, particularmente de Condorcet (sobre ele escreveu um livro) –, concordava em diferenciar educação e instrução: "O uso geral consiste ainda em reservar a palavra *educação* para assinalar a formação dos costumes e do caráter. O objeto da educação *propriamente dita*, como distinta da instrução, é precisamente a cultura da vontade e do coração por oposição à da inteligência" (p. 53) (Grifos do autor).

Essa diferenciação tem implicações para a teoria pedagógica, pois estabelece para ela dois pontos de partida: o sujeito pensante que se procura educar e os objetos que se devem ensinar:

> No primeiro caso parte-se da natureza do homem, consideram-se as leis da formação das faculdades e se propõem os métodos gerais de cultura conformes com essas leis. No segundo parte-se de cada uma das diversas ramas do ensino, determina-se sua natureza e seus caracteres e estabelecem-se métodos de instrução em conformidade com esses caracteres.
>
> Há, em outros termos, *métodos de cultura*, deduzidos das leis da psicologia, e *métodos de instrução* que, sem deixar de estar de acordo com a psicologia, inspiram-se sobretudo na natureza dos conhecimentos que se teriam de ensinar (p. 57).

Assim, existe uma pedagogia teórica e uma pedagogia prática: a primeira vinculada com o "sujeito" da educação que é a criança; a segunda com o "objeto" da educação que são os métodos de ensino e as regras do regime escolar. Com essa divisão na pedagogia, Compayré retoma as elaborações tanto da Didática germânica quanto da "metodologia" belga e suíça:

> O estudo dos métodos de ensino constitui uma das divisões mais importantes da ciência pedagógica. Para dar-lhe um nome os pedagogos de alguns países têm tomado da filosofia o nome de *metodologia*. Outros têm chamado *didática* a arte de ensinar, e M. Daguet, em seu manual de pedagogia, aventura o nome de *metódica* (p. 249).

Aqui Compayré deixa claro que não se trata do estabelecimento de um método, o método do ensino (como era o caso da antiga didática comeniana ou ainda da pestalozziana), mas de diversos métodos que variam segundo a natureza do ensino ou da matéria a ser ensinada. Sobre esse aspecto, assinala que os professores na Bélgica e na Suíça distinguem uma "metodologia geral" que trata dos princípios comuns a todo método e uma "metodologia especial" que "examina sucessivamente as diversas matérias do ensino e procura os melhores meios que se tem que utilizar em cada ciência e em cada estudo" (p. 249). Entretanto, assinala o perigo de abusar no estudo dos métodos, que em alguns casos chega quase que a constituir uma nova escolástica cheia de fórmulas eruditas, divisões sutis e termos pedantes:

> Abrem-se esses manuais de pedagogia que estão na moda na Bélgica e na Alemanha e encontram-se intermináveis páginas consagradas à distinção dos *princípios*, dos *modos*, das *formas*, dos *procedimentos* e dos *métodos* de ensino; catálogos nutridos que enumeram nada menos que oito formas de ensino, a forma *acromática* ou de exposição ininterrupta, a *erotemática* ou de exposição interrupta, que compreende outras sete fórmulas distintas, a *catequética*, a *socrática*, a *heurística*, la *repetitória*, a *examinatória*, a *analítica* e *sintética* e a *paralógica*, todo sem prejuízo das distinções dos métodos e dos procedimentos em, *intuitivo, comparativo, de oposição, etimológico, de razoamento, descritivo, de observação, repetitório, sinóptico, de reprodução*, e onze mais ainda! (COMPAYRÉ, 1920 [1897], p. 252, grifos do autor).

Em face desses "abusos" estabelece três princípios gerais aos quais se deve adaptar qualquer método: (1) as características próprias dos conhecimentos que se vão a ensinar; (2) as leis da evolução mental nas diversas idades da vida; e (3) o objeto próprio e a extensão de cada grau de instrução. Esses princípios e a divisão da pedagogia em teórica e prática, assim como o esclarecimento do "sujeito" e do "objeto" da ciência da educação, são as principais contribuições da primeira tendência. Fica apenas por analisar rapidamente a sua concepção de educação e disciplina para perceber sua localização nesse período intermediário entre o que temos aqui denominado o governo (governamento) pedagógico disciplinar e o governo pedagógico liberal.

Depois de um balanço das definições de educação dadas por diferentes autores franceses, ingleses e alemães, Compayré propõe no seu *Curso* esta fórmula: "A educação é o conjunto de atos reflexivos por meio dos quais se ajuda à natureza no desenvolvimento das faculdades físicas, intelectuais e morais do homem, para procurar sua perfeição, sua felicidade e a realização de seu destino social" (p. 18). Trata-se de uma educação que ele mesmo chama de "liberal" enquanto prepara para o livre desenvolvimento da razão; tal educação liberal não aspira a uma "alta instrução intelectual", pois é suficiente uma formação elementar sempre que abra a inteligência e fortifique a energia moral. Concorda com Rousseau em que tal educação deve estar em conformidade com as leis da natureza, mas considera que aquilo que se chama de natureza, no fundo, é um ideal que cada pedagogo concebe à sua maneira e, como assinala o pensador inglês Alexander Bain, existem na natureza humana instintos maus como a cólera, o ódio, a antipatia, a inveja, etc., não se pode abandonar a natureza a si mesma e, pelo contrário, é preciso estabelecer umas restrições, como propõe Kant. Também concorda com Rousseau em que a educação é produto da liberdade, pois o homem não é um ser inerte e passivo, mas ativo e livre: "o espírito não é uma matéria inerte que se deixa formar à vontade e obedece passivamente a tudo aquilo que se faz nela, como o mármore ou a madeira ao cinzel do artista. Longe disso, o espírito da criança reage sem parar e mistura sua ação própria à do educador" (COMPAYRÉ, 1920 [1897], p. 23). Mas, evidentemente, não é uma colaboração equivalente: a atividade do aluno deve estar comprometida com a sua educação, portanto, deve estar a serviço da ação educativa do professor, colaborar com ele para chegar até onde se lhe conduz. Daí que:

> A educação não abandona a natureza a si mesma, senão que a vigia, dita-lhe suas regras e, em caso de necessidade, a reprime. De um modo geral, é obra de autoridade o mesmo que de liberdade, pois a autoridade adquirida pelo mestre que saiba fazer-se estimar e obedecer, lhe permitirá acudir ao convencimento com mais frequência que à repressão. Quanto mais autoridade tenha, menos necessitará usá-la (p. 24).

Porém, não se deve esquecer que o fim último da educação é o cultivo do caráter, por isso não se deve temer a liberdade, mas encontrar no próprio aluno o freio necessário para reformar as paixões e os maus instintos, isto é, procurar com a educação estabelecer os mecanismos para que o próprio sujeito se governe a si mesmo. Nessa perspectiva,

Compayré considera, na esteira de Herbart, que a disciplina tem um fim superior que é a formação do caráter, motivo pelo qual resulta central para a educação. Por isso, mais do que se basear em um conjunto de prêmios e castigos, deve ser preventiva, e isso só será possível se o professor segue um método adequado, seguindo uma regularidade e continuidade dos exercícios escolares, uma utilização correta do tempo, uma classificação dos discípulos (não só pela sua idade, mas pelo seu grau de instrução e desenvolvimento intelectual) e uma vigilância rigorosa:

> Ainda assim, as regras não bastam. O discípulo não é ainda bastante dono de si mesmo nem bastante enérgico e bem intencionado para seguir espontaneamente a marcha que traça o regulamento. Há que contar com os desfalecimentos da vontade, com o aturdimento da infância, com a dissipação, com a preguiça e com o mau desejo. Ao olhar vigilante do mestre corresponde assegurar a prática das leis escolares. A disciplina é mais fácil com um mestre ativo que vigia todos os movimentos, que espreita as disposições, que corta com uma palavra ou com um olhar uma conversação que começa, que reanima a atenção no momento em que se dorme, e que, numa palavra, está sempre presente nos quatro cantos da escola e é, por dizê-lo assim, a alma da aula (p. 434).

Essa intensa e permanente vigilância não se detém nas portas da escola: um bom professor deve averiguar o que as crianças fazem no seio da família e até como se conduzem na rua e nos caminhos; para isso, deve-se estabelecer uma estreita aliança com os pais informando-os periodicamente do progresso, do trabalho e dos defeitos das crianças. Além disso, deve se lembrar de que o fim da disciplina é voltar-se inútil; ainda que seja preciso uma sujeição, ela não impede a liberdade "que é a disciplina que nos impomos a nós mesmos, e o fim da educação em todos os graus é fazer homens livres" (p. 441). Citando a M. Gréard, conclui Compayré:

> [...] substituir insensivelmente às regras que tem-se lhe dado as que ele mesmo dê-se, à disciplina de fora aquela de adentro; libertar-lhe, não de um só golpe ao modo antigo, senão dia por dia, rompendo a cada progresso um elo da corrente que atava sua razão à razão do outro; ensinar-lhe a sair de si mesmo, a julgar-se- a governar-se como julgaria e governaria aos outros; mostrar-lhe, enfim, sobre ele, as ideias do dever público e privado que se impõem a sua condição humana e social: tais são os princípios da educação que da disciplina escolar faz passar à criança à disciplina de sua própria razão e cria, ao exercitar-la, sua personalidade moral (COMPAYRÉ, 1920 [1897], p. 442).

Fica claro, até aqui, como nessa primeira tendência da "ciência da educação" se vai construindo a nova "educação liberal", sem abandonar os anteriores alicerces disciplinares. A passagem para uma governamentalidade pedagógica liberal não significou uma ruptura com a tradição anterior, mas uma readequação, uma reacomodação, cujo resultado foi a produção de novos conceitos e práticas. A metáfora geológica de Veiga-Neto (1996) e de Senellart (2006) é bem ilustrativa desses processos de mudança, segundo a perspectiva utilizada por Foucault: deslizamentos de superfícies, desmoronamentos, fluxo de materiais de um lado para outro, superposição de camadas e, claro, aparecimento de novidades que emergem justamente como resultado desse mesmo movimento.

Tendência da sociologia da educação

Emile Durkheim (1858-1917) foi professor do curso de pedagogia na Faculdade de Artes de Bordeaux entre 1887 e 1902, ano em que assumiu o cargo de catedrático substituto de "ciências da educação" na *Sorbonne*. Em 1906 foi nomeado titular da cadeira em substituição a Ferdinand Buisson: "Até sua morte, dedicou à pedagogia ao menos uma terceira parte, e com frequência as duas terceiras de sua tarefa educacional: cursos abertos ao público, conferências aos membros do ensino elementar, cursos aos alunos da Escola Normal Superior" (FAUCONNET, 2003). Na sua lição inaugural da cadeira na Sorbornne, Durkheim chamava a atenção sobre o fato de os pedagogos modernos concordarem, quase na sua totalidade, em ver a educação como um assunto eminentemente individual. Pelo contrário, dizia ele: "Considero como o postulado mesmo de toda especulação pedagógica que a educação é um ente eminentemente social, tanto por suas origens como por suas funções, e que, portanto, a pedagogia depende da sociologia mais estreitamente que de qualquer outra ciência" (DURKHEIM, 2003 [1922], p. 115).

Com essa observação, Durkheim abria uma nova perspectiva na compreensão da educação, ao mesmo tempo que inaugurava uma nova tentativa de submeter a pedagogia aos ditames de uma disciplina externa. Se filósofos e psicólogos pareciam aliados na tentativa de considerar a pedagogia como uma ciência aplicada derivada da psicologia, agora Durkheim reclamava para a incipiente ciência sociológica os direitos de subordinar a pedagogia, dado o caráter eminentemente social que concedia à educação. Mas Durkheim foi além e, ainda que reconhecesse, como os seus colegas filósofos, que a pedagogia era uma teoria prática, ele estabelecia uma clara diferença entre pedagogia e ciência da educação. Não duvidava que, segundo os novos cânones de cientificidade da sua época, era possível ser a educação um objeto de estudo científico, mas a pedagogia não seria essa ciência cujo objeto era a educação. Na segunda lição do seu curso *A Educação Moral*, o sociólogo dizia:

> Agora bem, se a pedagogia não é uma ciência, também não é uma arte [...] A pedagogia é, portanto, algo intermédio entre a arte e a ciência. Não é arte, porque não é um sistema de práticas organizadas, senão de ideias relativas a essas práticas. É um conjunto de teorias. Por esse lado, se acerca à ciência. Contudo, enquanto que as teorias científicas têm por único objeto expressar o real, as teorias pedagógicas têm por objeto imediato orientar a conduta. Se elas mesmas não são a ação [educação], a preparam e estão muito perto dela. Na ação está sua razão de ser. Ao dizer que é uma teoria prática, tratava de expressar essa natureza composta (DURKHEIM, 2002b [1925], p. 37).

Essa diferenciação obedecia tanto à concepção de ciência que afastava Durkheim dos seus colegas filósofos da tendência anterior quanto aos seus interesses de subsumir a ciência da educação nos domínios da ciência sociológica. Assim, a consideração da pedagogia como teoria prática não pode ser lida como um rebaixamento, mas um reconhecimento ao seu caráter de reflexão dirigida à ação. E aqui é preciso levar em conta que Durkheim nega o caráter de arte para a pedagogia, pois segundo ele, uma arte é, fundamentalmente, um conjunto de costumes, práticas, habilidades organizadas; a arte da educação é o saber-fazer do educador, a experiência prática do professor. A pedagogia, pelo contrário, é um conjunto de ideias relativas a essas práticas, é um conjunto de teorias que não tem como objeto exprimir o real, mas orientar a conduta. É por isso que se pode ser um bom professor sem conhecer muito de pedagogia ou, pelo contrário, ser um bom pedagogo carecendo de qualquer habilidade prática para a educação.

Devido ao caráter eminentemente social concedido à educação, seu estudo fazia parte da sociologia. Dessa forma, tirava Durkheim à pedagogia o objeto que tinha sido designado para ela – enquanto ciência da educação – pela tendência anterior da pedagogia filosófica e colocava-o agora como parte dos objetos da sua ciência sociológica. Com esse movimento, a sociologia procurava escalar mais um degrau no caminho da cientificidade, ao mesmo tempo que pretendia utilizar os privilégios que alcançou a pedagogia no estudo e direção dos problemas da educação, numa época em que a expansão da instrução pública era um assunto estratégico para os interesses do Estado.

Poderíamos dizer que os fenômenos da educação, a problemática aberta sobre a educação das massas, sobre a instrução pública, contribuiu decisivamente na consolidação de uma ciência da "sociedade". Essa problemática da educação esteve intimamente vinculada ao aparecimento, no fim do século XVIII, da população como campo de realidade a partir do qual se abriu toda uma série de domínios de objetos para saberes possíveis (FOUCAULT, 2008a).[140] A educação foi tanto um dos fenômenos específicos da população quanto um desses novos objetos de saber, cujo recorte permitiu a constituição de uma "ciência da educação", mas também foi um objeto que contribuiu na constituição de uma "ciência da sociedade", na medida em que se estabeleceu como seu mecanismo de reprodução.

Em outras palavras, diríamos que a "sociedade" é uma maneira de abordar a população, uma forma de estabelecer um recorte nela para conhecê-la e governá-la. Assim como para as populações foram estabelecidos mecanismos biológicos para sua reprodução, no caso das sociedades a educação cumpriu o mesmo papel. Era a educação, e só ela, que podia garantir a sobrevivência da sociedade: "se orgulha-se em algo a existência da sociedade – e acabamos de ver aquilo que representa ela para nós –, é indispensável que a educação assegure entre os concidadãos uma suficiente comunidade de ideias e sentimentos, sem a qual não pode haver sociedade" (DURKHEIM, 2003 [1922], p. 74). A educação foi o mecanismo de reprodução da sociedade num duplo sentido: de uma parte, era a educação que transformava o ser "individual e antissocial que somos no momento do nascimento" (p. 83) num ser apto para viver em comunidade; por outra parte, era através da educação que os produtos de uma geração, em lugar de apagar-se e desaparecer com a sua morte, se acumulavam, passavam e se transformavam na seguinte geração.

A famosa definição de educação de Durkheim é ilustrativa nesse sentido:

---

[140] Sobre este ponto Foucault (2008a, p. 103) esclarecia: "é um jogo incessante entre as técnicas de poder e o objeto destas, que foi pouco a pouco recortando no real, como campo de realidade, a população e seus fenômenos específicos. É a partir da constituição da população como correlato das técnicas de poder que pudemos ver abrir-se toda uma série de domínios de objetos para saberes possíveis. E em contrapartida, foi porque esses saberes recortavam sem cessar novos objetos que a população pôde se constituir, se continuar, se manter como correlato privilegiado dos modernos mecanismos de poder.

Daí essa consequência: a temática do homem, através das ciências humanas que o analisam como ser vivo, indivíduo trabalhador, sujeito falante, deve ser compreendida a partir da emergência da população como correlato do poder e objeto de saber. O homem, afinal de contas, tal como foi pensado, definido, a partir das ciências ditas humanas do século XIX e tal como foi refletido no humanismo do século XIX, esse homem nada mais é finalmente que uma figura da população".

> A educação é a ação exercida pelas gerações adultas sobre aquelas que não têm alcançado ainda o grau de maturidade necessária à vida social. Tem por objeto suscitar e desenvolver na criança um certo número de estados físicos, intelectuais e morais que exigem dele tanto a sociedade política no seu conjunto quanto o meio ambiente específico ao que está especialmente destinado (DURKHEIM, 2003, p. 63).

A educação é uma socialização metódica das novas gerações e age sobre o indivíduo tanto quanto sobre a população (sociedade). As regras, os hábitos, as ideias que determinam o tipo de educação são produto das gerações anteriores. Todo o passado da humanidade tem contribuído para edificar esse conjunto de regras que dirigem a educação do momento, por isso, ela funciona à maneira como opera o mecanismo hereditário no caso das populações e dos organismos vivos:

> No homem, ao contrário, as atitudes de todo tipo que supõe a vida social são demasiado complexas para poder encarnar-se, por assim dizer, em nossos tecidos e materializar-se baixo a forma de predisposições orgânicas. Daí depreende-se que essas atitudes não podem transmitir-se de uma geração para outra por vias genéticas. É através da educação que se leva a término a transmissão (DURKHEIM, 2003, p. 66).

Nesse aspecto se afirma a importância do ensino ou instrução como parte da tarefa educativa, pois não será possível que um indivíduo descubra por si mesmo a ciência, que é um produto eminentemente social: precisa-se aqui da ação do professor para transmitir a produção que a civilização tem demorado vários séculos em produzir e depurar. Ratifica-se essa importância com o curso que Durkheim dedicou à *Educação intelectual na escola primária* em que, interpretando criticamente as elaborações de Comênio e Pestalozzi, justifica a necessidade de constituir na mente dos alunos noções básicas ou "categorias" que seriam como as ferramentas do pensamento lógico. Como parte dessas reflexões, estudou nesse curso a "didática" de algumas matérias como a matemática, a física, a geografia e a história (FAUCONNET, 2003).

Mas não em tudo se afastou Durkheim dos seus colegas da tendência filosófica; como eles, ocupou-se também do assunto da educação moral, ainda que a partir de sua particular perspectiva de entender a educação e a moral. O curso com o qual inaugurou suas aulas na Sorbonne esteve dedicado à educação moral e justificou essa escolha não só porque ela ocupou um lugar de destaque nas reflexões dos pedagogos, mas também porque nas condições da sua época, tratava-se de um assunto de particular urgência:

Decidimos dar às nossas crianças, nas nossas escolas, uma educação moral que seja puramente laica; por essa expressão, devemos entender uma educação que evite todo apelo aos princípios sobre os que descansam as religiões reveladas, que se apoie exclusivamente nas ideias, os sentimentos e as práticas justificáveis só mediante a razão; numa palavra: uma educação puramente racionalista (DURKHEIM, 2002b [1925], p. 38).

Para sua concepção racionalista (positivista) da ciência, "não há nada no real que possamos considerar como fundamento radicalmente refratário à razão humana" (p. 39), afirmação que não queria dizer, todavia, que a ciência pudesse esgotar todo o real, mas que não existia categoria alguma de fatos que não fossem redutíveis ao pensamento científico, isto é, que fossem irracionais por essência. A educação e a moral, portanto, poderiam ser objeto de delimitação racional e os componentes de uma educação moral racional eram, principalmente, três: o dever, o bem e a autonomia, esses que Durkheim exprimia como o espírito de disciplina, a adesão a grupos sociais e a autonomia da vontade.

Sobre o espírito da disciplina, Durkheim assinala que toda moral implica o seguimento de um conjunto de regras de ação que predeterminam a conduta e que nos são impostas, daí que a disciplina seja necessária. No entanto, não deveria ser entendida como uma moléstia ou um "mal necessário", pois ela tem um papel considerável na formação do caráter e na personalidade em geral: trata-se da aptidão de dominar-se, de inibir-se, de controlar as paixões, os nossos desejos e impor-lhes uma lei.

Sobre a adesão a grupos sociais, considera Durkheim que, como toda moral implica uma inclinação para algo diferente de si mesmo, é preciso que o indivíduo moral se sinta solidário de um grupo específico, daí que a primeira tarefa da educação moral consista em relacionar a criança com a sociedade que o circunda imediatamente, isto é, com a família, mas a perspectiva da educação moral, devido a que nem todas as sociedades em que participa o homem têm o mesmo valor, deve estar dirigida para aquela que desfruta de uma autêntica primazia sobre todas as demais: a sociedade política, a pátria. E é a escola o único meio moral onde a criança pode aprender metodicamente a conhecê-la e amá-la, "e isso é, precisamente, aquilo que confere hoje em dia uma importância primordial ao papel da escola na formação moral do país" (p. 86).

Finalmente, sobre a autonomia da vontade, assinala o sociólogo que esse componente da moralidade constitui a característica diferencial da moral laica porque não tem lugar, logicamente, em uma moral religiosa:

trata-se da "inteligência da moral", isto é, a compreensão racional do sentido e necessidade das regras, de tal forma que sejam assumidas de forma voluntária e livre. Assim, os fatos morais devem ser considerados como racionais, quer dizer, devem ser considerados como fenômenos naturais que se explicam unicamente pela razão, de tal forma que já não seja preciso invocar a Deus como fonte da lei moral.

Nesse ponto, como se pode perceber, o sociólogo francês permaneceu na linha dos seus colegas filósofos e na esteira de Kant e até do próprio Rousseau; estabeleceu uma aliança indissociável entre liberdade e autoridade:

> Às vezes, tem-se enfrentado os preceitos de liberdade e de autoridade como se tais fatores da educação se contradissessem ou limitassem-se respectivamente. Porém, essa oposição é fictícia. Na realidade, esses dois termos, longe de excluir-se, se implicam. A liberdade é o fruto da autoridade bem entendida. Efetivamente, ser livre não consiste em fazer tudo aquilo que a gente quer por capricho; ser livre é ser dono de si mesmo, é saber agir razoavelmente e cumprir com seu dever. E é, precisamente, para dotar a criança desse domínio sobre si mesmo que a autoridade do educador deve tender (DURKHEIM, 2003 [1922], p. 86).

A partir das duas tendências até aqui esboçadas: uma ligada à filosofia espiritualista francesa que tentou constituir a ciência da educação ou pedagogia como uma teoria prática dependente, particularmente da psicologia; outra ligada à nascente sociologia que estabeleceu uma diferença entre ciência da educação (de caráter sociológico) e pedagogia, nem ciência nem arte, teoria prática destinada a orientar a conduta educativa e junto com os desenvolvimentos da *Psicologia experimental* do francês Alfred Binet e do suíço Edouard Claparède, foi possível que no contexto francófono se constituíssem as chamadas ciências da educação nos primórdios do século XX. Essa é a característica marcante de uma tradição pedagógica cujos momentos fundantes se debatem entre a criação do Instituto Jean Jacques Rousseau em Genebra (1912) por Claparède e Pierre Bovet e a institucionalização no meio universitário francês das "ciências da educação" em 1967, como parte da luta de Gaston Mialaret, Maurice Debesse e Jean Château.[141]

---

[141] Sobre o processo particular de constituição das ciências da educação tanto na Suíça e Bélgica quanto na França *vide* Hofstetter; Schneuwly (2002), Charlot (1995), Rios (2007), Gautherin (2002).

A teoria do currículo ou os *Curriculum Studies*

A tradição anglo-saxônica dos *Curriculum Studies* é a mais recente das três tradições e a mais influente e divulgada. Seu desenvolvimento se dá a partir das primeiras décadas do século XX, particularmente nos Estados Unidos da América, e a sua propagação além dos limites norte-americanos é produto fundamentalmente do movimento de "mundialização" da educação, iniciado depois da Segunda Guerra Mundial (MARTÍNEZ, CASTRO, NOGUERA-RAMÍREZ, 2003). Como consequência dessa expansão ou "explosão" (TERIGI, 1996) se chegou, na década de 1990, tanto no caso anglo-saxônico quanto no ibero-americano, "a um estado no qual tudo o que acontece na instituição escolar e no sistema educativo é, de maneira indiferenciada, *curriculum*" (TERIGI, 1996, p. 161).

A força da expansão do campo dos estudos curriculares foi tal que a ideia da existência do currículo aparece como a forma própria em que se desenvolveram as práticas educativas na cultura ocidental, isto é, aparece como a única forma, portanto, de validade "universal", que assumiu a organização da educação desde épocas remotas. Para analisar a emergência dessa tradição, vou-me servir do esboço de "genealogia do *curriculum* escolar" que fizera Terigi (1996) pouco mais de uma década atrás. O argumento central dessa análise é o seguinte: "Que 'sempre' tenham existido idéias sobre o que se deve ensinar não significa que 'sempre' tenha existido o *curriculum*" (TERIGI, 1996, p. 164). Sobre a base dessa afirmação, a pesquisadora se opõe à tese de uma origem na perspectiva foucaultiana de pontos de emergência: "A origem remete para o ponto mítico em que algo começa a existir; afasta suas ocorrências anteriores e supõe sua identidade subseqüente. A emergência, ao contrário, é 'a entrada em cena das forças; é a sua irrupção, o movimento brusco pelo qual elas saltam dos bastidores para o teatro'" (p. 170).

Como exemplo da busca da origem, Terigi menciona três perspectivas que, ainda que distintas, se identificam pelo seu propósito de encontrar a verdadeira origem da ideia de currículo. A primeira delas considera que o currículo se origina quando se originam prescrições sobre o ensino, daí posturas como a de Marsh "que encontra o *curriculum* na Grécia clássica porque sustenta que o *curriculum* são as matérias de ensino oferecidas ou prescritas na Grécia clássica" (TERIGI, 1996, p. 164). Também é o caso de Kemmis (1988) que, segundo Terigi, "revaloriza uma história dos métodos de ensino (a de Broudy) porque sustenta que a cada um dos grandes nomes da pedagogia – destacados por Broudy –, pode-se fazer corresponder sua teoria em estado prático sobre o *curriculum*, já que inclui idéias sobre o que se deve ensinar" (p. 164). Assim, Comênio, por exemplo, faria parte da história do currículo porquanto desenhou um método para desenvolver o ensino, e também Herbart que, segundo Bowen "define o *curriculum* como um corpo organizado de conhecimentos o melhor calculado possível para que esteja em relação com as condições da mente" (*apud* TERIGI, 1996, p. 164).

Uma segunda perspectiva considera que o currículo se origina quando aparece o termo *curriculum*, perspectiva representada por Hamilton (1992), o qual sustenta que a Universidade de Glasgow foi onde se utilizou pela primeira vez, em 1633, o termo para referi-lo a um plano de estudos. Sobre essa perspectiva diz Terigi: "É fácil dizer 'o *curriculum* não existia porque a palavra *curriculum* não existia'. É fácil, digamos, refutar a Marsh. Mas isto não autoriza automaticamente a dizer 'o *curriculum* existe a partir do momento em que a palavra *curriculum* começa a ser utilizada'" (TERIGI, 1996, p. 165).

A terceira e última perspectiva mencionada por Terigi é aquela que considera que o currículo origina-se como ferramenta pedagógica da sociedade industrial, posição sustentada pelo pesquisador mexicano Díaz Barriga (1992). Segundo Terigi, o mexicano considerara a origem do currículo nos Estado Unidos do pós-guerra e:

> Para o autor, *curriculum* não é qualquer prescrição sobre os conteúdos do ensino; tampouco é suficiente que se acrescente a ordem e a sequenciação. *Curriculum* é uma ferramenta pedagógica que substitui a antiga didática; que subordina a educação a uma visão eficientista e utilitarista apresentada como ideologia científica; e que impõe aos processos de prescrição sobre o que se deve ensinar uma lógica de construção – o chamado planejamento curricular – para a qual se geraram conceitos inteiramente novos: diagnóstico de necessidades, objetivos, perfil do egresso, modelos institucionais, etc. (TERIGI, 1996, p. 168).

Dessa forma, considera Terigi a concepção de Díaz Barriga deixa fora do campo aquelas análises de Hamilton sobre o aparecimento do termo no século XVII e, devido à forte marcação que coloca sua origem no contexto norte-americano, fecha a possibilidade de estudar a problemática curricular em países de estrutura econômica diferente dos Estados Unidos.

A perspectiva genealógica de Terigi tenta, então, evitar os problemas de anacronismo (considerar o currículo como presente ao longo de toda a história da educação do Ocidente), nominalismo (considerar que o aparecimento do termo marca sua origem) e contextualismo (restringir seu aparecimento ao contexto dos Estados Unidos) presentes nas perspectivas estudadas e, para isso, empreende uma análise das múltiplas ocorrências do termo *curriculum* "não em todas as ocorrências – isso é impossível – mas na maior variedade delas" (p. 170). A busca dos diversos sentidos específicos do termo se orienta na perspectiva de *curriculum* como "prescrição acerca do ensino, e mais especificamente dos conteúdos do ensino" (p. 171), pois apesar da enorme disparidade de definições de *curriculum*, essa compreensão está presente em boa parte das conceitualizações dos teóricos do campo. Num sentido mais concreto, a ideia da prescrição sobre o ensino se entende, seguindo as análises de Hamilton, como "uma certa seqüência, uma determinada ordem, que produz o *curriculum* entendido como plano de estudos" (TERIGI, 1996, p. 171). Daí que Terigi, ao contrário de Hamilton (1992), considere que antes do aparecimento do termo na Universidade de Glasgow, o *Ratio Studiorum* dos jesuítas incorporava já umas prescrições sobre os conteúdos a serem ensinados baseados nessa perspectiva de sequência e ordem; por isso, "uma história do *curriculum* que começasse apenas em Glasgow, deixaria o *Ratio Studiorum* de fora" (p. 167).

Continuando a busca dos sentidos do *curriculum*, Terigi menciona como outro momento importante para sua história a constituição dos Estados Nacionais europeus, a nova categoria de cidadão e os esforços das administrações estatais para definir uma instituição educativa específica (a escola). Em particular, assinala como a constituição da "escola nacional" esteve intimamente vinculada à definição de planos educativos nacionais e, particularmente, salienta o caso francês do *Informe sobre a organização da Instrução Pública* apresentado por Condorcet à Assembleia Nacional Legislativa em abril de 1792. Tal *Informe* "contém uma proposta de graduação do ensino, uma previsão de destinatários e docentes para cada grau de instrução, e uma indicação expressa dos conteúdos a ensinar em cada um" (p. 172); por tal motivo, formam parte da história do currículo, mas, sobretudo, porque:

> [...] – mesmo quando não atingem as características dos planos de estudo próprios do *curriculum* de Hamilton, e mesmo quando não atingem, em última instância, a concretude na realidade educativa francesa da época –, acrescentam à ideia de plano geral, para todas as escolas características do *Ratio*, a preocupação estatal com uma política de ensino que inclua a regulação dos conteúdos, sendo sua aparição sob um formato legal um efeito importante de seu caráter público (p. 172).

Seguindo essa lógica, Terigi conclui que a produção curricular estadunidense só acrescenta um sentido específico ao currículo: "já não se trata de construir uma proposta de estudos destinada a construir o cidadão, mas de construir o sujeito característico da sociedade industrial" (p. 173), de tal forma que aquilo que Díaz Barriga considera o ponto da origem do currículo, é só um novo ponto de emergência.

Estendi-me na apresentação da perspectiva de Terigi por uma razão metodológica: argumentar a minha consideração da emergência, em meados do século XIX, da perspectiva curricular como uma tradição especificamente anglo-saxônica e, por isso, diferente da pedagogia e didática germânica e da ciência ou ciências da educação de corte francófono. E, como já disse na apresentação das tradições, diferente não significa nem completamente isolada nem pertencente a uma outra formação discursiva. Diferente quer dizer que não é idêntica, que não se trata de uma simples substituição de termos de uma língua pelos da outra; ainda que as três tradições partilhem o mesmo chão, arqueologicamente falando, constituem modificações, alterações, apropriações particulares produto da cultura. Nesse sentido, diria que a genealogia de Terigi fica presa na "explosão" que ela mesma denuncia do campo do currículo; não consegue sair da perspectiva curricular, não consegue perceber a existência das outras tradições intelectuais, pois as diferenças encontradas na sua revisão histórica só são variantes do currículo que, por sua vez, é confundido com a didática.

É evidente que o currículo partilha com a didática a "prescrição do ensino", mas nesse caso, diria que como a constituição da didática é muito anterior à perspectiva do currículo, este último retoma esse aspecto da didática. Aquilo que identifica a perspectiva curricular não é a prescrição dos conteúdos do ensino, mas a organização do ensino como um conjunto de atividades ou experiências organizadas segundo as atividades e experiências que se espera que as crianças desenvolvam na sua vida adulta. Esta não é uma característica partilhada nem com a didática germânica, nem com a ciência da educação francófona. Trata-se de uma perspectiva ancorada no utilitarismo e no pragmatismo de procedência anglo-saxônica.

E, para compreender melhor essas especificidades discursivas, me apoio aqui nas duas tendências que Foucault encontra na governamentalidade entre o fim do século XVIII e inícios do século XIX; trata-se de dois caminhos para delimitar a governamentalidade liberal, para colocar limites à prática de governo; duas vias que não são excludentes, nem contraditórias nem incompatíveis, só heterogêneas: o "caminho rousseauniano" ou "revolucionário" que parte do direito público e o "caminho radical" articulado essencialmente com a nova economia da razão de governar. O primeiro consiste em:

> [...] partir, não do governo e da sua necessária limitação, mas em partir do direito, do direito em sua forma clássica, isto é, [em] procurar definir quais são os direitos naturais e originários que pertencem a todos os indivíduos, definir em seguida em que condições, por causa de quê, segundo que formalidades, ideais ou históricas, aceitou-se uma limitação ou uma troca de direito. Consiste também em definir os direitos cuja cessão se aceitou e, ao contrário, os direitos para os quais nenhuma cessão foi acordada e que permanecem, por conseguinte, em qualquer condição e sob todos os governos possíveis, ou em todo regime político possível, direitos imprescindíveis. Enfim, a partir daí, e somente a partir daí, uma vez assim definidos a divisão dos direitos, a esfera da soberania e os limites do direito da soberania, pode-se então deduzir, mas somente deduzir, o que podemos chamar de fronteiras da competência do governo, mas no âmbito estabelecido pela armadura que constitui a própria soberania (FOUCAULT, 2008b, p. 54).

O segundo caminho não parte do direito, mas da própria prática governamental, isto é, a esfera da competência do governo se define precisamente a partir daquilo que para ele seria útil ou inútil fazer e não fazer:

> O limite da competência do governo será definido pelas fronteiras da utilidade de uma intervenção governamental. Colocar a um governo, a cada instante, a cada momento da sua ação, a propósito de cada uma das suas instituições, velhas ou recentes, a questão: é útil, é útil para quê? Dentro de que limites é útil? A partir de que se torna inútil? A partir de que se torna nocivo? Essa questão não é a questão revolucionária: quais são os meus direitos originais e como posso fazê-los valer em face de um soberano? Mas é a questão radical, é a questão do radicalismo inglês. O problema do radicalismo inglês é o problema da utilidade (FOUCAULT, 2008b, p. 56).

Dois caminhos que o liberalismo europeu tomou durante o século XIX, duas concepções da liberdade e do direito: uma jurídica fundamentada na perspectiva de que todo indivíduo tem originariamente certa liberdade da qual cederá ou não uma parte determinada; outra concepção que já não se fundamenta na ideia do exercício de uma série de direitos fundamentais, mas entendida como a independência dos governados com relação aos governantes.

De acordo com esses esclarecimentos, poderíamos dizer que a via francesa da constituição da instrução pública – que Terigi identifica como uma parte da genealogia do currículo – constitui uma via diferente que seria a via "revolucionária", a via da constituição da instrução pública a cargo do Estado. Pelo contrário, as elaborações de Herbert Spencer sobre a "educação intelectual, moral e física", fazem parte de outra via que é justamente a via do currículo, em cujo âmago se encontra o problema da utilidade e não do direito. Mas vejamos esses assuntos de maneira mais detalhada.

Na sua *Primeira memória sobre a instrução pública*, Condorcet afirma que a educação pública deve limitar-se à instrução, e isso, por três razões principais: porque a diferença necessária dos trabalhos e das fortunas impede de lhe dar mais extensão; porque atentaria contra os direitos dos pais; e porque uma educação pública se voltaria contrária à independência de opiniões. Partindo da ideia da existência de uma igualdade de direitos, Condorcet esclarece, por um lado, que em uma sociedade democrática moderna, os empregos mais penosos estão confiados a homens livres, mas que estão obrigados a trabalhar para satisfazer as suas necessidades; eles devem iniciar cedo sua aprendizagem, e seu exercício consome o tempo todo. Entretanto, aqueles homens de condição econômica favorecida podem dedicar mais tempo à educação e preparar-se para profissões mais lucrativas, portanto não é possível submeter a uma educação rigorosamente igual a homens cujo destino é tão diferente. Por outro lado, se os pais têm o direito natural de educar os seus filhos, o Estado não pode ignorar esse direito sem cometer uma verdadeira injustiça, quebrando os laços que a natureza instaurou entre pais e filhos; não pode obrigar os pais a renunciar a esse direito, por isso só corresponde ao Estado a instrução para a qual os pais não estão preparados naturalmente, pois se trata de uma tarefa que requer formação especializada. Por último, diz Condorcet:

> A educação, tomada em toda a sua extensão, não se limita somente à instrução positiva, ao ensino das verdades de fato e de cálculo, senão que abarca todas as opiniões políticas, morais ou religiosas. Agora bem, a liberdade dessas opiniões não seria senão ilusória se a sociedade fizesse sujas as gerações nascentes para ditar-lhes aquilo em que devem acreditar. Aquele que, ao entrar na sociedade, leva para ela opiniões que sua educação tem-lhe dado já não é um homem livre; é um escravo de seus mestres e suas correntes são tanto mais difíceis de romper quanto que ele mesmo não as sente e acredita obedecer à sua razão, quando não faz senão submeter-se à de outro (CONDORCET, 2001 [1791], p. 101).

A proposta da instrução pública aparece no marco revolucionário ligada intimamente ao problema dos direitos do homem e do cidadão e faz parte, nesse sentido, das limitações que se devem colocar ao governo, limitações que, como reconhece Foucault, são estabelecidas desde a órbita do direito. Assim, Condorcet considera que o poder público não tem direito a vincular o ensino da moral ao da religião, nem o direito de fazer ensinar opiniões como se fossem verdades; também não pode estabelecer um corpo de doutrina que deva ser ensinado exclusivamente nem pode dar suas opiniões como base da instrução; enfim, "tanto o dever como o direito do poder público se limitam; terá, pois, de fixar o objeto da instrução e a tempo assegurar-se de que será bem realizado" (CONDORCET, 2001 [1791], p. 107).

Diferente da via da instrução pública é a via utilitarista de Spencer. O ponto de partida já não é o direito, mas a utilidade. Herbert Spencer abre seu livro *Education physical, intelectual and moral* (1860) com a seguinte questão: "quais conhecimentos são mais úteis?", deixando clara de entrada sua perspectiva. Sua tese inicial é que, na história da humanidade, se pode reconhecer facilmente o privilégio dado às coisas agradáveis frente às úteis, tanto no plano intelectual quanto no material. Uma das provas dessa afirmação está no fato de que os primitivos moradores da América preferiram o adorno (penas, tinturas, aros, etc.) ao vestido, o que tem sua explicação em outro fato: a subordinação, desde tempos remotos, das necessidades individuais às sociais, ou seja, o império da sociedade sobre o indivíduo (SPENCER, 1860).

Para reverter essa tendência, é preciso levar em conta quais são as atividades úteis para a vida humana e classificá-las segundo sua importância. Spencer assinala cinco delas: (1) atividades que concorrem diretamente para a conservação do indivíduo; (2) atividades que contribuem indiretamente para ela; (3) atividades empregadas em educar e disciplinar a família; (4) atividades que garantem a manutenção da ordem social e das relações políticas, e (5) atividades para ocupar os momentos de ócio e lazer (SPENCER, 1860). A educação ideal seria a preparação completa para a posse de todas essas atividades, mas na realidade só será possível manter um grau razoável de preparação para cada uma delas.

Segundo essa lógica, "são estas as ideias gerais com as quais temos que discutir um *curriculum*: divisão de toda a vida em atividades de gêneros diferentes e de importância crescente; o valor de cada ordem de fatos, segundo o tipo de atividade seja conatural, mais ou menos convencional ou convencional; dupla influência delas enquanto conhecimento e disciplina" (SPENCER, 1860, p. 19, grifo do autor). E aqui deixa claro Spencer aquilo que é o *curriculum* enquanto perspectiva particular de pensamento e organização do ensino, perspectiva que encontraremos posteriormente em Bobbitt (1924), Thorndike (1936 [1929]) e até o próprio Tyler (1974 [1949]). Sem dúvida, o trabalho de Spencer não constitui a primeira superfície de emergência desse termo, pois, como têm mostrado os estudos de Hamilton (1992), existem duas evidências muito anteriores do aparecimento do vocábulo *curriculum*: a primeira delas nos registros da Universidade de Leiden em 1582; a segunda – seguindo o *Oxford English Dictionary* – localiza-se nos registros da Universidade de Glasgow, em 1632. Porém, num e noutro caso, o que parece evidente é, por um lado, a forte conexão entre as duas instituições; por outro lado, a presença das teses calvinistas, pois as duas universidades serviram para a preparação de pregadores protestantes. Esse vínculo entre calvinismo e *curriculum* foi possível devido a, pelo menos, três acontecimentos centrais no movimento de reforma do século XVI: (1) os trabalhos do francês Pierre de la Ramée (Peter Ramus) em torno de uma didática geral aplicável a todas as áreas de ensino; (2) a conformidade entre as elaborações de Ramus e as aspirações disciplinares do calvinismo; (3) o uso calvinista da expressão "*vitae curriculum*", que se generalizou até compreender as novas características da ordem e sequência da escolarização do século XVI (Hamilton, 1992).

Mas é preciso salientar aqui que o interesse pelas análises de Hamilton é menos com a busca da "origem" do termo *curriculum* do que com o problema das condições culturais para sua utilização. Seu estudo mostra-se relevante para este trabalho na medida em que estabelece como as condições da cultura anglófona possibilitaram a incorporação do termo *curriculum* em seu vocabulário educativo, enquanto para outras culturas o termo não foi significativo. Digo "termo", pois seu sentido inicial difuso foi se delimitando particularmente, a partir do trabalho de Spencer e desenvolvido e modificado segundo as posteriores perspectivas de Thorndike, Bobbitt e Tyler, entre outros.

Com Spencer[142] aparece então, pela primeira vez, uma definição do *curriculum* que vai além da noção de "plano de estudos" ou de ensino para

---

[142] Devido aos problemas de tradução encontrados tanto na versão portuguesa (1886) quanto na espanhola (1983) do texto de Spencer, utilizarei uma, outra e até o próprio original (1860) na tentativa de ser o mais fiel possível à versão original em inglês. Vale a pena assinalar que nem a versão portuguesa nem a espanhola utilizam o termo *curriculum* que Spencer usa 10 vezes no seu texto original. Ambas as traduções utilizam expressões como "educación racional", "dirección racional", "sistema de educación racional" "sistema de educação", "curso de estudos". Como se pode perceber, as traduções

abarcar o sentido mesmo da educação como prática organizada "racionalmente" sobre o princípio da utilidade. Daí que se, sob a consideração de que o fim da educação é "preparar-nos para a vida completa", a pergunta essencial dever ser: "Como se deve viver?":

> E não se trata aqui somente da vida material, mas da vida na sua accepção mais lata. O problema geral, que compreende todos os outros, é este: Qual é a verdadeira linha de procedimento a seguir em todas as situações, em todas as circunstâncias da vida? Como se deve tratar o corpo? Como cumpre dirigir a inteligência? Como há de cada um governar os seus negócios? Como é que se deve educar a família? De que modo desempenhará qualquer os seus deveres de cidadão? Como convém utilizar todas as fontes de felicidade que a natureza deu ao homem? Qual a melhor maneira de empregar todas as nossas faculdades para nosso maior proveito e para o dos nossos semelhantes? Como se há de conseguir, afinal, ter uma vida completa? E, sendo isto a grande coisa necessária que nos importa aprender, é tambem a grande coisa que a educação deve ensinar (SPENCER, 1886 [1860], p. 17) (Ortografia segundo o original).

Essa questão essencial e suas perguntas derivadas constituem a "maneira racional de julgar um percorrido educacional e de saber em que grau preenche esse fim" (SPENCER, 1860, p. 12). Poderia parecer que a definição de uma ordem racional para o "percorrido educacional" fosse também o assunto da *Ratio Studiorum* e da própria *Didática Magna*, portanto, não existiriam diferenças significativas entre aquelas formas e o *curriculum* anglo-saxão; Terigi acertaria ao considerar que elas formariam parte da história do currículo. Contudo, reafirmo-me na perspectiva de diferenciar entre aquela via didática e o *curriculum*, ainda que seja evidente que não se trata de algo completamente distinto. A via curricular, digamos assim, é a via utilitarista que, pensando a educação em função da sua utilidade para o indivíduo e para a sociedade, a organiza sob a base de uma classificação *das atividades* constitutivas da vida humana segundo sua importância, seu valor (conatural ou convencional) e sua influência nos conhecimentos e na disciplina. E tudo isso em função de garantir que o indivíduo possa viver uma "vida completa". Não é uma classificação dos saberes, dos conhecimentos, das matérias, dos conteúdos teóricos que devem ser ensinados, mas das "atividades" (depois

são anteriores à década de 1990, que parece ser o momento da "explosão" do currículo assinalado por Terigi (1996); seguramente, se o livro se reeditasse hoje, não seria preciso traduzir o termo *curriculum* do original e até se compreenderia melhor o pensamento de Spencer.

Bobbitt, Thorndike e Tyler falaram de "experiências") da vida no momento particular da sociedade em que se encontra o indivíduo.

Devido a seu fundamento nas atividades, a concepção de educação de Spencer também resulta diferente da linha didática, pois antes que "erudição" e, portanto, de uma ênfase no ensino, trata-se de uma recorrência à capacidade de agir (agência) e à possibilidade de autorregulação do indivíduo aprendiz. Aqui será fácil identificar os traços rousseaunianos, ou deveria dizer melhor, os traços liberais radicais (no sentido em que Foucault fala da via radical inglesa) da sua educação. E, para isso, é melhor retomar em extenso os próprios argumentos de Spencer, quando tenta estabelecer a diferença entre sua maneira de conceber a educação e aquela dos "tempos do ascetismo" em que primava a coerção e a disciplina rígida:

> A era na qual se acreditava que toda indústria devia ser estabelecida sobre medidas de proteção e proibição, que era necessário regular a qualidade dos materiais e dos produtos manufaturados e que o valor do dinheiro devia ser objeto de uma lei; uma era na qual eram inevitavelmente estimadas as noções de que a mente de uma criança poderia ser feita à vontade, que os seus poderes deveriam ser transmitidos pelo professor, que era como um recipiente no qual se depositavam os conhecimentos ou como um prédio construído segundo o ideal do professor. Porém, nesta era de livre comércio, estamos hoje aprendendo que há muito mais auto-regulação nas coisas do que se supunha; que o trabalho, comércio, agricultura e navegação funcionam melhor sem regulamentação que com ela; que os governos políticos, para serem eficientes, devem crescer desde dentro e não ser impostos desde fora, também estamos começando a compreender que há um processo natural de evolução mental que não pode ser perturbado, sem prejuízo; que não podemos forçar a mente para se desdobrar mediante formas artificiais, pois a Psicologia nos revela uma lei da oferta e da demanda a qual devemos respeitar senão queremos produzir prejuízos. Assim, tanto no seu dogmatismo absoluto, na sua disciplina severa, na multiplicação das suas restrições, na sua ascese professada, a educação do antigo regime era semelhante ao sistema social que lhe foi contemporâneo; pelo contrário, as características opostas dos nossos modos modernos de cultura correspondem a nossa religião e instituições políticas mais liberais (SPENCER, 1860, p. 90).

Depois dessa detalhada defesa da autorregulação, do *laissez-faire*, da não intervenção artificial da educação liberal ou, nos termos de Fernández Enguita (1983), depois dessa amostra do que o utilitarismo e o liberalismo têm a dizer sobre a educação, qual sentido tem pensar na elaboração de um plano racional (*curriculum*) cuja pretensão é, justamente, dirigir a educação? Spencer não ignora essa aparente contradição:

> Se é verdade que o espirito, assim como o corpo, tem antecipadamente a sua evolução determinada; se ele se desenvolve espontaneamente; se o sue desejo por tal ou tal genero de conhecimentos são necessarios á sua nutrição; se elle possue em si mesmo um estimulante para o genero de atividades de que necessita em cada periodo do seu desenvolvimento, para que havemos de intervir por qualquer maneira? Por que razão não entregaremos as creanças *completamente* á disciplina da natureza? Porque não ficaremos completamente passivos, deixando-as adquirir sciencia como puderem? Por que não seremos consequentes até o fim? É esta uma questão que parece embaraçosa (SPENCER, 1886, p. 88) (Ortografia segundo o original).

A resposta está na própria natureza, pois existe uma conhecida lei da vida, diz Spencer, segundo a qual quanto mais um organismo é complexo, mais longo é o seu período de dependência, para sua alimentação e proteção, do organismo que lhe dá origem. Assim, a criança deve permanecer muitos anos sob a dependência dos adultos, justamente para aprender tudo aquilo que precisa para viver, então o *curriculum* é uma resposta para essa lei da natureza e só estaria em contradição com ela se fosse excessivamente rígido e não respeitasse o processo de desenvolvimento da criança. E, como nos lembra Foucault (2008b), o governamento liberal não é uma renúncia a governar, mas uma nova forma de governar: governar menos para governar mais. Governar menos diretamente para permitir que as coisas e os homens se regulem, funcionem segundo sua própria "natureza". Mas também nos lembra Foucault que o governamento liberal não é um abandono ou apagamento do governamento disciplinar; pelo contrário, justamente aparece no momento da consolidação dos dispositivos disciplinares. Nesse sentido, temos que compreender o *curriculum* como uma versão do governamento disciplinar em tempos do governamento liberal; uma espécie de acomodação, de adaptação de mecanismos disciplinares de direção, controle, intervenção, para funcionar dentro de uma estratégia onde a autorregulação (dos indivíduos, das populações), onde os "mecanismos reguladores" (FOUCAULT, 2000), começaram a tornar-se hegemônicos.

Esses elementos fundamentais do *curriculum* que aparecem – talvez pela primeira vez – formulados no texto de Spencer vão ser retomados e desenvolvidos nos primórdios do século XX, principalmente no contexto norte-americano, por autores como Franklin Bobbitt e Edward Thorndike, entre outros, constituindo o que Kliebard (1979) chama de "campo do currículo".[143] Como meu interesse não é descrever nem analisar em profundidade essa tradição pedagógica anglo-saxônica, senão assinalar os traços mais representativos dela, a seguir apresento, de forma muito geral, as concepções desses dois autores na perspectiva de mostrar a permanência e, claro, algumas das modificações gerais que acontecem no conceito de *curriculum*.

Quase sessenta anos depois de Spencer, o norte-americano F. Bobbitt, no seu livro *The Curriculum* (1918), escreve o seguinte sobre o que é um *curriculum*:

> A palavra *curriculum* é uma palavra do latim e significa o *curso de corrida* ou *corrida* mesmo, – um lugar de eventos ou uma série de eventos. Aplicada à educação significa essa *série de coisas que crianças e jovens devem fazer e experimentar* na perspectiva de desenvolver suas habilidades para fazer bem as coisas que compõem os assuntos da vida adulta, e ser em todos os aspectos, o que os adultos deveriam ser (BOBBITT, 1918, p. 42).

Como no caso de Spencer, não se trata de conhecimentos ou matérias, mas de coisas que se devem fazer e 'experimentar', experiências que devem ter as crianças e jovens para desenvolver suas próprias habilidades de fazer as coisas que os adultos devem fazer. E esse *curriculum* pode ser de duas maneiras: ou uma classe de experiências, diretas ou indiretas, dirigidas ao desenvolvimento de habilidades no indivíduo, ou uma série de experiências conscientemente dirigidas ao treino que a escola usa para completar e aperfeiçoar o desenvolvimento. Embora, em quaisquer casos, o importante é a ênfase nas atividades e no treino ou experimentação das atividades próprias da vida do adulto. Daí que:

> O criador do currículo será primeiro um analista da natureza humana e dos assuntos humanos. Sua tarefa neste ponto não tem a ver totalmente com os estudos – depois ele elaborará estudos adequados como *meios* [...]. Sua primeira tarefa, pelo contrário, é determinar a educação adequada para qualquer grupo, é descobrir a gama completa de hábitos, habilidades, capacidades, formas de pensamento, avaliações, as ambições etc., que os seus membros necessitam para o desempenho eficaz da sua vocação profissional; igualmente a gama total necessária para as suas atividades de educação cívica, as suas atividades de saúde; sua recreação, a

---

[143] Sobre a história da constituição do "campo do currículo" nos Estados Unidos, sua relação com o problema do controle social e com os desenvolvimentos do *Scientific Management* do F. W. Taylor *vide* Apple (1979); Kliebard (2004).

sua linguagem, suas atividades paternais, religiosas e sociais em geral. O programa de análise não será limitado. Vai ser tão amplo quanto a própria vida. Como se conclui, assim, em todas as coisas que compõem o mosaico da vida humana completamente formada, ele descobre a categoria inteira de objetivos educacionais (BOBBITT, 1918, p. 43).

Uma década depois, Edward Thorndike – um das figuras centrais da psicologia educacional ou psicologia da aprendizagem – buscava estabelecer os fins da educação sobre a base de uma classificação das necessidades da vida humana contemporânea:

> A primeira classe trata da necessidade de ajustamento adequado a phases do ambiente hodierno; a segunda classe refere-se a varios typos de equipamento de que cada indivíduo necessita. Cada uma dessas duas classes é dividida em cinco grupos de necessidade, a seguir:
>
> 1. Ajustamentos necessarios a situações da vida moderna: ajustamentos ao mundo físico. 2. Ajustamentos a situações economicas. 3. Ajustamentos a situações de família. 4. Ajustamentos a situações sociais. 5. Ajustamentos a situações cívicas.
>
> Typos necessarios de equipamento pessoal: 1. Saúde physica. 2. Saúde mental. 3. Meios recreativos. 4. Meios ethicos e religiosos. 5. Meios intellectuais (THORNDIKE, 1936 [1929]) (Ortografia segundo o original).

Percebe-se novamente a ideia de dividir a experiência humana em distintos tipos de atividades, de tal forma que a educação consista na preparação para o cumprimento eficiente delas. É essa tentativa de definir os fins da educação a partir da classificação das atividades da vida humana adulta, essa preocupação com a experiência, com a atividade do indivíduo que aprende, essa preocupação pela utilidade dessas atividades e dos conhecimentos que devem ser ensinados e aprendidos aquilo que diferencia a tradição dos *Curriculum Studies* das outras duas tradições formadas de maneira mais ou menos paralela. Contudo, é preciso deixar clara uma coisa: a via do currículo não esgota a produção anglo-saxônica; ela é muito mais diversa e rica, como mostram os estudos sobre a produção de John Dewey ou os trabalhos de Granville Stanley Hall ou E. Thorndike, por exemplo. O que aqui quis mostrar não foi, então, o elo comum a toda a produção pedagógica da cultura anglo-saxônica; minha intenção foi mostrar só uma parte, aquela que constituiria o mais particular, o *sui generis* e, portanto, aquilo que permitiria estabelecer uma clara diferença entre essa e as outras duas tradições que se constituíram na Modernidade.

Fechando o círculo: do ensino e da instrução para a aprendizagem

Este trabalho deve se fechar, deve ter um final, um ponto definitivo de conclusão. Todavia, eu gostaria de deixá-lo aberto, inconcluso, inacabado, disponível para novos olhares que poderão transformar sua direção e sobretudo aprofundar, cavar, explorar as múltiplas superfícies que ficaram apenas descritas. É inevitável sentir tantas portas apenas entreabertas, tantas janelas mal fechadas, mas fico entusiasmado com a possibilidade de que elas possam conduzir a espaços inexplorados, possam ser como limiares que é preciso ultrapassar e arriscar para tentar perceber novas coisas num velho território mais ou menos aplainado das histórias da pedagogia e da educação.

Lembro, ao momento de fechar, a delimitação metodológica que tive tantas vezes de retomar, quando me perdia entre tantas portas e janelas abertas, essa advertência inicial sobre os riscos de um olhar panorâmico, e sinto que o custo é grande: muito trabalho e só consegui um desenho geral, um esboço. Mas creio que não tive muita escolha, precisava desse panorama, minha insatisfação com as histórias da educação e da pedagogia, por uma parte, e a obsessão contemporânea pela educação e a pedagogização de todos os espaços sociais, de outra parte, impediam-me pensar novos problemas. Era preciso tentar uma história do presente, uma genealogia da maneira como chegamos a pensar hoje, do processo que levou a tornar a educação uma prática central das nossas sociedades, uma genealogia das condições de emergência para noções tão caras ao pensamento educativo atual: "sociedades de aprendizagem" e "aprendizes permanentes", e isso só era possível, olhando para trás, seguindo as pegadas que levariam até as superfícies de emergência de nossos próprios conceitos.

Depois desse extenso percorrido quero agora voltar ao início deste trabalho como uma forma de concluir, de fechar o círculo aberto e, assim, não colocar um ponto final definitivo; pelo contrário, convidar o leitor a retomar as análises que deram origem a esta pesquisa, mas agora da perspectiva genealógica proposta nestas páginas. Pode-se dizer, então, que se a Modernidade se inaugurou nos séculos XVI e XVII como "sociedade do ensino", hoje se estaria fechando sob a forma de uma "sociedade da aprendizagem", e teríamos, assim, uma grande virada: da ênfase inicial no "ensino" e na "instrução" para a ênfase na "aprendizagem" e, simultaneamente, da "Didática" para as "tradições pedagógicas".

Assim, se os conceitos de *doctrina* e *disciplina* governaram as reflexões pedagógicas durante a Idade Média; se *institutio* e *eruditio* dominaram o pensamento pedagógico dos séculos XVI e XVII; se *educação, instrução* e *Bildung* prevaleceram entre o fim do século XVIII e o fim do século XIX, o conceito de aprendizagem (*learning*) será o conceito pedagógico preponderante do século XX e, segundo parece, dos primórdios do século XXI. Trata-se de um conceito inédito de origem anglo-saxônica (em seu significado), intimamente associado aos desenvolvimentos da biologia e das teorias evolucionistas do século XIX. Sua importância no desenvolvimento do pensamento e das práticas pedagógicas, durante o último século, pode ser apreciada no crescimento e na expansão das chamadas psicologias da aprendizagem, nos desenvolvimentos do campo do currículo, na difusão mundial da "tecnologia instrucional" e da "tecnologia educacional" nas décadas de 1960/1970, nas produções sobre a "aprendizagem ao longo da vida", a "sociedade da aprendizagem", o "aprendiz permanente" da década de 1990 e até nas mais recentes elaborações e discussões sobre a "abordagem por competências" ou "educação por competências".

Sua fortaleza está associada à disseminação e expansão da governamentalidade liberal (e neoliberal), essa forma econômica de governamento que pretende governar menos para governar mais, isto é, essa forma de governar cujo fundamento é a liberdade, o interesse, a agência e a autorregulação dos indivíduos. Podemos dizer que a aprendizagem é hoje a forma do governamento pedagógico, o governamento não mais do cidadão, mas do "aprendiz permanente", do *Homo discentis*. Aprender ao longo da vida, aprender a aprender é a divisa do governamento contemporâneo. Estamos sendo compelidos a nos comportar como aprendizes permanentes, que moram em sociedades de aprendizagem ou cidades educativas.

A perspectiva de formação do século XIX, por exemplo, implicava assumir uma determinada forma, talvez a forma "homem" (o humano integral, pleno); a aprendizagem não busca uma forma, pelo contrário, trata-se de *plasticidade*, como dizia Dewey, isto é, já não mais da capacidade de mudar de forma pela pressão externa, mas da "elasticidade pela qual algumas pessoas adotam o aspecto do que lhes rodeia ainda conservando sua própria inclinação. É essencialmente a capacidade para aprender da experiência; o poder para reter de uma experiência algo que seja eficaz para afrontar as dificuldades de uma situação ulterior" (DEWEY, 1995 [1916], p. 48).

Procedência do conceito de aprendizagem

Segundo o dicionário etimológico de Cunha (1986), o termo "aprendizagem" data de 1899, ainda que o vocábulo "aprender" seja do século XIII. Em francês o termo é mais antigo, aparece já no século XVII no dicionário *Thresor de la langue française*, de 1606, mas seu sentido até início do século XX aparece intimamente vinculado à instrução nas artes e nas atividades técnico-manuais e comerciais em geral. O famoso *Dicionário de pedagogia e de instrução primária*, de Buisson, ainda na sua nova edição de 1911, diz o seguinte no verbete correspondente a *apprentissage*: "A questão da aprendizagem, sem ser exclusivamente pedagógica, entra, portanto no domínio deste dicionário. Ela se relaciona com três aspectos: a instrução primária dos aprendizes, a instrução profissional e a proteção tanto material quanto moral que o Estado lhes deve em razão da sua idade" (BUISSON, 1911). O sentido, como se percebe, se mantém ligado à formação técnica, isto é, permanece vinculado à tradição das corporações medievais. A *Enciclopédia ou Dicionário razoado das ciências e das artes e dos ofícios* (1751) exprime claramente esse sentido: "Apprentissage: s.m. (Comercio). Dize-se do tempo que os aprendizes devem permanecer em casa dos comerciantes ou mestres das artes ou ofícios" (DIDEROT; D'ALEMBERT, 1751, T. 1, p. 556).

Pelo contrário, na língua inglesa já tem o sentido contemporâneo nos primórdios do século XX, como mostra a *Enciclopédia de educação*, de Paul Monroe:

> Aprendizagem [*learning*]: O processo pelo qual experiências obtidas funcionam de forma eficaz diante de novas situações. Este processo pode assumir muitas formas diferentes, e o que é popularmente chamado de aprendizado, geralmente é um processo complexo envolvendo muitas dessas formas. Toda aprendizagem pressupõe, por parte do formando um estoque de disposições inatas e tendências instintivas que são a base para todas as respostas adquiridas (MONROE, T. 3, 1918, p. 669).

Contudo, fora do âmbito dos especialistas em educação, o termo ainda parece manter, nos primórdios do século XX, parte do seu sentido mais antigo, como fica claro na edição de 1933 do *Oxford English Dictionary*: "Aprendizagem [*learning*]: 1. A ação de aprender. a. A ação de receber instrução ou adquirir conhecimento. 2. O que é aprendido ou ensinado. a. uma lição, instrução; b. informação ou direção; c. a 'instrução' de uma pessoa; uma doutrina; também, uma doutrina ou máxima; d. um ramo de instrução, uma ciência; e. uma aquisição" (OXFORD ENGLISH DICTIONARY, v. VI, 1933, p. 157). No mesmo sentido que *doctrina* e *disciplina* mantinham certa sinonímia; *learning* e *teaching* até o fim do século XIX mantiveram-se como termos mais ou menos intercambiáveis. O próprio termo *learner*, que hoje traduziríamos por aprendiz, tinha antes também o sentido de erudito – *scholar* – ou homem instruído (OXFORD ENGLISH DICTIONARY, 1933), o oposto do que significa hoje.

Locke utilizava o termo nos seus *Pensamentos sobre a educação* (§147-§195), mas o sentido não corresponde àquele empregado por seus colegas do fim do século XIX. Ele diz, por exemplo, que leitura, escrita e *learning* são importantes, mas que não constituem a parte principal da educação, pois seguramente se consideraria louco aquele que não estimasse superior um homem virtuoso de um erudito – *scholar*: "*Reading and writing and 'learning' I allow to be necessary, but yet not the chief business. I imagine you would think him a very foolish fellow, that should not value a virtuous or a wise man infinitely before a great scholar*" (LOCKE, 1693). Também afirma que *learning* é necessário, mas só deve colocar-se em segundo lugar, enquanto meio para adquirir qualidades maiores (*"Learning" must be had, but in the second place, as subservient only to greater qualities*). Percebe-se que Locke relaciona *learning* com instrução e, mais precisamente, com o resultado da instrução, por isso a menção ao erudito (instruído) como oposto ao homem virtuoso.

O sentido diferente dado ao termo, a construção do conceito moderno de aprendizagem, esteve associado à emergência de outro conceito intimamente ligado ao desdobramento da governamentalidade liberal no fim do século XVIII: o interesse. Nesse sentido, afirma Kilpatrick: "Não é um exagero dizer que a doutrina do interesse é crucial estrategicamente, na teoria da aprendizagem" (KILPATRICK, 1957, p. 257); Ao mesmo tempo, Hernández Ruiz (1950) assinala que não há dúvida em qualificar o interesse como o conceito mais importante na pedagogia contemporânea e, por isso, falar dela como "psicopedagogia do interesse". Ele elabora, então, a história desse conceito, remontando ao médico espanhol Juan Huarte de San Juan no século XVI, passando por Juan Luis Vives, Rousseau e Herbart até chegar aos pedagogos da "Escola Nova" (Dewey, Claparède, Decroly, Ferrière). Segundo essas afirmações, pode-se dizer que o interesse está no âmago do conceito de aprendizagem moderno, porque o interesse coloca no centro das análises a capacidade de ação do indivíduo, a agência como aquilo que distingue e particulariza o indivíduo da sociedade liberal, ao cidadão cosmopolita do Iluminismo.

Foucault assinalava, no *Nascimento da biopolítica*, que o governo (governamento) liberal era um governo que manipulava interesses; eles são, no fundo, o meio pelo qual o governo pode ter influência sobre todas as coisas, isto é, indivíduos, atos, palavras, riquezas, recursos, propriedades, direitos. Na razão governamental moderna liberal, no seu ponto de desprendimento da velha razão de Estado, no que significou seu deslocamento para a razão do "menor Estado", a intervenção do governo não vai ser direta sobre as coisas ou as pessoas, seu alvo é o interesse dos indivíduos, o conjunto de interesses deles, os interesses particulares de um indivíduo enfrentados aos interesses do coletivo de indivíduos, etc. Nessa razão de menor Estado, o que se governa são interesses particulares e interesses coletivos (FOUCAULT, 2008b).

A importância do interesse, da invenção do interesse, é que já não se precisa agir diretamente sobre o indivíduo, o alvo não é tanto o corpo do indivíduo, como era o caso da disciplina, por exemplo, mas o interesse do sujeito, isto é, aquilo que o movimenta, aquilo que é a condição para sua ação, digamos assim, sua "motivação". O interesse já não é mais visto só como algo egoísta e, portanto, como algo imoral; pelo contrário, doravante se considerará incluso como o fundamento do próprio bem-estar da sociedade. É nisso que Smith acreditava quando afirmava que "Buscando embora apenas seu interesse pessoal, [cada indivíduo] muitas vezes trabalha de maneira muito mais eficaz para a sociedade que se tivesse realmente como fim trabalhar para ela" (SMITH *apud* FOUCAULT, 2008b, p. 394). O interesse é o motor da ação, da atividade do sujeito, por isso: "Não é da benevolência do açougueiro, do cervejeiro ou do padeiro que esperamos nosso jantar, mas da consideração que eles têm pelo seu próprio interesse. Dirigimo-nos não à sua humanidade, mas à sua autoestima, e nunca lhes falamos das nossas próprias necessidades, mas das vantagens que adquirirão para eles" (SMITH, 1996, p. 74).

No horizonte do saber pedagógico, foi Herbart o primeiro em assinalar a importância do interesse ao estabelecer a "multiplicidade do interesse" como fim imediato da instrução. Contudo, não elabora uma definição precisa dele; no seu *Esboço de um curso de pedagogia* afirma que "a palavra interesse designa em geral o gênero de atividade que deve produzir a instrução" (HERBART, s/d [1835], p. 51); na *Pedagogia geral* assinala que:

> O interesse, que juntamente com o desejo, a vontade e o gosto se opõe à *indiferença*, distingue-se dos três pelo facto de não poder dispor do seu objeto, mas de estar dependente dele. É certo que somos interiormente activos ao manifestarmos interesse, mas exteriormente ociosos até que o interesse se transforme em desejo e vontade (HERBART, 2003 [1806], p. 69, grifos do autor. Ortografia do original).

Ainda que reconheça uma condição ativa interna no indivíduo que produz o interesse, este fica dependente do objeto ou da instrução para se manter. Digamos que esse interesse corresponde a uma necessidade do indivíduo, mas não se trata de uma necessidade de ordem biológica, senão da mecânica intelectual. As representações do círculo de ideias é que em sua dinâmica "apercebente" originam o interesse. Por outra parte, a ideia de interesse não só faz referência à dinâmica interna do indivíduo, mas à atividade instrutiva do professor enquanto alvo que deve ser atingido sob a forma de "multiplicidade do interesse". Lembre-se que é responsabilidade da instrução produzir o interesse múltiplo, gerar uma multiplicidade do interesse, de tal forma que o indivíduo consiga o máximo de expansão das suas potencialidades humanas e não fique unilateralmente dirigido em alguma direção particular, como seria o caso da vocação ou orientação para alguma profissão particular.[144]

Um século depois, Dewey fixará o novo sentido do interesse sobre o qual se sustenta o conceito de aprendizagem em um texto dedicado à análise do que ele chama as "teorias do interesse e do esforço", enquanto teorias opostas e enfrentadas pela supremacia no governo dos processos pedagógicos. Para Dewey, tanto a teoria do esforço quanto a teoria clássica do interesse (digamos assim, para diferenciá-la da sua própria teoria),

---

[144] Caruso esclarece esta diferença nos seguintes termos: "Enquanto na didática oficial do século XIX, o herbartismo, o interesse dos alunos no ensino se desdobrava só mediante o contato com os objetos de aprendizagem, Kerschensteiner afirmava que o interesse em si mesmo não surge da educação e da instrução, mas que se desprendem dos interesses naturais da criança, da sua 'pulsão interna' e que era preciso conhecer essas premissas para poder conduzi-las e governá-las" (CARUSO, 2005, p. 63).

apesar das suas aparentes diferenças, partem de um pressuposto comum: o objeto, a ideia, o fim que deve ser conquistado, conhecido ou realizado é exterior ao indivíduo. Por isso:

> O legítimo princípio de interêsse, entretanto, é o que reconhece *uma identificação entre o fato que dever ser aprendido ou a ação que deve ser praticada e o agente que por essa atividade se vai desenvolver*. Aquele fato ou ação se encontra na direção do próprio crescimento do agente, que os reclama imperiosamente para se realizar a si mesmo. Assegure-se essa identificação ou correspondência entre o objeto e o agente, e não teremos que recorrer aos bons-ofícios da "força de vontade", nem nos ocupar de "tornar as coisas interessantes" (DEWEY, 1971[1913], p. 65, grifos do autor. Ortografia do original).

Trata-se de uma concepção fundamentada na biologia, nas teorias evolucionistas e na perspectiva pragmatista ou instrumentalista,[145] como ele mesmo a chamava. Contrária a essa perspectiva, a teoria clássica do interesse separava o agente do objeto e partia do pressuposto de que era possível tornar as coisas interessantes, de tal forma que pudessem ser aprendidas pelo indivíduo. Mas Dewey esclarece que as coisas não podem ser mais interessantes do que são ou, melhor diríamos, as coisas não são interessantes por si mesmas. O interesse tem a ver com a relação entre um agente e um objeto, portanto o que é interessante não é a coisa, mas a relação, a atividade que vincula agente e objeto. Por isso, quando na teoria clássica do interesse se pensava em tornar alguma coisa interessante, o que acontecia realmente era que se recorria a alguma outra coisa que a criança gostava, na esperança de excitá-la, para assim conseguir que assimilasse aquilo inicialmente repulsivo.

Dewey explica isso assinalando a existência de duas qualidades de excitação ou prazer. Uma é a que acompanha a atividade e sempre significa um

---

[145] Sobre este aspecto diz Eby (1976, p. 533): "Dewey baseou seus princípios e práticas educacionais na teoria pragmatista da evolução da mente e do conhecimento. De acordo com a hipótese da evolução biológica, sustentava que a mente e a inteligência evoluíram de uma maneira puramente natural. Eles evoluíram devido às atividades dos organismos humanos, ao encontrarem as diversas situações práticas e sociais da vida. Os homens logo descobriram que perceber objetos, guardá-los na memória e raciocinar sobre eles aumentava consideravelmente o poder de controlar objetos e situações. O emprego dos poderes mentais em conexão com as atividades comuns da existência cotidiana trouxe resultados que, de outra forma, não poderiam ter sido usufruídos. A mente é, por assim dizer, uma ferramenta ou instrumento extremadamente eficiente; através de seu uso, o homem elevou-se acima de todas as demais criaturas".

desenvolvimento pleno do indivíduo, pois se trata de um aspecto subjetivo e consciente de uma energia em exercício. Outra é aquela que nasce do contato com os objetos, vinculada aos estímulos dos objetos, com nossa receptividade: "não é o prazer de uma atividade, mas um prazer em si mesmo. Somos simplesmente excitados – e isso não quer dizer que entramos em comunhão com o objeto, em uma atividade integrada" (DEWEY, 1971[1913], p. 68). É aquela sensação agradável que produz a excitação de um órgão, aquilo que acontece quando se tenta tornar interessante alguma coisa. E essa excitação não deve confundir-se com o interesse. Dewey questiona fortemente essa confusão da "pedagogia tradicional" não só porque é imoral, mas também porque é antieconômica, o que, no fim das contas, significa quase a mesma coisa:

> A capacidade espontânea da criança, a solicitação dos seus próprios impulsos que se querem realizar e concretizar, não pode ser suprimida. Se as condições externas são tais que a criança não pode pôr toda a sua atividade no trabalho que tem que realizar, então, aprende, de um modo quase miraculoso, a fornecer a esse material escolar a quantidade exata de atenção necessária para satisfazer as exigências do professor, reservando o restante de sua energia mental para seguir as linhas de interesse que realmente a absorvem (p. 67).

É evidente que há uma educação nessa formação de hábitos externos de atenção, mas não pode ser considerada, moralmente, uma verdadeira educação: "Enquanto nos felicitamos pelos hábitos de disciplina que o aluno vai ganhando (a julgar pela sua habilidade em reproduzir uma lição quando chamado), esquecemos de nos penitenciar da carência *de disciplina da sua natureza íntima e profunda*, que se habituou a seguir seus próprios caprichos e as sugestões desordenadas do momento" (DEWEY, 1971[1913], p. 67, grifos do autor). Podemos também observar nessa frase um princípio caro às análises de Dewey, que o coloca em um caminho diferente da teoria clássica do interesse: trata-se do problema da economia da ação. Digamos, para compreender melhor essa ideia, que a estratégia de tornar as coisas interessantes funciona na medida em que possibilita a constituição de hábitos, consegue dirigir a atenção para aquilo que o professor considera pertinente; é uma estratégia eficaz, mas não eficiente, quer dizer, pode atingir seu fim, mas com o custo da divisão e dissociação de energias. Nesse sentido, não se corresponde com um governamento pedagógico ao modo liberal, em cuja base está um princípio de economia de energia e, claro, economia de governo. Tornar as coisas atraentes, interessantes, exige energia por parte de quem pretende governar; ao contrário, deixar agir o sujeito segundo suas disposições naturais, resulta mais econômico, bem como é mais eficiente (atinge um fim com o menor gasto de energia, de governo).

Como se percebe, a perspectiva que toma essa disciplina, que poderíamos chamar de "liberal", já não é da mesma ordem que aquela da disciplina clássica. Não se trata da incorporação ou assimilação ou apropriação (tornar próprio) de regras exteriores ao modo de hábitos (tanto corporais quanto mentais), e sim, de conseguir uma atividade unificada, integrada, isto é, uma atividade em que: não é possível estabelecer uma separação entre objeto e agente, não é preciso nem fazer as coisas interessantes, nem exigir esforço ao sujeito, pois aquela será, por si mesma, uma atividade "interessante". Dessa forma, a disciplina não é um *plus* de energia (da vontade, por exemplo, ou de um poder externo vigilante) para dominar as tendências naturais; pelo contrário, é a capacidade de deixar agir as próprias tendências naturais para conseguir, assim, o crescimento ou desenvolvimento do agente. Inversão da disciplina, que deixa de ser força exterior para se converter em força interior de ação.

Seguindo a perspectiva panorâmica adotada neste trabalho, a seguir desenho alguns traços que permitem compreender a emergência do conceito de aprendizagem contemporâneo na psicologia de Thorndike e nas posturas funcionalistas de Dewey e Claparède. Contudo, é preciso reconhecer que nessa análise ficam de fora outras muitas "superfícies de emergência" desse conceito no saber pedagógico. Como minha intenção não é esgotar ou desenhar de forma detalhada esse processo, mas assinalar o momento de aparecimento e algumas das características desse novo conceito – talvez um dos mais importante nos discursos educativos atuais –, acredito que esses traços sejam suficientes.

Emergência do conceito de aprendizagem

Até agora, vimos como um conjunto de conceitos pertencentes ao horizonte do saber pedagógico, conceitos relativos à educação (em sentido geral) do "homem" foram produzidos e utilizados para estabelecer e marcar diferenças entre a condição humana e a condição animal. Assim, ainda que os animais, porque são domesticáveis e treináveis, possuam certa disposição para ser formados, como assinala Herbart, quando lhes reconhece certa "formabilidade", é preciso reconhecer que os processos de "aprender" e "ensinar" dos seres humanos têm "dignidade" própria da sua "superioridade" sobre o resto dos seres viventes. Todavia, os desenvolvimentos da biologia no século XIX colocaram esse homem no plano geral da evolução das espécies ao lado, muito próximo aos outros animais com os quais compartilhava e apesar da grande diferença marcada pela civilização, os mesmos processos vitais e até um amplo conjunto de características anatômicas e comportamentais. O conceito de aprendizagem é produzido nessas novas condições discursivas e não só iguala homem e animal, mas fundamenta a análise da aprendizagem humana no estudo da aprendizagem animal.

Foram os experimentos do norte-americano Thorndike (1874-1949) sobre a inteligência animal que permitiram a construção desse novo conceito. A partir das análises de laboratório sobre o comportamento de alguns animais, diante de determinadas situações problema, ele conseguiu estabelecer as duas leis fundamentais pelas quais se rege qualquer aprendizagem: a lei do efeito e a lei da prontidão.

Os experimentos iniciais de Thorndike consistiram em colocar gatos famintos presos em uma caixa com um mecanismo escondido, posto em ação por um trinco, que o animal devia "manipular" para conseguir fugir da caixa e alcançar uma ração de alimento. Nos primeiros ensaios, as condutas eram variadas e desordenadas (patadas, mordidas, arremessos), mas nas sucessivas tentativas, as condutas eram reduzidas, e o tempo de reação utilizado para sair da caixa diminuía notavelmente na medida em que o animal conseguia eliminar as respostas incorretas. Assim, a aprendizagem foi entendida, fundamentalmente, como a reação de um organismo diante de uma situação problemática particular, daí a consideração de que "Aprender é reagir; o que aprendemos são reacções" (THORNDIKE, 1936 [1929], p. 116, ortografia do original).

Essa consideração exprime claramente a perspectiva científica assumida por Thorndike, segundo a qual se devia evitar referências explicativas de ordem metafísica, como as tradicionais explicações que falaram da existência de faculdades mentais e supostos processos do interior como representações, ideias e intenções; na sua perspectiva, só eram válidos os comportamentos observáveis e a interpretação objetiva deles; dessa forma, denominou sua teoria de "conexionismo": a aprendizagem acontece a partir da conexão entre uma ação (reação) determinada e sua consequência positiva ou favorável:

> Toda atividade humana é *reatividade*. Para cada acção ha um incentivo ou causa definida. Atividade não é o resultado de uma especie de combustão espontanea; é a resposta á estimulação. O conjunto total de elementos, pelo qual o homem é a qualquer tempo influenciado, chama-se *estímulo* ou *situação* e qualquer acção resultante – attenção, percepção, pensamento, sentimento, emoção, secreção glandular ou movimento muscular – chama-se *reacção* ou *resposta* (p. 76, ortografia do original).

A aprendizagem era, então, uma reação cujo resultado era favorável para o organismo (animal ou humano), quer dizer, cuja consequência satisfazia ou contribuía para satisfazer alguma necessidade ou desejo. Toda reação de um organismo, para ser considerada uma aprendizagem, devia obedecer a duas leis: em primeiro lugar, estava a lei do efeito exprimida da seguinte forma:

> O indivíduo tende a repetir e aprender depressa as reacções que são acompanhadas ou seguidas por um effeito satisfactorio e tende a não repetir, logo a não aprender, as reacções que são acompanhadas ou seguidas por um desagradavel estado de coisas. Tal asserção constitúe a Lei do Effeito, o principio fundamental do aprendizado (p. 105, ortografia do original).

A segunda lei é assim explicada: "Quando um indivíduo está pronto para agir de certa maneira, agir assim é-lhe agradavel e não agir, desagradavel. Vice-versa, quando um individuo não está pronto para agir de uma certa maneira, agir assim é-lhe desgradavel. Esta asserção pode ser chamada Lei da Promptidão" (p. 107, grifos do autor. Ortografia do original). É o caso do gato esfomeado, que procurará a saída da caixa em que está preso, e se não estiver com fome, a procura por sair da caixa será menor. A prontidão, assim, se refere fundamentalmente ao grau de ânsia por certa atividade.

Ainda que simples na sua formulação, Thorndike considerava que todo ato de aprendizagem, por complexo que for, poderia ser explicado pela lei do efeito, de tal forma que aprendizagens da ordem escolar, por exemplo, eram consideradas sob a mesma perspectiva:

> O aprendizado se dá durante um processo de reagir e – facto muitíssimo importante – o que uma pessoa aprende *é uma reacção*. Quando dizemos que o individuo aprende certa materia – no mes, datas ou outros factos – ou que aprende uma habilidade, adquire um ideal ou constróe uma emoção ou attitude, o que significamos realmente é que elle *adquire certas reacções a situações de aprendizado*, taes como: um trecho impresso, um conjunto de peças móveis, acções de outros seres humanos ou outras coisas (THORNDIKE, 1936 [1929], p. 102, ortografia do original).

A aprendizagem se refere basicamente a comportamentos, a ações ou reações diante de determinadas situações estimulantes que desencadeiam a conduta; nesse sentido, implica atividade, agência:

> Para obter aprendizado, devemos estar em actividade, e para obter actividade, algum impulso deve estar vivo. O aprendizado mais efficaz ocorre quanto constitúe um meio de satisfazer algum desejo. Logo, uma consideração primaria em todo aprendizado e ensino é a provisão de um motivo: de uma necessidade, desejo ou interesse vivificador, que proveja actividade vigorosa e enthusiasta (p. 102, ortografia do original).

O psicólogo suíço Claparède (1873-1940) coincidia, em termos gerais, com essa perspectiva, ainda que sua psicologia não fosse tão reducionista quanto a de Thorndike. Para o suíço, também a aprendizagem obedecia a uma necessidade ou interesse, mas não se reduzia a meras condutas, pois diferentemente do norte-americano, ele concedia um valor significativo à atividade mental. Todavia, trata-se de uma psicologia funcionalista, que considera a atividade mental inseparável ou a serviço da ação, da mesma forma que vemos argumentar em Dewey.

Entre as leis dessa atividade mental, Claparède assinala duas particularmente significativas nessa análise: a lei da necessidade e, ligada a ela, a lei do interesse. A primeira é formulada da seguinte maneira: "Toda necessidade tende a provocar as reações apropriadas para sua satisfação. Seu corolário é: a atividade está sempre suscitada por uma necessidade" (CLAPARÈDE, 2007 [1931], p. 74). Agimos por necessidade, o motor da nossa conduta são as nossas necessidades e elas se devem, no fundamental, a estados de desequilíbrio; dessa forma a ação é uma reação a um estado de desequilíbrio, na perspectiva de atingir novamente um equilíbrio ou para proteger o equilíbrio, pois a complexidade dos mecanismos de conduta, tanto nos humanos quanto nos animais superiores, permite que mecanismos protetores ajam ainda antes que o equilíbrio seja quebrado, como quando fugimos de um possível perigo, quando, por exemplo, afastamos uma vespa antes de sermos picados por ela (CLAPARÈDE, 2007 [1931]).

A lei do interesse é subsidiária da lei da necessidade: um interesse é aquilo que importa para nós em dado momento, aquilo que tem valor de ação, porque responde a uma necessidade: "toda conduta está ditada por um interesse. Quer dizer, toda ação consiste em atingir o fim que nos importa num momento determinado" (CLAPARÈDE, 2007 [1931], p. 88). No entanto, no mesmo sentido em que Dewey entende, o interesse não depende só da necessidade nem só do objeto: é o objeto em relação com a necessidade e, nesse sentido, retoma Claparède a própria etimologia do termo, isto é, aquilo que está "entre", aquilo que está no meio (*inter-esse*).

Dessa forma, toda conduta de aprendizagem se compreende como uma tentativa por manter ou conseguir um equilíbrio na atividade mental; a aprendizagem está ligada a uma necessidade e implica um interesse, fato que determina e condiciona a tarefa educativa: a criança aprende porque precisa aprender, porque existe uma necessidade e um interesse que é preciso satisfazer, e não porque é submetida a um processo programado de ensino ou instrução. Só se aprende verdadeiramente como resultado da própria ação e do próprio interesse.

Como se pode perceber, trata-se de uma perspectiva bem diferente da teoria herbartiana do interesse: se na pedagogia de Herbart o interesse múltiplo ou a multiplicidade do interesse era o fim imediato da instrução, para essa nova forma de olhar, o interesse virou meio, mecanismo ou disposição favorável para a aprendizagem. Os fundamentos éticos e filosóficos esgrimidos por Herbart já não são mais válidos, pois a nova psicologia funcionalista (Dewey, Claparède), pelos seus vínculos com a biologia, se reconhece como verdadeiramente científica e, portanto, legítima para doravante orientar os processos pedagógicos.

Sob a cobertura da biologia, essa psicologia cobrou tal destaque que, para Claparède, a pedagogia passava a ser uma espécie de psicologia aplicada, uma "paidotecnia". Por isso também, a crítica a Herbart e a volta a Rousseau instaurado como o fundador da psicologia da criança. Assim, a emergência do conceito de aprendizagem e das psicologias da infância e do desenvolvimento tiveram como consequência um "puerocentrismo", uma ênfase na criança como eixo, centro, razão do processo educativo. Porém, antes de se tratar de um resgate da criança, trata-se da definição de uma estratégia de governamento muito mais fina, muito mais econômica e eficiente. Além do humanismo pregado pelos pedagogos do novo movimento, percebe-se uma virada na forma do governamento pedagógico: a crítica à escola e à "pedagogia tradicional", a defesa dos direitos e necessidades da criança pode ser facilmente percebida como parte de uma mudança na estratégia do governamento; uma, digamos assim, "economização" nos procedimentos e mecanismos pedagógicos em função de uma eficiência nos seus resultados. Lembremos: "governar menos para governar mais": a característica que vai orientar os dispositivos de governamento que se despregaram desde a Modernidade até hoje.

Aquela "pedagogia tradicional", denunciada com veemência por esses autores, aparece fundamentada ou na ideia de esforço, que obrigava a criança a prestar atenção ao se exercitar, a adquirir determinados hábitos e disciplina e a memorizar, ou na ideia de tornar interessantes as matérias ou objetos de ensino na tentativa de capturar a atenção e despertar o desejo de aprender. Pelo contrário, argumentava Dewey:

> [...] em vez de tudo isso, reconhecemos que existem na criança certas forças que demandam expansão e que não precisam senão de atividade para ganhar eficiência e disciplina, para logo temos uma base sólida por onde construir.
>
> O esforço surgirá normalmente de nosso empenho de dar livre desenvolvimento e expansão àquelas forças. Agir adequadamente na direção desses impulsos, envolverá, naturalmente, da parte da criança, seriedade, concentração, clareza de propósitos e de planos. Assim, se formaram hábitos de persistência e de tenacidade a serviço de objetivos cujo valor será por ela compreendido e sentido. Além disso, esse esforço nunca degenerará em trabalho forçado ou fadiga nervosa prejudicial e vã, porque o interesse o inspira inteiramente, *porque o nosso "eu" se entrega, todo ele, a atividade* (DEWEY, 1971[1913], p. 69, grifos do autor).

Utilizar as próprias forças do sujeito para sua condução (educação). Acordar as potências do organismo de forma tal que não haja nem fadiga nem desperdício de energia: o interesse garante uma economia da ação, uma economia das forças, e a aprendizagem é a ação mais eficiente que um organismo pode conseguir enquanto significa uma adaptação, porém, crescimento, desenvolvimento; numa palavra, experiência, segundo diria Dewey.

Aprendizagem e educação: atividade, crescimento, desenvolvimento

Com o aparecimento do conceito de aprendizagem, a concepção de educação foi transformada. A ênfase na formação do caráter, isto é, na função moral da educação e da instrução, concebida pela maior parte dos pedagogos do século XIX, vai mudando nos primórdios do século XX na direção dos novos processos de crescimento, desenvolvimento ou adaptação do indivíduo (organismo) ao seu meio, constituindo-se em uma espécie de "moral biológica", na qual bem e mal são estabelecidos segundo sua contribuição ou obstaculização desses processos biológicos. Apesar das suas diferenças, conexionismo e funcionalismo coincidem nessa virada. Thorndike, por exemplo, justifica a necessidade de educação porque, em primeiro lugar, não há o equipamento humano herdado o suficiente para garantir o ajustamento ou adaptação a qualquer ambiente, mesmo o mais simples; em segundo lugar, porque o processo de aprendizagem natural, "sem guia (distinto da educação sob orientação) é lento, desperdiçado e muitas vezes enganador; em terceiro lugar, porque o mundo moderno é tão excessivamente complexo e mutavel que se requer rápido aprendizado para que nele se tenha parte activamente útil" (THORNDIKE, 1936 [1929], p. 9, ortografia segundo original). Nesse sentido, a educação é tanto o processo de mudar a natureza humana "de modo a levar o homem a relações mais harmoniosas com o seu meio" (p. 6), quanto o processo de mudar o mundo no propósito de harmonizá-lo com a "natureza humana". Aqui Thorndike salienta a agência humana, essa vontade do animal humano que se recusa a ser dominado pelo ambiente e procura, na maior parte da sua vida, alterá-lo em função das suas necessidades. Por tais motivos, a educação deve ir além dos métodos de ensinar a ler, escrever e contar:

> Interessa-se pela inter-acção dos indivíduos e seu ambiente total. A educação deve pesquisar e entender o mundo como este é – sua feição physica, seu clima, seus productos uteis ou perigosos, seus povos, seus governos, suas instituições, seus costumes, seus codigos moraes – para que possa ajudar a gente a se ajustar ao mundo atual. A educação deve conhecer as mudanças em perspectiva de qualquer phase da vida e dos proprios seres humanos, para ser capaz de offerecer opiniões válidas quanto á possibilidade e conveniencia de mudar a natureza humana com o fim de conformal-a a condições novas. A educação deve estar alerta a todas as mudanças no mundo, sejam causadas por isto ou aquillo: guerra, calamidade, inveção, com ou sem approvação deliberada; pois sua missão é ajudar o homem a se ajustar adequadamente a novas condições. Nenhuma sciencia occupa posição mais favoravel para contribuir ao bem estar humano do que a educação. (p. 8) (Ortografia do original).

Assim, a educação é vista como atividade do indivíduo educando e do educador em função da adaptação ou ajuste ao meio ou do meio. Claparède foi pela mesma linha, quando deu o qualificativo de "funcional" à sua concepção de educação, no intuito de salientar a importância da atividade nela. Trata-se de uma concepção fundamentada nos desenvolvimentos da biologia e particularmente na noção de necessidade; daí que a partir de sua perspectiva, a educação tem como propósito o desenvolvimento dos processos mentais, não considerados em si mesmos, mas quanto à sua significação biológica, isto é, quanto ao seu papel, à sua utilidade para a ação do indivíduo: "A educação funcional é aquela que toma a *necessidade* da criança, seu interesse por atingir um fim, como alavanca para a atividade que se deseja acordar nele" (CLAPARÈDE, 2007 [1931], p. 41). Enquanto funcional é uma educação, digamos assim, interessada, pois é evidente que não se trata só do desenvolvimento das potencialidades naturais, mas de uma utilização das necessidades do indivíduo em função de atingir fins exteriores a ele, fins considerados pertinentes pelo educador ou pela sociedade em geral:

> O problema da educação possui dois aspectos distintos: por uma parte se trata de desenvolver as energias da criança e do homem, sua capacidade de esforço, seu poder voluntário, sua força de caráter; esta é o que podemos chamar de cultura potencial. Por outra parte, se trata de aguilhoar essas energias por caminhos determinados, de fazê-las convergir para certos fins. Pode-se, com efeito, estar na posse de uma grande quantidade de energia e de constância para o trabalho, mas empregar muito mal essas qualidades psíquicas; isto se vê todos os dias. Não basta, pois, desenvolver as energias da criança; é preciso, além, ocupar-se pelo objeto ao qual se aplicaram. O educador deve estimular certas tendências boas em detrimento de certas tendências ruins. Esta é a cultura moral e social propriamente dita (CLAPARÈDE, 1957 [1910], p. 181).

Dewey é mais explícito no estabelecimento da íntima relação existente entre a educação e à noção de crescimento[146] ou desenvolvimento. Para ele, as formulações feitas até esse momento sobre o processo de desenvolvimento foram "dificultadas" porque concebe esse desenvolvimento como o desdobramento de um princípio latente já disposto no indivíduo: "Aquilo que se chama desenvolvimento é fazer gradualmente explícito e externo o que está assim implícito e enrolado" (DEWEY, 1995 [1916], p. 59), Nesse sentido, o desenvolvimento ficava ligado a um fim definido, de tal forma que era sempre considerado como em falta, algo incompleto ou imperfeito, que precisava atingir um fim determinado para sua completude. Tratava-se de operações que não tinham valor por si mesmas, senão como movimentos na direção de algo exterior, portanto,

---

[146] Diz Caruso (2005, p. 58): "Através da ideia de crescimento, da sua importância na hora de estabelecer a autorregulação dos seres viventes e da sua contribuição a uma imagem de ordem separada das metáforas que tem sua origem na máquina, o âmbito do ensino pode ser visto como um elemento da biopolítica – um lugar de direcionamento de processos de crescimento –, e já não meramente como um foco de atenção das técnicas disciplinares preexistentes".

etapas transitórias para um fim predeterminado e imóvel. Pelo contrário, para a nova concepção do desenvolvimento, a educação é crescimento, "o processo educativo é um processo contínuo de crescimento que tem como o seu alvo em cada etapa uma capacidade adicional de crescimento" (p. 56), quer dizer, o crescimento não é uma preparação para algo além, mas um fim em si mesmo.

Tradicionalmente, diz Dewey, a imaturidade era considerada em sentido negativo, mas a condição do crescimento é a imaturidade e, nesse sentido, "o prefixo *i* [*im*] da palavra imaturidade [*immaturity*] significa algo positivo, não um mero vazio ou falta" (p. 46). Assim, "quando dizemos que a imaturidade significa a possibilidade de crescimento, não nos referimos à ausência de poderes que possam existir em um momento posterior; exprimimos uma força positivamente presente: a capacidade para se desenvolver" (Dewey, 1995 [1916], p. 46). Essa tendência ou capacidade da criatura imatura para o crescimento constitui o que Dewey chama de *plasticidade*, que "é essencialmente a capacidade de aprender da experiência; o poder para reter de uma experiência algo que seja eficaz para afrontar as dificuldades de uma situação ulterior" (p. 48). Tal plasticidade, tal capacidade de aprender das experiências significa, em última instância, a possibilidade de aprender a aprender:

> Ao aprender um ato, em lugar de considerá-lo já totalmente feito, aprende-se por necessidade a variar os seus fatores e a fazer com eles diversas combinações, segundo mudem as circunstâncias. Abre-se uma possibilidade de progresso contínuo pelo fato de que ao aprender um ato se desenvolvem métodos bons para serem usados em outras direções. Ainda mais importante é o fato de que o ser humano adquire o hábito de aprender. Aprender a aprender (p. 49).

A educação associa-se ao hábito, mas agora o hábito não se confunde mais com a simples *habituação*, quer dizer, com o fato de acomodar-se, acostumar-se, posições passivas que um indivíduo tomaria para se ajustar a um meio determinado. Hábito, na perspectiva da educação segundo Dewey, implica uma condição ativa por parte do indivíduo, isto é, no sentido ativo de controle de meios para a consecução de fins. Assim, a adaptação é de dupla via: tanto do ambiente às nossas necessidades quanto das nossas atividades ao ambiente. Os animais, assim como os homens primitivos ou selvagens, se acomodam, se adaptam, se submetem ao meio. Pelo contrário, os povos civilizados têm ou produzem hábitos que por sua vez, transformam o ambiente, mas esses hábitos não são completamente fixos ou imóveis: trata-se de comportamentos mais ou menos flexíveis, produto da plasticidade ou capacidade de aprender. Em termos gerais, como assinala Dewey:

> O poder de crescer depende da necessidade dos demais e da plasticidade. Ambas as condições se dão plenamente na infância e na juventude. A plasticidade ou poder de aprender da experiência significa a formação de hábitos. O hábito significa o controle sobre o ambiente, o poder para utilizá-lo para os propósitos humanos. Os hábitos adotam a forma da habituação ou de um equilíbrio geral e persistente das atividades orgânicas com um ambiente, e das capacidades ativas para reajustar a atividade às novas condições. A primeira proporciona o fundo do crescimento; a última constitui o crescimento. Os hábitos ativos supõem pensamento, invenção e iniciativa para aplicar as capacidades às novas aspirações. Opõem-se à rotina, que marca uma detenção do crescimento. Já que o crescimento é a característica da vida, *a educação constitui uma mesma coisa com o crescimento*; não tem um fim além dela mesma. O critério de valor da educação escolar é a medida que cria um desejo de crescimento continuado e proporciona os meios para fazer efetivo, de fato, o desejo (p. 55, grifos meus).

Aprendizagem e experiência

O conceito de experiência aparece ligado intimamente à tradição de pensamento anglo-saxônica. Já mencionei no capítulo anterior como a educação em Locke aparece ligada à noção de experiência, pois é só através da experiência que a mente, que é inicialmente como um papel em branco, consegue ter e desenvolver ideias. Contudo, o termo experiência em Locke é ambíguo e pode significar tanto o ato de apresentação do dado puro aos sentidos (sensação) quanto o ato de apreender mediante o juízo as coisas percebidas de maneira imediata (reflexão) (LORENZO RODRÍGUEZ, 1992).

Dewey parte da consideração da existência de uma íntima e necessária relação entre os processos da experiência real e a educação, daí que tenha formulado a necessidade de uma teoria da experiência, cujos traços gerais evocam a divisa contemporânea sobre a necessidade de "aprender a aprender" e a chamada "abordagem por competências" ou "educação por competências". No seu livro *Experiência e educação* estão esboçados os traços gerais dessa teoria da experiência, que Dewey considerava particularmente necessária para o desenvolvimento da nova concepção de educação.

A consideração da experiência no âmago da "nova educação" não significava a renúncia às experiências das gerações anteriores em favor das novas experiências das jovens gerações, nem tampouco significa a rejeição da autoridade externa em benefício da autonomia da criança ou do jovem. Evidentemente, se tratava de um abandono da velha educação, mas não um abandono da própria ideia de educar. Como no caso de Rousseau, a "educação liberal" não é um deixar fazer ou deixar desenvolver, mas um acompanhar ou dirigir – indiretamente – o processo de desenvolvimento. Antes que um abandono, trata-se de uma modificação na dinâmica das forças: uma forma de governo que implique o menor investimento de forças, porém que garanta um governamento mais permanente e estendido.

Porém, a ideia de que toda autêntica educação se efetua pela experiência não significa que todas as experiências são educativas: "uma experiência é antieducativa quando tem por efeito deter ou perturbar o desenvolvimento de ulteriores experiências" (DEWEY, 2000 [1938], p. 22), o que significa que a experiência educativa implica uma continuidade, a possibilidade de gerar novas experiências, enfim, crescimento. Assim, a educação é entendida como um desenvolvimento "dentro, por e para a experiência" (p. 26). Toda experiência inclui um elemento passivo e outro ativo, combinados de maneira particular. No sentido ativo, a experiência é um ensaiar e aqui se vincula ao sentido do termo "experimento". No sentido passivo, uma experiência significa sofrer ou padecer como quando experimentamos algo e sofremos ou padecemos as consequências. A experiência é, então, um assunto ativo e passivo, um ensaio que supõe uma mudança cujas consequências são sentidas por nós de tal forma que também nós somos mudados de alguma forma, como consequência da ação de mudar o meio em que atuamos. É nesse sentido que a experiência é uma aprendizagem: quando aprendemos algo, é porque passamos por uma experiência e, se passamos por uma experiência verdadeira, aprendemos alguma coisa.

O *princípio de continuidade* é estabelecido como fundamental para considerar uma experiência como educativa. Toda experiência recolhe algo das experiências passadas e modifica de algum jeito a qualidade das experiências futuras, por isso é que se confunde experiência educativa com aprendizagem e com crescimento ou desenvolvimento. O segundo princípio para definir uma experiência como propriamente educativa é identificado por Dewey como "interação", isto é, para que seja educativa, uma experiência deve levar em conta tanto as condições objetivas do meio quanto as condições internas do sujeito. Aqui aparece a noção de "ambiente" como elemento central na experiência e, portanto, na aprendizagem e no desenvolvimento. A interação implica uma "situação" que envolve indivíduo e ambiente, e o trabalho do educador deve prestar particular atenção às situações em que acontece a interação. Educar não é propiciar uns conhecimentos, uns conteúdos para serem assimilados pelo educando. Educar não é uma ação direta do educador sobre o educando. Educar é sempre, nessa nova perspectiva, uma ação indireta, não uma ação sobre o indivíduo, mas sobre o ambiente em que acontecerá a interação. O educador age já não mais sobre as condições subjetivas, mas sobre as condições objetivas:

> Quando se diz que as condições objetivas são as que podem regular o educador se entende, naturalmente, que sua capacidade para influir diretamente na experiência dos demais e, portanto, na educação que estes recebem, lhe impõem o dever de determinar aquele ambiente que interatuará com as capacidades e necessidades existentes nos ensinados para criar uma experiência valiosa (DEWEY, 2000 [1938], p. 49).

Em outro sentido, o dever do educador será garantir a continuidade da experiência através da preparação de um gênero de experiências tal que, respondendo às necessidades do educando, possibilitem também experiências futuras desejáveis. Não há, então, uma renúncia à direção, só uma mudança no sentido dessa direção: "O problema da direção é assim o problema de selecionar estímulos apropriados aos instintos e estímulos que se deseje utilizar para adquirir novas experiências" (DEWEY, 1999 [1902], p. 40). Mas as novas experiências desejáveis e os estímulos necessários implicam ter claro o desenvolvimento que se persegue, isto é, implica o conhecimento do adulto do possível processo aberto à criança na ação educativa.

É claro que, diferentemente de Thorndike e dos outros psicólogos da aprendizagem, Dewey não desenvolve explicitamente um conceito de aprendizagem, mas seu conceito de experiência educativa se confunde com o de aprendizagem e este, por sua vez, com os conceitos de crescimento, desenvolvimento e adaptação. Pode-se dizer que, para Dewey, a aprendizagem é um tipo particular de experiência cuja consequência é a adaptação, o crescimento ou o desenvolvimento do indivíduo.

A riqueza do pensamento de Dewey, a sua volumosa produção mereceria, pelo menos, um capítulo especial dedicado à sua análise. Estou ciente de que esta é só uma olhada superficial dos seus conceitos, mas ela, junto àquela que fiz das discussões de Thorndike e Claparède, me permite reconhecer seus desenvolvimentos teóricos como parte de um deslocamento fundamental no pensamento pedagógico. A emergência do conceito de aprendizagem, como foi apresentada aqui, será a condição e a possibilidade para o aparecimento, nos meados do século XX, de noções como as de "educação permanente", "cidades educativas ou da aprendizagem", "aprendizagem permanente ou ao longo da vida" e, com elas, o surgimento dessa forma de subjetividade contemporânea, que chamei de *Homo discentis*: um aprendiz permanente. Um aprofundamento desse conceito deverá envolver os autores da chamada "Escola Nova" ou "Educação Ativa", mas também deverá seguir os desenvolvimentos das psicopedagogias e das psicologias do desenvolvimento e da criança, particularmente os estudos da psicologia genética de Jean Piaget e a psicologia de Lev S. Vygotsky. Pelo momento, e para os propósitos deste trabalho, se tratava de realizar o mapa geral da nossa moderna sociedade educativa e do nosso vocabulário pedagógico moderno que desde a disciplina e a doutrina da *Paidéia* cristã nos trouxe até o recente conceito de aprendizagem.

Referências

Fontes

ACADÉMIE FRANÇAISE. *Dictionnaire de l'Académie Française*, 1694. Disponível em: <http://artflx.uchicago.edu/>. Acesso em: 7 fev. 2009.

AGOSTINHO, Santo. [388] *Il libero arbitrio*. Disponível em: <http://www.augustinus.it/italiano/index.htm>. Acesso em: 6 fev. 2009.

AGOSTINHO, Santo. [388] *O livre-arbítrio*. São Paulo: Paulus, 1995.

AGOSTINHO, Santo. [389] *De magistro*. Tradução e nota introdutória de Angelo Ricci. Edição bilíngue. Porto Alegre: Universidade do Rio Grande do Sul, Instituto de Filosofia, 1956.

AGOSTINHO, Santo. [389] *O mestre*. Tradução de António Soares Pinheiro. 3. ed. São Paulo: Landy, 2006.

AUGUSTINI, Aurelii, S. [388] *Liberum Arbitrium. Malum ex libidine lege continetur.* Roma: Nuova Biblioteca Agustiniana e Citta' Nuova Editriceliber Primus. Quid in homine sit, 2003, Liberum 1, 1-6, 15. Disponível em: <http://www.augustinus.it/italiano/index.htm>. Acesso em: 6 fev. 2009.

BOBBITT, Franklin. *How make a curriculum*. Boston: Houghton Mifflin, 1924.

BOBBITT, Franklin. *The Curriculum*. New York: Houghton Mifflin Company, 1918.

BUISSON, Ferdinand. *Nouveau Dictionnaire de pédagogie et d'Instruction Primaire*. Paris: Librairie Hachette, 1911. Disponível em: <http://www.inrp.fr/edition-electronique/lodel/dictionnaire-ferdinand-buisson/>. Acesso em: 20 jun. 2008.

CLAPARÈDE, Edouard. [1910] *Psicología del niño y pedagogía experimental*. México: Continental, 1957.

CLAPARÈDE, Edouard. [1931]. *La educación funcional*. Traducción de Mercedes Rodrigo. Madrid: Biblioteca Nueva, 2007.

CLEMENTE D'ALEXANDRIE. [200] *Le Pédagogue*. Tradution de Henri-Irenne Marrou. Paris: Les Éditions du Cerf, 1960.

CLEMENTE DE ALEJANDRÍA. [200] *El pedagogo.* Traducción de Joan Sariol Díaz. Madrid: Gredos, 1988.

COMENII, Johann Amos. [1657] *Opera Didactica Omnia.* Amsterdami: Impensis Laurentii de Geer, excuderunt Christophorus Cunradus, & Gabriel a Roy, 1657. Disponível em: <http://www.uni-mannheim.de/mateo/camenaref/comenius.html>. Acesso em: 12 fev. 2009.

COMENIO, Juan Amós. [1631] *Didáctica Magna.* 5. ed. México: Porrúa, 1994a.

COMENIO, Juan Amós. [1657] *Pampedia* (Educación universal). Traducción de Federico Gómez R. de Castro. Madrid: Aula Abierta, UNED: 1992.

COMENIO, Juan Amós. [1658] *El mundo em imágenes.* Traducción de Alberto Hernández Medina y Matthew J. Clear. Edición trilíngue (latín, español, inglés) México: Grupo Editorial Miguel Ángel Porrúa, 1994b.

COMENIUS. *Didática magna.* [1631] Lisboa: Fundação Calouste Gulbenkian, 2001.

COMENIUS. *Didática magna.* [1631] Tradução de Ivone Castilho Benedetti. 2. ed. São Paulo: Martins Fontes, 2002.

COMPAÑÍA DE JESÚS. [1599]. *Ratio Studiorum.* Madrid: Universidad Pontifica de Comillas, 1986.

COMPAYRÉ, Gabriel. [1885] *Curso de Pedagogía.* México: Librería de la Vda. de Ch. Bouret, 1920.

COMPAYRÉ, Gabriel. *Cours de pédagogie theorique et practique.* Paris: Librairie Classique Paul Delaplane, 1897.

COMPAYRÉ, Gabriel. *Herbart et l'éducation par l'instruction.* Paris: Delaplane, 1906.

COMPAYRÉ, Gabriel. *Histoire critique des doctrines de l'éducation en France depuis le seizième siècle.* Tome Premier. 8. ed. Paris: Librarie Hachette, 1911.

CONDORCET. [1791] *Cinco memorias sobre la instrucción pública y otros escritos.* Madrid: Morata, 2001.

DEWEY, John. [1897] *Mi credo pedagógico* (texto bilíngue). León: Universidad de León: 1997.

DEWEY, John. [1902]. *El niño y el programa escolar.* Buenos Aires: Losada, 1999.

DEWEY, John. [1913]. *Vida e educação [The child and the curriculum].* São Paulo: Melhoramentos, 1971.

DEWEY, John. [1916]. *Educación y democracia.* Madrid: Morata, 1995.

DEWEY, John. [1938]. *Experiencia y Educación.* México: Losada, 2000.

DICTIONNAIRE de Etymologigue de la langue françoise, ou les mots sont classés par familles; par b. de roquefort. Tome premier. Paris: Decourchant, imprimeur-éditeur, 1829. Disponível em: <http://gallica.bnf.fr/>. Acesso em: 31 out. 2008.

DICTIONNAIRE de L'Académie Française. 1. ed. (1694). Disponível em: <http://www.lib.uchicago.edu/efts/ARTFL/projects/dicos/>. Acesso em: 3 maio 2008.

DIDEROT ; D'ALEMBERT. *Encyclopédie, ou Dictionnaire Raisonné des Sciences, des Arts et des Métiers, par une société de gens de lettres.* Tome I. Paris: 1751. Disponível em: <http://fr.wikisource.org/wiki/Encyclop%C3%A9die%2C_ou_Dictionnaire_raisonn%C3%A9_des_sciences%2C_des_arts_et_des_m%C3%A9tiers>. Acesso em: 13 jun. 2009.

DILTHEY, Guillermo. [1934] *Historia de la Pedagogía.* Buenos Aires: Losada, 1968.

DUBOIS, Patrick Le *Dictionnaire* de F. Buisson et ses auteurs (1878-1887), *Histoire de l'éducation* [En ligne], 85 | 2000. Disponibilizado on-line em 27 maio 2009, em <http://histoire-education.revues.org/index1233.html>. Acesso em: 18 ago. 2009.

DUBOIS, Patrick. Configurations et figurations d'une "science de l'éducation" dans le Dictionnaire de pédagogie de Ferdinand Buisson. In: Actes Congrés International AREF 2007. Actualité de la Recherche en Education et Formation. Estrasburgo, 28 a 31 de agosto de 2007. Disponível em: <http://www.congresintaref.org/actes_pdf/AREF2007_Patrick_DUBOIS_341.pdf>. Acesso em: 13 ago. 2009.

DUBREUCQ, Éric. *Une éducation républicaine.* Marion, Buisson, Durkheim. Paris: Vrin, 2004.

DURKHEIM, Emile. [1922] *Educación y sociología.* Barcelona: Península, 2003.

DURKHEIM, Emile. [1925] *La educación moral.* Madrid: Ediciones Morata, 2002b.

DURKHEIM, Emile. [1938] *A evolução pedagógica.* Porto Alegre: Artmed, 2002a.

DURKHEIM, Emile. Éducation. In: BUISSON, Ferdinand. *Nouveau dictionnaire de pédagogie et d'instruction primaire.* Paris: Hachette, 1911. Disponível em: <http://www.inrp.fr/edition-electronique/lodel/dictionnaire-ferdinand-buisson/>. Acesso em: 5 nov. 2008.

EBY, Frederick. *História da educação moderna.* Teoria, organização e práticas educacionais. Porto Alegre: Globo, 1976.

ERASMI DI ROTTERDAMI. *De pueris statim ac liberaliter instituendis, apud* C. Egenolphum (Argentorati), 1529. Disponível em: <http://gallica2.bnf.fr/ark:/12148/bpt6k70371r>. Acesso em: 11 out. 2008.

ERASMO de Rotterdam. [1516] Educación del príncipe cristiano. In: *Obras Escogidas.* Madrid: Aguilar, 1956a, p. 273-346.

ERASMO de Rotterdam. [1529] De cómo los niños precozmente y desde su nacimiento deben ser iniciados en la virtud y en las buenas letras. In: *Obras Escogidas.* Madrid: Aguilar, 1956c, p. 919-962.

ERASMO de Rotterdam. [1529] Plan de estudios. In: *Obras Escogidas*. Madrid: Aguilar, 1956b, p. 444-458.

ERASMO. [1529] *De pueris (Dos meninos)*. São Paulo: Escala, s/d.

ERNOUT, A; MEILLET, A. *Dictionnaire etymologique de la langue française: histoire des mots*. Paris: Klincksieck, 1951.

ESTIENNE, Robert. *Dictionarium latinogallicum*. 1552. Disponível em: <http://artfl-project.uchicago.edu/node/65>. Acesso em: 20 ago. 2008.

HEGEL, G.W.F. [1809-1822] Escritos pedagógicos. México: Fondo de Cultura Económica, 1998.

HERBART, Johann Friedrich. [1806] *Pedagogia Geral*. Lisboa: Fundação Calouste Gulbenkian, 2003.

HERBART, Johann Friedrich. [1835]. *Bosquejo para un curso de pedagogía*. Madrid: Ediciones de la Lectura, s/d.

HOOLE, Charles. *A new Discovery of the old art of teaching school*. London: Printed by F.T. for Andrew Crook and Green Dragon in Paul Church-yard, 1660.

KANT, Immanuel. [1803] *Pedagogía*. 3. ed. Madrid: Akal, 2003.

KANT, Immanuel. [1803] *Sobre a pedagogia*. 3. ed. Campinas: UNIMEP, 2002.

KANT, Immanuel. Über Pädagogik. *Herausgegeben von D. Friedrich Theodor Rink*. Königsberg: Friedrich Nicolovius, 1803. Disponível em: <http://de.wikisource.org/wiki/Über_Pädagogik#korrigiert>. Acesso em: 6 ago. 2009.

KILPATRICK, William Heard. *Filosofía de la educación*. Buenos Aires: Nova, 1957.

LOCKE, John. [1690] *Ensaio acerca do entendimento humano*. São Paulo: Nova Cultural Ltda., 1999.

LOCKE, John. *[1693] Pensamientos sobre educación*. Madrid: Akal, 1986.

LOCKE, John. *[1697] La conducta del entendimiento y otros ensayos póstumos*. Edición bilingüe. Barcelona: Anthropos; Madrid: Ministerio de Educación y Ciencia, 1992.

LOCKE, John. *Some Thoughts concerning education*. 1693. Disponível em: <http://www.bartleby.com/37/1/>. Acesso em: 15 set. 2009.

MARION, Henri. Pédagogie. In: BUISSON, Ferdinand. Dictionnaire *de pédagogie et D'Instruction Primaire*. I Parte, Tome II, Paris: Librairie Hachette, 1887, p. 2238-2240.

MONROE, Paul. *A Cyclopedia of Education*. 5 v. New York: The Macmillan Company, 1919. Disponível em: <http://www.archive.org/index.php>. Acesso em: 5 nov. 2008.

MONROE, Paul. *A Text-book in the History of Education*. New York: The Macmillan Company, 1935.

MONROE, Paul. *História da educação*. São Paulo: Companhia Editora Nacional, 1970.

MONTAIGNE, Michel de. [1580] A educação das crianças. In: *A educação das crianças*. Tradução de Rosemary Costhek Abílio. São Paulo: Martins Fontes, 2005b, p. 31-122.

MONTAIGNE, Michel de. [1580] *Do pedantismo*. In: A educação das crianças. Tradução de Rosemary Costhek Abílio. São Paulo: Martins Fontes, 2005a, p. 1-30.

MONTAIGNE, Michel de. Du pedantisme. In: *Les Essais*, Ed. P. Villey et Saulnier, Verdun L., 1580, p. 138. Disponível em: <http://www.lib.uchicago.edu/efts/ARTFL/projects/montaigne/essais1.html>. Acesso em: fev. 2009.

RATKE, Wolfgang. [1612-1633] *Escritos sobre a nova arte de ensinar de Wolfgang Ratke (1751-1635): textos escolhidos*. Sandino Hoff (Trad. e notas). Campinas: Autores Associados, 2008.

ROUSSEAU, Jean Jacques. [1749] Discurso que alcançou o prêmio da Academia de Dijon, em 1750, sobre a seguinte questão, proposta pela mesma Academia: o restabelecimento das ciências e das artes terá contribuído para aprimorar os costumes? In: *Os pensadores*. São Paulo: Abril Cultural, 1978c. p. 329-352.

ROUSSEAU, Jean Jacques. [1755] Discurso sobre a origem e os fundamentos da desigualdade entre os homens. In: *Os pensadores*. São Paulo: Abril Cultural, 1978b. p. 233-320.

ROUSSEAU, Jean Jacques. [1762] *Emílio ou da Educação*. São Paulo: Martins Fontes, 1999.

ROUSSEAU, Jean Jacques. [1762] O contrato social. In: *Os pensadores*. São Paulo: Abril Cultural, 1978a. p. 15- 145.

ROUSSEAU, Jean Jacques. *Ouvres complètes de J. J. Rousseau*. Tome II. Paris: Chez Alexandre Houssiaux, Libraire, 1853.

ROUSSEAU, Juan Jacobo. [1762] *Emilo o de la educación*. México: Porrúa, 1984.

SANT'AGOSTINO. [388] *Libro primo l'uomo e il libero arbítrio, male passione e legge*. Roma: 2003, Libro1, 1 - 6, 15. Disponível em: <http://www.augustinus.it/italiano/index.htm>. Acesso em: 6 fev. 2009.

SCHILLER, F. [1795] *A educação estética do homem*. 4. ed. São Paulo: Iluminuras, 2002.

SMITH, Adam. [1776] *A riqueza das nações. Investigações sobre sua natureza e suas causas*. v. I. São Paulo: Nova Cultural Ltda., 1996.

SPENCER, Herbert. [1860] *Da educação intelectual, moral e physica*. 9. ed. Lisboa: Empreza Literaria Fluminense, 1886.

SPENCER, Herbert. [1860] *Ensayos sobre pedagogía*. Madrid: Akal, 1983.

SPENCER, Herbert. *Education: Intellectual, Moral, and Physical*. New York and London: D. Appleton and Company, 1860.

THORNDIKE, E.; GATES, A. [1929]. *Princípios elementares de educação*. São Paulo: Saraiva, 1936.

TOMÁS DE AQUINO, Santo. [1256-59] De Magistro. Sobre o Mestre. Introdução, tradução e notas Maurílio J. O. Camello. São Paulo: UNISAL, 2000. Disponível em: <www.lo.unisal.br/nova/graduacao/filosofia/murilo/Tom%E1s%20de%20Aquino.doc>. Acesso em: 2 maio 2008.

TOMÁS DE AQUINO, Santo. [1256-59] Sobre o ensino (De magistro). Os sete pecados capitais. São Paulo: Martins Fontes, 2004.

VIVES, Juan Luis. [1531] De las disciplinas. In: *Obras completas*, Tomo II, Madrid: M. Aguilar , 1948a. p. 337-687.

VIVES, Juan Luis. [1538] *Diálogos sobre la educación*. Barcelona: Atalaya, 1998.

VIVES, Juan Luis. [1538] Tratado del Alma. In: *Obras completas*, Tomo II, Madrid: M. Aguilar , 1948b. p. 1147-1319.

Bibliografia

AGAZZI, Aldo. *Historia de la Filosofía y de la Pedagogía*. Tomo 2. Valencia: Marfil, 1977.

AGUIRRE, Maria Esther. La apropiación del mundo: un lugar reencuentro entre el saber, la imagen y la palabra. In: COMENIO, Juan Amós. *El mundo em imágenes*. Edición trilingue (latín, español, inglés) México: Grupo Editorial Miguel Ángel Porrúa, 1994. p. 10-16.

APPLE, Michael. *Ideology and curriculum*. London: Routhledge and Kegan Paul, 1979.

ARIÈS, Philippe. *História social da criança e da família*. Tradução de Dora Flaksmann. 2. ed. Rio de Janeiro: LTC, 2006.

BACHELARD, Gaston. *La formación del espíritu científico*. 2. ed. Buenos Aires: Siglo XXI, 1972.

BADINTER, Elizabeth. *Um amor conquistado: o mito do amor materno*. Rio de Janeiro: Nova Fronteira, 1985.

BAUMANN, Zygmunt. *Modernidade líquida*. Rio de Janeiro: Zahar , 2001.

BELLOURT, Raymond. *El libro de los otros*. Barcelona: Anagrama, 1973.

BELTRÁN-QUIERA, Miguel, et. al. *La "Ratio Studiorum" de los jesuitas*. Madrid: Universidad Pontificia Comillas de Madrid, 1986.

BROWN, Peter. *Santo Agostinho. Uma biografia.* Rio de Janeiro: Record, 2005.

BUESCU, Ana Isabel. *Imagens do príncipe: discurso normativo e representação (1525-49).* Lisboa: Cosmos, 1996.

CAMBI, Franco. *História da pedagogia.* São Paulo: Ed. UNESP (FEU), 1999.

CANGUILHEM, Georges. *La formación del concepto de reflejo.* Oviedo: Avance, 1975.

CANGUILHEM, Georges. *Lo normal y lo patológico.* Buenos Aires: Siglo XXI, 1971.

CARUSO, Marcelo. *La biopolítica en las aulas. Prácticas de conducción en las escuelas elementales del Reino de Baviera, Alemania (1869-1919).* Buenos Aires: Prometeo, 2005.

CASTRO, Edgardo. *Vocabulário de Foucault. Um percurso pelos seus temas, conceitos e autores. Tradução Ingrid Müller; revisão técnica Alfredo Veiga-Neto e Walter Kohan.* Belo Horizonte: Autêntica, 2009.

CHARBONNEL, Nanine. *Pour une critique de la raison éducative.* Berne: Peter Lang, 1988.

CHARLOT, Bernard. *Les sciences de l'éducation, un enjeu, un défi.* Paris, ESF, Editeur, 1995.

CHAUNU, Pierre. *O tempo das reformas (1250-1550). II. A Reforma Protestante.* Lisboa: Edições 70, 1993

COELHO, Márcio Ricardo. *Leal conselheiro e a tradição do Espelho de Príncipe: considerações sobre o gênero.* UEFS, 2001, p.1. Disponível em: <http://www.uefs.br/nep/arquivos/publicacoes/o_leal_conselheiro_e_a_tradicao_do_espelho_de_principe_consideracoes_sobre_o_genero.pdf>. Acesso em: 22 jul. 2009.

COOMBS, Phillip. *La crisis mundial de la educación.* Barcelona: Península, 1971.

COROMINAS, Joan. *Diccionario crítico etimológico de la lengua castellana.* Madrid: Gredos, 1954.

CUNHA, Antônio Geraldo da. *Dicionário etimológico Nova Fronteira da língua portuguesa.* Rio de Janeiro: Nova Fronteira, 1986.

DIDEROT, M.; D'ALEMBERT, M. *Enyclopédie, ou Dictionnaire Raisonné des Sciences, des Artes et des Métiers,* T. 1, Paris, 1751. Disponível em: <http://fr.wikisource.org/wiki/Encyclop%C3%A9die%2C_ou_Dictionnaire_raisonn%C3%A9_des_sciences%2C_des_arts_et_des_m%C3%A9tiers>. Acesso em: 15 mar. 2009

DELEUZE, Gilles. *Foucault.* Barcelona: Paidos-Studio, 1987.

DELORS, Jacques. *La educación encierra un tesoro.* Informe a la UNESCO de la Comisión para la Educación del Siglo XXI. París: UNESCO, 1996.

DELUMEAU, Jean. *A civilização do Renascimento.* 2 v. Lisboa: Estampa, 1984.

DÍAZ BARRIGA, Angel. *El currículo escolar. Surgimiento y perspectivas.* Buenos Aires: REI, 1992.

DICIONÁRIO eletrônico Houaiss da Língua Portuguesa. São Paulo: Objetiva, 2001. 1 CD-ROM.

DONZELOT, Jacques. *A polícia das famílias.* Rio de Janeiro Graal, 1980.

DRUCKER, Peter. *La sociedad postcapitalista.* Bogotá: Norma, 2004.

DUBOIS, Patrick. Configurations et figurations d'une "science de l'éducation" dans le *Dictionnaire Pédagogie* de Ferdinand Buisson. In: *Symposium "Science(s) de l'éducation et République face à face.* Thórisations contrastées d'une discipline indisciplinée (fin du 19ᵉ-20ᵉ)", 2007, Stransbourg. Disponível em: <http://www.congresintaref.org/actes_pdf/AREF2007_Patrick_DUBOIS_341.pdf>. Acesso em: jul. 2009.

DUBOIS, Patrick. Le *Dictionnaire* de F. Buisson et ses auteurs (1878-1887) In: *Histoire de l'éducation* [En ligne], 85, 2000, mis en ligne le 27 mai 2009, Consulté le 18 août 2009. URL: <http://histoire-education.revues.org/index1233.html>.

DUBY, George. *As três ordens ou o imaginário do feudalismo.* Lisboa: Estampa, 1994.

ECHEVERRI, Alberto. De transeúntes a vecinos, el encuentro de dos culturas pedagógicas: Alemania y Colombia. In: _____ (Org.). *Encuentros Pedagógicas Transculturales: Desarrollo comparado de las conceptualizaciones y experiencias pedagógicas en Colombia y Alemania.* Medellín: Universidad de Antioquia - Facultad de Educación, 1999. p. 54-67.

ECHEVERRI, Jesús Alberto. El diálogo intercultural. In: RESTREPO, Dario (ed.) *Tendencias pedagógicas contemporáneas.* Medellín: Corporación Región, 2001. p. 13-48.

ELIAS, Norbert. *El proceso de la civilización. Investigaciones sociogenéticas y psicogenéticas.* Madrid: Fondo de Cultura Económica, 1987.

ELIAS, Norbert. *La civilización de los padres y otros ensayos.* Bogotá: Norma, 1998.

ENCICLOPÉDIAS FILOSÓFICAS. In: <http://www.educ.fc.ul.pt/hyper/enc/cap3p3/pansofista.htm>. Acesso em: 22 jul. 2009.

ERNOUT, A. ; MEILLET, A. *Dictionaire etymologique de la langue latine.* Paris: Klincksieck, 1951.

ESCOLANO BENITO, Agustín. *Tiempos y espacios para la escuela.* Madrid: Biblioteca Nueva, 2000.

ESTIENNE, Robert. *Dictionarium latinogallicum,* 1552. Disponível em: <http://artfl-project.uchicago.edu/>. Acesso em: 7 nov. 2008.

FALBEL, Nachman. *Heresias medievais.* São Paulo: Perspectiva, 1999.

FAUCONNET, Paul. Introducción: la obra pedagógica de Durkheim. In: DURKHEIM, Emilio. *Educación y Sociología*. Barcelona: Península, 2003. p. 13-50.

FAURÉ, Edgar. *Aprender a ser. La educación del futuro*. Madrid: Alianza/UNESCO, 1973.

FERNANDES, Maria de Lourdes Correia. *Espelhos, cartas e guia. Casamento e espiritualidade na Península Ibérica 1400-1700*. Porto: Instituto de Cultura Portuguesa, Faculdade de Letras de Universidade de Porto, 1995. Disponível em: <http://ler.letras.up.pt/uploads/ficheiros/artigo9691.PDF>. Acesso em: 13 out. 2008.

FERNÁNDEZ ENGUITA, Mariano. Introducción. In: SPENCER, Herbert. *Ensayos sobre pedagogía*. Madrid: Akal, 1983, p. 11-25.

FERRATER MORA, José. *Diccionario de filosofía*. 2 v. Buenos Aires: Sudamericana, 1965.

FLENDER, Lynn. ¿Qué es imposible pensar? Una genealogía del sujeto educado. In: POPKEWITZ, Thomas; BRENNAN, Marie. *El desafío de Foucault. Discurso, conocimiento y poder en la educación*. Barcelona: Pomares-Corredor, 2000. p. 55-80.

FORQUIN, Jean-Claude; GAUTHERIN Jacquelin. Une discipline pour la République: La Science de l'éducation en France (1882-1914). *Éducation et sociétés*, n. 12, p. 163-168, 2003.

FOUCAULT, Michel. *Historia de la sexualidad. 1. La voluntad de saber*. 12. ed. México: Siglo XXI, 1985.

FOUCAULT, Michel. *La arqueología del saber*. 12. ed. México: Siglo XXI, 1987.

FOUCAULT, Michel. *Tecnologías del yo y otros textos afines*. Introducción de Miguel Morey. Barcelona: Paidós, 1990.

FOUCAULT, Michel. *Resumo dos cursos do Collège de France 1970-1982*. Tradução Andrea Daher. Rio de Janeiro: Zahar, 1997.

FOUCAULT, Michel. *Defender la sociedad*. Buenos Aires: Fondo de Cultura Económica, 2000.

FOUCAULT, Michel. *Vigilar y Castigar. Nacimiento de la prisión*. 31. ed.México: Siglo XXI, 2001.

FOUCAULT, Michel. *Em defesa da sociedade*. Curso dado no Collège de France (1975-1976). São Paulo: Martins Fontes, 2002.

FOUCAULT, Michel. Política e Ética: uma entrevista. In: *Ditos & Escritos V. Ética, sexualidade, política*. Rio de Janeiro: Forense Universitária, 2004ª. p. 218-224.

FOUCAULT, Michel. A Ética do Cuidado de Si como Prática da Liberdade. In: *Ditos & escritos V. ética, sexualidade, política*. Rio de Janeiro: Forense Universitária, 2004b. p. 264-287.

FOUCAULT, Michel. *O poder psiquiátrico*. Curso dado no Collège de France (1973-1974). São Paulo: Martins Fontes, 2006a.

FOUCAULT, Michel. *A hermenêutica do sujeito*. Curso dado no Collège de France (1981-1982). São Paulo: Martins Fontes, 2006b.

FOUCAULT, Michel. Do governo dos vivos. *Revista Semestral do Nu-Sol – Núcleo de Sociabilidade Libertária*. São Paulo, n. 12, p. 270-298, 2007.

FOUCAULT, Michel. *Segurança, território, população*. Curso dado no Collège de France (1977-1978). São Paulo: Martins Fontes, 2008a.

FOUCAULT, Michel. *Nascimento da biopolítica*. Curso ministrado no Collège de France (1978-1979). São Paulo: Martins Fontes, 2008b.

FRAILE, Guillermo. *Historia de la Filosofía. Tomo II. El Judaísmo y la Filosofía. El Cristianismo y la Filosofía. El Islam y la Filosofía*. Madrid: Católica., 1960.

FRANCA, Leonel. *O método pedagógico dos jesuítas: o "Ratio Studiorum"*. Rio de Janeiro: Agir, 1952.

FUNDAÇÃO RENASCER. *A septuaginta*. Biblia Apostólica, 2006. Disponível em: <http://www.bibliaapostolica.com.br/2006/traducoes.php>. Acesso em: 28 set. 2008.

GADAMER, Hans-Georg. *Verdade e método: traços fundamentais de uma hermenêutica filosófica*. 2. ed. Petrópolis: Vozes, 1998.

GARCIA, Jacinta Turolo. *Edith Stein e a formação da pessoa humana*. São Paulo: Loyola, 1989.

GASPARIN, João Luis. *Comênio. A emergência da modernidade na educação*. Petrópolis: Vozes, 1998.

GAUTHERIN, Jacqueline. La science de l'éducation, discipline singulière: 1883-1914. In: CHARLOT, Bernard. *Les sciences de l'éducation, un enjeu, un défi*. Paris: ESF éditeur, 1995, p. 45-54.

GAUTHERIN, Jacqueline. *Une discipline pour la République: La Science de l'éducation en France (1882-1914)*. Berna: Peter Lang, 2002.

GUERRERO, Omar. *Las ciencias de la administración en el Estado absolutista*. 2. ed. México: Fontamara, 1988.

GINZO, Arsenio. Introducción. In: HEGEL, G.W.F. *Escritos pedagógicos*. México: Fondo de Cultura Económica, 1998.

GOMES, Joaquim Ferreira. O "Ratio Studiorum" da Companhia de Jesus. *Revista Portuguesa de Pedagogia*, v. 25, n. 2, p. 131-154, 1991.

GOMES, Joaquim Ferreira. O "modus parisiensis" como matriz da pedagogia dos jesuítas. *Revista Portuguesa de Pedagogia*, v. 28, n. 1, p. 3-25, 1994.

HADOT, Pierre. ¿Qué es la filosofía antigua? Madrid: Fondo de Cultura Económica, 1998.

HADOT, Pierre. Ejercicios Espirituales y Filosofía Antigua. Madrid: Siruela, 2006a.

HADOT, Pierre. O véu de Isis. Ensaio sobre a história da ideia de natureza. São Paulo: Loyola, 2006b.

HAMELINE Daniel. Le statut de la pédagogie. In: Encyclopaedia Universalis. Paris, Tomo XVII, p. 590-593, 2002.

HAMILTON, David. Sobre as origens dos termos classe e curriculum. Teoria & Educação. Porto Alegre, n. 6, p. 33-52, 1992.

HAMILTON, David. From Dialectic to Didactic (With curriculum and textbooks in mind). Department of Education, Norwegian University of Science and technology, Trondheim, October 1999a. Disponível em: <http://faculty.ed.uiuc.edu/westbury/textcol/HAMILTO1.html>. Acesso em: 27 set. 2006.

HADOT, Pierre. The Pedagogic Paradox (or Why No Didactics in England?). Pedagogy, Culture & Society, v. 2, n. 1, p. 135-152, 1999b.

HADOT, Pierre. The instructional Turn. (Constructing and argument). Pedagogiska institutionen. Umeå University, Oct. 2000. Disponível em: <http://faculty.ed.uiuc.edu/westbury/textcol/HAMILTO2.html>. Acesso em: 31 maio 2007.

HADOT, Pierre. Notas de lugar nenhum: sobre os primórdios da escolarização moderna. Revista Brasileira de Educação, n. 1, p. 45-73, jan./jun. 2001.

HADOT, Pierre. Instruction in the making: Peter Ramus and the beginnings of modern schooling. Paper present and the Annual Convention of the American Educational Research Association, Chicago, 21-25 April, 2003. Disponível em: <http://eric.ed.gov/ERICWebPortal/Home.portal?_nfpb=true&_pageLabel=RecordDetails&ERICExtSearch_SearchValue_0=ED477528&ERICExtSearch_SearchType_0=eric_accno&objectId=0900000b80186b15>. Acesso em: 23 jun. 2007.

HARDT, Michael; NEGRI, Antonio. 8. ed.. Império. Rio de Janeiro: Record, 2006.

HERNÁNDEZ RUIZ, Santiago. Psicopedagogía del interés. México: UTHEA, 1950.

HILGARD, Ernest R. Teorias da aprendizagem. São Paulo: Herder, 1969.

HOFSTETTER, Rita y SCHNEUWLY (eds.). Le pari des sciences de l'éducation. Bruxelles: Éditions De Boeck Université, 2002.

HOPMANN, Stefan; RIQUARTS, Kurt. Starting a Dialogue: A beginning conversation between didactik and the curriculum traditions. In: WESTBURY, Ian; HOPMANN, Stefan; RIQUARTS, Kurt. Teaching as a Reflective Practice. New Jersey: Lawrence Erlbaum Associates Inc., 2000. p. 3-11.

HOSKIN, Keith. Education and the Genesis of Disciplinarity: The unexpected reversal. In: MESSER, Ellen-Davidow; SHUNWAY, David; SYLVAN, David L. (Eds.). *Knowledges: Historical and Critical Studies in Disciplinarity*.Charlottesville, VA: UP Virginia, 1993. p. 271-304.

HOSKIN, Keith. Foucault a examen. El criptoteórico de la educación desenmascarado. In: BALL, S. J. (Comp). *Foucault y la educación. Disciplinas y saber*. Madrid: Morata, 1994, p. 33-57.

HOUSSAYE, Jean; SOËTARD, Michel; HAMELINE, Daniel; FABRE, Michel. *Manifesto a favor dos pedagogos*. Porto Alegre: Artmed, 2004.

HUBERT, René. *Tratado de pedagogía general*. Buenos Aires: El Ateneo, 1952.

HUBERT, René. *História da pedagogia*. São Paulo: Companhia Editora Nacional, 1976.

HUNTER, Ian. *Repensar la escuela; Subjetividad, burocracia y crítica*. Barcelona: Pomares-Corredor, 1998.

IPFLING, Heinz-Jürgen. *Vocabulário fundamental de Pedagogia*. Lisboa: Edições 70, 1974.

IPLAN GARCÍA, Jerónima. *El concepto de Bildung en el neohumanismo alemán*. Sevilla: Hergué, 1998.

JAEGER, Werner. *Paideia. A formação do homem grego*. São Paulo: Martins Fontes/Ed.UnB, 1986.

JAEGER, Werner. *Paideia. A formação do homem grego*. São Paulo: Martins Fontes, 1995.

KEMMIS, Stephen. *El curriculum, más allá de la teoría de la reproducción*. Madrid: Morata, 1988.

KEMPIS, Thomas. *Imitação de Cristo*. (Tradução de P. Leonel França). Rio de Janeiro: José Olympio, 1944.

KINDER, Hermann; HILGEMANN, Werner; HERGT, Manfred. *Atlas histórico mundial*. 19. ed. Madrid: Akal, 2006.

KLAFKI, Wolfgang. La importancia de las teorías clásicas de la educación para una concepción de la educación general hoy. *Revista de Educación*, Instituto de Colaboración Científica Tübingen/Madrid, n. 36, p. 40-65, 1987.

KLAFKI, Wolfgang. The significance of Classical Theories of Bildung for a Contemporary Concept of Allgemeinbildung. In: WESTBURY, I.; HOPMANN, Stefan; RIQUARTS, Kurt. *Teaching as a reflective practice. The German Didaktik Tradition*. New Jersey: Lawrence Erlbaum Associates, Inc., 2000, p. 85-107.

KLIEBARD, Herbert. The Drive for Curriculum Change in the United States, 1890-1958. I – The Ideological Roots of Curriculum as a Field of Specialization. *Curriculum Studies*, v. 11, n. 3, p. 191-202, 1979.

KLIEBARD, Herbert. *The struggle for the American Curriculum. 1893-1958*. New York: Routhledge Falmer, 2004.

KULESZA, Wojcieh A. *Comenius: a persistência da utopia em educação*. Campinas: Ed. Unicamp, 1992.

LAUAND, Luiz Jean. Introdução. In: Tomás de Aquino. *Sobre o ensino (De Magistro)*. Os sete pecados capitais. São Paulo: Martins Fontes, 2004. p. 3-22.

LENZEN, Dieter. La Ciencia de la Educación en Alemania: Teorías, crisis, situación actual. *Educación*, Instituto de Cooperación Científica Madrid/Tubingen, v. 54, p. 7-20, 1996.

LLAMAS MARTÍNEZ, José Antonio. Influencias platónicas en el pensamiento de Clemente de Alejandría. *Educación XXI: Revista de la Facultad de Educación*, UNED, Madrid, n. 4, p. 239-256, 2002.

LORENZO RODRÍGUEZ. Angel M. Estudio introductorio. In: LOCKE, John. *La conducta del entendimiento y otros ensayos póstumos*. Edición bilingue. Barcelona: Anthropos; Madrid: Ministerio de Educación y Ciencia, 1992, p. IX-LXX.

LÜTH, Christoph; HORTON-KRÜGER, Gillian. On Wilhelm von Humboldt's Theory of Bildung. In: WESTBURY, I.; HOPMANN, Stefan; RIQUARTS, Kurt. *Teaching as a reflective practice. The German Didaktik Tradition*. New Jersey: Lawrence Erlbaum Associates, Inc., 2000. p. 63-84.

MCCLINTOCK, Robbie. *Toward a Place for Study in a World of Instruction*. New York: Columbia University, 2000, 46 p. Disponível em: <http://www.ilt.columbia.edu/Publications/papers/studyplace/title.html>. Acesso em: 5 dez. 2008.

MALLINSON, Vernon. *John Locke*. In: Château, Jean. *Os grandes pedagogistas*. São Paulo: Companhia Editora Nacional, 1978.

MARTÍNEZ B., Alberto; NOGUERA-RAMÍREZ, Carlos Ernesto; CASTRO, Jorge O. *Currículo y modernización. Cuatro décadas de educación en Colombia*. Bogotá, Coop. Edit. Magisterio–Grupo Historia de las Prácticas Pedagógicas, 2003.

MARÍN-DÍAZ, Dora Lilia. *Infância: discussões contemporâneas, saber pedagógico e governamentalidade*. Dissertação de Mestrado. Programa de Pós-Graduação em Educação. Faculdade de Educação. Universidade Federal do Rio Grande do Sul, 2009.

MARROU, H. I. "Doctrina" et "disciplina" dans la langue des pèrs de l'Église. In: *Bulletin du Carge. Archivum Medii Aevi*, Paris, Tome IX, p. 5-25, 1934.

MARROU, Henri-Irénné. Introduction Générale. In: Clemente D'Alexandrie. *Le Pédagogue*. Livre I. Paris: Les Éditions du Cerf, 1960.

MARROU, Henri-Irénné. *História da Educação na Antiguidade*. São Paulo: Editora Pedagógica e Universitária Ltda., 1975.

MELTON, James Van Horn. *Absolutism and the eighteen-century origins of compulsory schooling in Prussia and Austria*. First paperback edition. Cambridge: Cambridge University Press, 2002.

MESSER, August. (Manuel Sánchez Sarto, trad.) *Historia de la Pedagogía*. Barcelona: Editorial Labor, 1927.

MILLER, Jaques Alain. A máquina panóptica de Jeremy Bentham. In: BENTHAM, Jeremy. *O panótico*. DA SILVA, Tomaz Tadeu (Org.). Belo Horizonte: Autêntica, 2000.

MORANDO, Dante. *Pedagogía. Historia crítica del problema educativo*. Barcelona: Luis Miracle, S.A., 1961

MUJICA RIVAS, María Liliana. La dimensión pedagógica del término *disciplina* en San Agustín. *Revista Española de Pedagogía*, Madrid, año LXIII, n. 231, p. 309-324, mayo/ago. 2005.

MUNAKATA, Kazumi. Por que Descartes criticou os estudos que realizou no Colégio *de la Flèche*, mesmo admitindo que era "uma das mais célebres escolas da Europa?". In: *História das disciplinas escolares no Brasil: contribuições para o debate*. São Paulo: EDUSF, 2003. p. 39-99.

NARODOWSKI, Mariano. *Infancia y Poder*. Buenos Aires: Aique, 1994.

NARODOWSKI, Mariano. La pedagogía moderna em penumbras. Perspectivas históricas. *Propuesta Educativa*, Buenos Aires, año 6, n. 13, p. 19-23, 1995.

NARODOWSKI, Mariano. *Comenius e a educação*. Belo Horizonte: Autêntica, 2001.

NOGUERA-RAMÍREZ, Carlos Ernesto. Hacia una reflexión ética desde el saber pedagógico: Herbart y la Escuela Activa. *Pedagogía y Saberes*. Bogotá, n. 2, p. 25-35, julio 1991.

NOGUERA-RAMÍREZ, Carlos Ernesto. Medicina y Política. Discurso médico y prácticas higiénicas. Bogotá y Medellín durante la primera mitad del siglo XX. Medellín: Fondo Editorial Universidad EAFIT, 2003.

NOGUERA-RAMÍREZ, Carlos Ernesto; MARÍN DÍAZ, Dora. La infancia como problema o el problema de la infancia. *Revista Colombiana de Educación*, Bogotá, n. 53, p. 106-126, II Semestre 2007.

NOGUERA-RAMÍREZ, Carlos Ernesto. La gobernamentalidad en los cursos del profesor Foucault. *Revista Educação e Realidade*, Faculdade de Educação, UFRGS, v. 34, n. 2, p. 21-33, mai./ago. 2009.

NOGUERA-RAMÍREZ, Carlos Ernesto. Gobernamentalidade e educação. A Modernidade como uma sociedade educativa. Minicurso. In: NEUTZLIN, Inácio. *XI Simpósio Internacional IHU: O (des)Governo biopolítico da vida humana*. São Leopoldo, RS: Instituto Humanitas. Casa Leiria, 2010.

NÓVOA, António. As ciências da educação e os processos de mudança. In: NÓVOA, António; PONTE, João Pedro; BREDERO DE SANTOS, Maria Emília (Eds.). *Ciências da educação e mudança*. Porto: Sociedade Portuguesa de Ciências da Educação, 1991. p. 18-67.

NÓVOA, António. Regards nouveaux sur l'éducation nouvelle. In: CARBONNEL, Nanine (Dir.). *Le don de la parole*. Berne: Peter Lang, 1997. p. 71-96.

NUNES, Ruy Alfonso da Costa. *História da Educação na Antiguidade Cristã*. São Paulo: Pedagógica e Universitária; Universidade de São Paulo, 1976.

ONG. Walter. *Ramus, Method, and the Decay of Dialogue*. Cambridge: Harvard University Press, 1958.

OXFORD ENGLISH DICTIONARY. Oxford: Clarendon Press, 1933.

PETERS, Michael; BESLEY, Tina. *Por que Foucault?* Porto Alegre: Artmed, 2008.

PRIMER CONGRESO INTERNACIONAL SOBRE LOS PROCESOS DE FEMINIZACIÓN DEL MAGISTERIO, (2001), San Luis Potosí México. Caderno/Livro de Resumos do Primer Congreso Internacional sobre los Procesos de Feminización Del Magistério. San Luis Potosí México: Edición: Ernesto Zavaleta y Alexandro Roque, 2001.

POPKEWITZ, Thomas; BRENNAN, Marie. *El desafío de Foucault. Discurso, conocimiento y poder en la educación*. Barcelona: Ediciones Pomares-Corredor, 2000.

POPKEWITZ, Thomas. La producción de razón y poder: historia del currículum y tradiciones intelectuales. In: POPKEWITZ, Thomas; FRANKLIN, Barry M.; PEREYRA, Miguel A. *Historia cultural y educación. Ensayos críticos sobre conocimiento y escolarización*. Barcelona: Pomares, 2003. p. 146-184.

POPKEWITZ, Thomas. *Cosmopolitanism and the Age of School Reform. Science, Education, and Making Society by Making the Child*. New York: Routledge–Taylor & Francis Group, 2008.

POTTE-BONNEVILLE, Mathieu. Um mestre sem verdade? Retrato de Foucault como estóico paradoxal. In: GONDRA, Jose; KOHAN, Walter. (Org.). *Foucault 80 anos*. Belo Horizonte: Autêntica, 2006. p. 129-150.

QUICENO, Humberto. Michel Foucault, ¿pedagogo?. In: ZULUAGA, Olga Lucía, et. al. *Foucault, la pedagogía y la educación*. Bogotá: Magisterio, Universidad Pedagógica Nacional, GHPP, 2005. p. 71-104.

RAMOS DO Ó, Jorge. *O governo de si mesmo. Modernidade pedagógica e encenações disciplinares do aluno liceal (último quartel do século XIX – meados do século XX)*. Lisboa: Educa, 2003.

RAMOS DO Ó, Jorge. Os terrenos disciplinares da Alma e do Self-government no primeiro mapa das Ciências da Educação (1879-1911). In: *Sísifo. Revista de Ciências da Educação*, n. 1, Lisboa, p. 127-138, set./dez. 2006.

RANSON, Steward (Ed.). *Inside the Learning Society*. London: Cassell Education Series, 1998.

RIOS, Rafael. *Las ciencias de la educación: una investigación histórica sobre su institucionalización y apropiación en el saber pedagógico colombiano*. Medellín: Universidad de Antioquia, 2007, 145 f. Tesis (Doctorado en Educación). Facultad de Educación. Departamento de Educación Avanzada, Universidad de Antioquia, Medellín, 2007.

ROQUEFORT, B. *Dictionnaire de Etymologigue de la langue françoise, ou les mots sont classes*. Tome Premier. Paris, Decourchant, imprimeur-éditeur, 1829.

RUNGE, Andrés K. Foucault: la revaloración del maestro como condición de la relación pedagógica y como modelo de formación. Una mirada pedagógica a la hermenéutica del sujeto. In: ZULUAGA, Olga Lucía, et. al. *Foucault, la pedagogía y la educación*. Bogotá: Cooperativa Editorial Magisterio, Universidad Pedagógica Nacional, GHPP, 2005. p. 201-228.

SÁENZ, Javier; SALDARRIAGA, Oscar; OSPINA, Armando. *Mirar la infancia: pedagogía, moral y modernidad en Colombia, 1903-1946*. Medellín: Colciencias, Universidad de Antioquia, Foro Nacional por Colombia, Editorial Uniandes, 1997.

SALDARRIAGA V., Oscar. *Del oficio del maestro. Prácticas y teorías de la pedagogía moderna en Colombia*. Bogotá: Cooperativa Editorial Magisterio-GHPP, 2003.

SALDARRIAGA V., Oscar. Del amor pedagógico y otros demonios. In: FRIGERIO, G.; DIKER, G. (Eds.), *Educar: efectos y figuras del amor*. Buenos Aires: Ediciones del Estante, 2006. p. 45-62.

SÁNCHEZ HERRERO, José. Del cristianismo sabio a la religiosidad popular. In: *Clio & Crimen, Centro de Historia del Crimen*, Ayuntamiento de Durango, Pais Vasco, n. 1, p. 301-335, 2004.

SANTOS MARINAS, Enrique. Enseñar y predicar en antiguo eslavo. *Revista de Ciencias de las Religiones*, Anejos, XIII, p. 107-113, 2004.

SCHRIEWER, Jürgen. La construcción de la pedagogía científica. Diferenciación institucional y disciplinar, funciones formativas y praxis educativa de la ciencia universitaria de la educación en Alemania y Francia. *Revista de Educación*, Instituto de Colaboración Científica Tübingen/Madrid, n. 296, p. 137-174, 1991.

SCHRIEWER, Jürgen; KEINER, Edwin. Pautas de comunicación y tradiciones intelectuales en las ciencias de la educación: Francia y Alemania. *Revista Mexicana de Investigación Educativa*, v. 2, n. 3, p. 117-148, ene-jul. 1997. Disponível em: <http://dialnet.unirioja.es/servlet/articulo?codigo=300403>. Acesso em: 28 jul. 2009.

SCHRIEWER, Jürgen; KEINER, Edwin. Estudios multidisciplinares y reflexiones filosófico-hermenéuticas: la estructuración del discurso pedagógico en Francia y Alemania. In: RUIZ BERRIO, Julio. *La cultura escolar de Europa. Tendencias históricas emergentes*. Madrid: Biblioteca Nueva, 2000. p. 231-269.

SENELLART, Michel. *As artes de governar*. Tradução de Paulo Neves. São Paulo: Editora 34, 2006.

STRECK, Danilo R. *Rousseau e a educação*. Belo Horizonte: Autêntica, 2004.

SUZUKI, Márcio. O belo como imperativo. In: SCHILLER, F. *A educação estética do homem*. 4. ed. São Paulo: Iluminuras, 2002. p. 7-15.

TOMÁS DE AQUINO, Santo. *De Magistro: Sobre o mestre (Questões Discutidas sobre a Verdade, XI)*. Introdução, tradução e notas por Maurílo J. O. Camello. São Paulo: UNISAL – Centro Universitário Salesiano de São Paulo - U. E. Lorena, 2000. Disponível em: <www.lo.unisal.br/nova/graduacao/filosofia/murilo/Tom%E1s%20 de%20Aquino.doc>. Acesso em: 3 maio 2008.

TERIGI, Flávia. Notas para uma genealogia do *curriculum* escolar. *Educação e Realidade*, v. 21, n. 1, p. 159-186, jan./jun., 1996.

TYLER, Ralph. [1949]. Princípios básicos de currículo e ensino. Porto Alegre: Globo, 1974.

VANDEWALLE, Bernard. *Kant. Educación y crítica*. Buenos Aires: Nueva Visión, 2004.

VARELA, Julia. Categorías espacio-temporales y socialización escolar: del individualismo al narcicismo. In: Larrosa, Jorge (Ed.). *Escuela, poder y subjetividad*. Madrid: Ediciones de La Piqueta, 1995. p. 153-189.

VARELA, Julia. *Modos de Educación en la España de la Contrarreforma*. Madrid: La Piqueta, 1983.

VARELA, Julia; ALVAREZ-URÍA, Fernando. *Arqueología de la escuela*. Madrid: Ediciones de La Piqueta, 1991.

VARRÓN. *De língua latina/Sobre la lengua latina*. Madrid: Anthropos Editorial del Hombre, Ministerio de Educación y Ciencia, 1990.

VEIGA-NETO, Alfredo. *A ordem das disciplinas*. Porto Alegre, UFRGS, 1996. 335 f. Tese (Doutorado em Educação) - Programa de Pós-Graduação em Educação, Faculdade de Educação, Universidade Federal do Rio Grande do Sul, Porto Alegre, 1996.

VEIGA-NETO, Alfredo. Educação e governamentalidade neoliberal: novos dispositivos, novas subjetividades. In: PORTOCARRERO, Vera; CASTELO BRANCO, Guilherme. *Retratos de Foucault*. Rio de Janeiro: Nau, 2000. p. 179-217.

VEIGA-NETO, Alfredo. Coisas do governo. In: RAGO, Margareth; ORLANDI, Luiz; VEIGA-NETO, Alfredo (Orgs.) *Imagens de Foucault e Deleuze: ressonâncias nietzschanas*. Rio de Janeiro: DP&A, 2002. p. 13-34.

VILANOU TORRANO, Conrado. Sobre la génesis y evolución de la Pedagogía contemporánea (A propósito de la herencia kantiana). *Revista Española de Pedagogía*, Madrid, v. LVI, n. 210, p. 245-262, 1998a.

VILANOU TORRANO, Conrado. Prólogo. In: IPLAN GARCÍA, Jerónima. *El concepto de Bildung en el neohumanismo alemán*. Sevilla: Hergué, 1998b, p. 7-20.

VILANOU TORRANO, Conrado. De la Paideia a la Bildung. Hacia una pedagogía hermenéutica. *Revista Portuguesa de Educação*, Universidade de Minho, Braga, v. 14, n. 2, 2001. Disponível em: <http://www.redalyc.org/>. Acesso em: 20 jul. 2009.

WEBER, José Fernandes. Bildung e Educação. *Educação e Realidade*, Porto Alegre, v. 31, n. 2, p. 117-134, jul./dez. 2006.

WEBER, Max. *La Ética Protestante y el Espírito del Capitalismo*. Madrid: Editorial Revista de Derecho Privado, 1955.

WEIMER, Hermann. (Orencio Muñoz, trad.) *Historia de la pedagogía*. México: Unión Tipográfica Hispano Americana, 1961

WESTBURY, I.; HOPMANN, Stefan; RIQUARTS, Kurt. *Teaching as a reflective practice*. The German Didaktik Tradition. New Jersey: Lawrence Erlbaum Associates, Inc., 2000.

WILLMANN, Otto. 2 tomos. *Teoría de la Formación Humana*. Madrid: Instituto "San José de Calasanz" de Pedagogía, 1948.

WULF, Christoph. *Introducción a la Ciencia de la Educación. Entre teoría y práctica*. Medellín: Asonem–Universidad de Antioquia, 1999.

ZULUAGA, Olga Lucia. *Pedagogía e Historia. La historicidad de la pedagogia. La enseñanza, un objeto de saber*. Bogotá: Siglo del Hombre Editores–Universidad de Antioquia – Anthropos, 1999.

ZULUAGA, Olga Lucia. El pasado presente de la Pedagogía y la Didáctica. In: ZULUAGA, Olga Lucia, et. al. *Pedagogía y Epistemología*. Bogotá: Cooperativa Editorial Magisterio – Grupo Historia de la Práctica Pedagógica, 2003. p. 61-72.

Este livro foi composto com tipografia Bembo e impresso
em papel Off set 75 g na Sermograf Artes Gráficas.